팀장이 사라진다

이전의
팀장이 사라진다 팀장 레볼루션

초　판 1쇄 발행 l 2024년 8월 8일
지은이 김기진 김영헌 이상훈 박지연 김대경
　　　　조원규 김현주 하경태 고동록
펴낸이 김기진
디자인 가보경 이소윤
펴낸곳 에릭스토리
출판등록 2023. 5. 9(제 2023-000026 호)
주　소 서울특별시 금천구 가산디지털1로 171, 318호
전　화 (031)348-9337
팩　스 (031)348-1238
이메일 ericstory1238@naver.com(원고 투고)
홈페이지 www.ericstory.net

ISBN 979-11-983453-6-3(13320)

ⓒ 김기진

이전의

팀장이
사라진다

팀장 레볼루션

김기진 김영헌 이상훈
박지연 김대경 조원규
김현주 하경태 고동록

ERiC Story

세상이 빠르게 변할 때,

이전 팀장은 사라지고, New 팀장의 등장은 필연적이다.

추천사

AI 대전환은 조직 관리와 리더십을 혁명적으로 변화시키고 있다. 이 책은 새 시대에 팀장의 새로운 성공 요건과 구체적 방법론을 제시하고 있다. AI 대전환을 통한 리더십 혁신이 필수적인 모든 리더에게 추천할 만하다. 생성형 AI시대의 New 팀장의 리더십을 준비하는 데 반드시 읽어봐야 할 필독서다.

주영섭 | 서울대학교 특임교수, 전 중소기업청장

팀장 레볼루션은 AI 기술을 활용한 효율적인 팀 관리 방법과 코칭의 방법을 상세히 설명하고 있다. 혁신적인 리더십을 실현하고자 하는 모든 팀장에게 꼭 필요한 책이다. 실제 사례와 구체적인 전략이 풍부하게 담겨 있어 실질적인 도움이 될 것이기에 일독을 권한다.

조용민 | 풀린키 상무

이 책은 AI를 활용한 팀 관리의 새로운 패러다임을 제시하고 있다. "팀장이 사라진다"는 기존의 관리 방식을 넘어서 새로운 리더십과 팀 관리의 가능성을 탐색하는 모든 리더와 관리자에게 필수적인 지침서다. AI와 디지털 기술이 조직의 성과를 어떻게 극대화할 수 있는지 이해하고자 하는 팀장들에게 이 책은 팀 성과를 극대화하고 리더십 역량을 강화하는 데 큰 도움이 될 것이다.

김진규 | 하림그룹 ㈜선진 인사팀장/Ph.D.

팀장 레볼루션은 생성형 AI시대에 모든 팀장과 리더에게 필수적인 지침서이다. 이 책은 조직의 혁신과 성과 향상을 위한, 강력한 전략과 구체적 도구를 제공하고 있다. 조직과 직원 모두의 성장을 리드하는 팀장으로서, AI를 활용한 실질적 리더십 역량을 강화하는데 큰 도움이 될 것이다.

김은영 | 재규어 랜드로버 코리아 상무/한국HR리더스클럽 회장

AI 시대의 팀장이 직면할 도전과 기회를 이해하고 준비하는 데 매우 유용한 책이다. 팀장 레볼루션은 조직의 성장을 이끌어 갈 강력한 도구이며 실질적인 리더십 도구를 통해 더 나은 팀 관리 방법을 배울 수 있을 것이라 생각한다.

김연태 | BMW Korea 트레이닝 아카데미 팀장

'팀장 레볼루션: 이전의 팀장이 사라진다'는 빠르게 변화하는 조직 환경에서 AI를 활용한 새로운 리더십의 중요성을 일깨워 주는 책이다. 생성형 AI시대가 요구하는 팀장의 역량, 다양성을 기반으로 한 팀 구축 사례, 팀 성과를 최대화하는 전략 등의 내용을 통해 생성형 AI시대를 이끌어 가는 새로운 팀장의 리더십 여정을 함께 만들어 가는 멋진 가이드가 될 것이다.

최락구 | 오리온 팀장

그동안 리더십은 리더의 특징, 행동과 상황에 따른 최적 리더십을 조언해왔다. 생성형 AI시대가 요구하는 리더십은 어떤 특징이 있을까? 이 책은 생산성 관점에서는 AI를 활용한 유연성과 효율성을, 조직관리 관점에서는 포용적 리더십을 강조한다. 업무 수행 환경의 변화와 미래 준비를 고민하는 리더들에게 이 책을 추천한다.

윤득수 | 콜마비앤에이치 상무

생성형 AI시대를 살고 있는 지금, '팀장 레볼루션'은 AI 기술을 통해 팀의 성과를 극대화할 수 있는 방법을 명쾌하고도 상세하게 설명하고 있다. 리더로서의 성장을 원하는 모든 분께 필독을 권한다. AI를 활용한 데이터 기반 의사 결정의 중요성을 잘 이해하고 적용할 수 있는 기회가 될 것이다.

이성우 | 불스원 관리본부장

추천사

팀장 레볼루션은 GPT활용을 통해 팀장의 역량과 팀 관리의 새로운 기준을 제시하고 있다. 혁신적이고 실질적인 사례를 풍부하게 다루고 있어, AI 시대에 적합한 새로운 리더십을 강화하고자 하는 모든 팀장에게 귀중한 지침서가 될 것이다.

이성태 | 서울도시가스 부장

〈팀장이 사라진다〉 파격적인 제목에 이끌려 책을 펼치게 된다. AI시대의 팀장이 직면할 도전과 기회를 이해하고 준비하는 데 매우 유용한 책이다. 팀장으로서 불확실성의 시대에 이 책은 조직의 성장을 이끌어 갈 강력한 도구다. 실질적인 리더십 전략과 도구를 통해 더 나은 팀 관리 방법을 배울 수 있을 것이다. 강력 추천한다.

홍기훈 | LF HR 지원팀장

'팀장이 사라진다', 깜짝 놀란 제목이지만 결국은 'New 팀장'의 필요성을 강조하고 있다. 빠른 변화의 시대에 리더의 역할이 더욱 중요함을 강조한다. AI를 통해 New 팀장이 팀의 효율성과 생산성을 극대화할 수 있도록 그 방법을 구체적으로 안내하고 있다. 조직의 미래를 준비하는 모든 리더에게 강력히 추천한다.

한창영 | 동희홀딩스 팀장

생성형 AI시대, New 팀장으로서 성과 창출을 위해 직면해야 할 도전과 기회를 이해하고 준비하는 데 매우 유용한 책이다. 팀장 레볼루션은 조직의 성장을 이끌어 갈 강력한 도구가 되는 책이다.

한승현 | 파크시스템스 팀장

이 책의 제목처럼 팀장역할에도 혁명이 필요한 시기가 도래했다. 끊임없이 새로운 역할을 요구하는 시대에 살고 있는 팀장들에게 꼭 필요한 지침서가 될 것이다.

정미령 | 이튼일렉트리컬코리아 부장

팀장 레볼루션은 AI를 활용한 팀 관리와 리더십의 혁신을 도모하는 필수적인 책이다. 실제 사례를 통해 실용적인 방법과 Insight를 제공하며, 우리 조직에 부합하는 새로운 리더십 역량 개발의 나침반이 되어줄 것이다.

이만재 | 커넥트웨이브 ER팀장

'이전의 팀장이 사라진다'는 현대 조직 환경에서 AI와 디지털 트랜스포메이션(DT)이 가져오는 변화를 생생하게 그려내었다. 이 책은 기존의 전통적인 관리 방식에서 벗어나 데이터 기반의 의사 결정, 전략적 유연성, 그리고 포용적 리더십으로 전환해야 할 필요성을 강조하며, 관리자들이 집중해야 하는 영역과 어떻게 AI를 활용할 수 있는지 방법을 제시했다. 조직의 성장을 이끌고 팀원들의 잠재력을 최대한 발휘할 수 있는 환경을 만드는 데 큰 도움이 되는 관리자 필독서이다. 변화하는 시대에 맞춰 리더십 역량을 키우고 싶은 모든 리더에게 강력히 추천한다.

김용희 | Biogen Korea LLC HR Manager

DT를 거쳐 생성형 AI에 이르기까지 일하는 방식의 변화는 리더의 역할 또한 혁신적으로 변모하기를 요구하고 있다. 그 시대적 흐름에 맞춰 이 책이 제시하는 리더십 패러다임은 현재의 리더들에게 프롬프트 이상의 역할을 해줄 필수적인 Tool kit이다.

최대영 | 대상홀딩스 기업문화 팀장

'가능한 한 최고의 도구를 이용하라', 발타사르그라시안의 말처럼 AI시대 팀장 레볼루션은 조직의 성장을 이끌어 가는데 최고의 도구이다. 그리고, AI시대 코칭리더십은 조직을 이끌어 가는데 더욱더 강력한 힘이 되어 줄 것이다.

손은영 | 스위스그랜드호텔 세일즈 앤 마케팅 팀장)

‘팀장 레볼루션: **^{이전의} 팀장이 사라진다**’는 생성형 AI 시대를 이끌어 갈 수 있는 ‘New 팀장’의 역량을 새롭게 정의하고 있다. 지식 기반도 아닌, 스킬 기반도 아닌, 생성형 AI시대의 새로운 리더 역량이 요구되고 있다. DT기반의 사고를 가지고, 다양한 세대를 포용할 수 있어야 하며, 업무에 적합한 디지털 도구의 선택과 능숙한 활용역량을 갖추어 나아가야 한다. 이 책은 새롭게 조명되는 ‘New 팀장’의 역량을 정의하고, 조직의 성과를 혁신적으로 향상시키기 위한 방법을 제시하고 있다. 현대의 급변하는 조직 환경 속에서, AI는 단순한 도구를 넘어 리더십과 팀 관리의 핵심 요소로 자리 잡고 있다. ‘팀장 레볼루션: 팀장이 사라진다’는 AI를 통한 업무 혁신과 리더십 강화를 중심으로, 팀장이 보다 효과적으로 팀을 이끌 수 있는 다양한 전략과 방법을 제시한다.

과거의 팀장들은 일정 관리, 보고서 작성, 데이터 분석 등 반복적이고 시간이 많이 소요되는 업무에 많은 시간을 할애해야 했다. 그러나 ChatGPT와 같은 AI는 이러한 반복적인 업무를 자동화함으로써 팀장의 시간을 절약하고, 보다 중요한 전략적 업무에 집중할 수 있게 한다. AI는 이메일 응답 작성, 일정 조율, 데이터 정리 등의 업무를 효율적으로 처리하여 팀장의 업무 부담을 덜어준다.

AI는 방대한 데이터를 실시간으로 분석하고, 중요한 인사이트를 도출해낸다. 과거에는 수작업으로 데이터를 분석하고 의사 결정을 내리기까지 많은 시간이 소요되었으나, 이제는 AI를 통해 빠르고 정확한 데이터 분석이 가능해졌다. 이는 팀장이 전략 수립부터 실행 전반에 대해 더 신속하고 정확한 결정을 내릴 수 있도록 지원하며, 조직의 목표 달성에 큰 도움이 된다.

　또한, ChatGPT는 다양한 데이터 소스를 통합하여 분석하고, 이를 바탕으로 최적의 결정을 지원한다. 불확실한 환경에서도 AI를 통해 얻은 데이터를 기초로 빠르게 판단하고, 맞닥들인 상황에서 최적의 대안을 신속히 도출하여 대응할 수 있다. 과거의 의사 결정이 주로 경험과 직관에 의존했다면, 이제는 데이터에 기반한 의사 결정이 가능해졌다. 이는 팀의 목표 달성에 있어 큰 차이를 만들어낸다.

　AI는 미래의 트렌드와 변화를 예측하고, 다양한 시나리오를 시뮬레이션할 수 있다. 이를 통해 팀장은 다양한 상황에 대비할 수 있는 계획을 수립할 수 있으며, 잠재적인 리스크를 사전에 식별하고 대응할 수 있다. 과거에는 불확실성에 대응하기 위한 전략 수립이 어려웠으나, 이제는 AI의 도움으로 보다 정교한 전략 수립이 가능해졌다.

AI를 활용한 팀 관리는 팀원의 성과를 실시간으로 추적하고 분석할 수 있게 한다. 이를 통해 팀장은 각 팀원의 강점과 약점을 파악하고, 필요한 피드백을 적시에 제공할 수 있다. 또한, 팀원의 성장과 발전을 도울 수 있는 맞춤형 코칭 전략을 수립할 수 있다. 과거에는 주기적인 성과 평가에 의존했으나, 이제는 실시간 성과 관리가 가능해졌다.

ChatGPT는 팀원 개개인의 업무 패턴과 성과를 분석하여, 팀장이 각 팀원에게 맞춤형 코칭과 피드백을 제공할 수 있도록 지원한다. 이는 팀원의 동기부여와 성장을 촉진하며, 팀 전체의 성과를 극대화한다. 과거에는 일괄적인 코칭 방법이 사용되었으나, 이제는 AI를 통해 개인별 맞춤형 코칭이 가능해진 것이다.

또한, AI는 팀장이 포용적 리더십을 발휘하는 데에도 큰 도움을 준다. 다양한 배경과 경험을 가진 팀원들이 서로의 의견을 자유롭게 표현하고, 이를 통해 더 창의적이고 혁신적인 아이디어를 도출할 수 있는 환경을 조성한다. AI는 팀 내의 커뮤니케이션을 활성화하고, 팀원들이 서로의 강점을 최대한 발휘할 수 있도록 지원한다. 과거에는 다양성 관리가 어려웠으나, 이제는 AI의 도움으로 더 효과적인 다양성 관리가 가능해졌다.

AI는 팀 내에서의 공정성과 투명성을 보장하여, 모든 팀원이 평등하게 대우받고 존중받을 수 있는 환경을 조성한다. 이는 팀원 간의 신뢰를 구축하고, 협업을 촉진하며, 팀의 창의성과 혁신을 증진시킨다. 과거에는 이러한 팀 문화를 구축하는 데 어려움이 있었으나, 이제는 AI를 통해 보다 쉽게 포용적 팀 문화를 구축할 수 있다.

이 책은 단순한 이론에 그치지 않고, 실제 사례와 구체적인 방법을 통해 팀장들이 실질적으로 적용할 수 있는 도구와 전략을 제공한다. ChatGPT를 활용한 성공적인 팀 관리 사례와 구체적인 적용 방법을 제시하여, 독자들이 실제 상황에서 활용할 수 있도록 하였다. 이를 통해 팀장으로서의 역량을 최대한 발휘하고, 조직의 성공을 이끌어낼 수 있기를 기대한다.

'**팀장 레볼루션: 팀장이 사라진다**'와 함께 ChatGPT를 활용한 혁신적인 리더십을 발휘하여, 성공적인 팀 관리와 성과 향상을 경험해 보길 바란다. 팀장 레볼루션은 이전 팀장이 아닌 생성형 AI시대를 이끌어 가는 새로운 팀장의 탄생과 여정을 만들어 갈 수 있는 가이드 역할을 하게 될 것이다.

저자 소개

김기진 | KHR Group, 한국HR포럼 대표

한국HR협회와 KHR GPT 연구소 대표, 피플스그룹 조합법인 이사장, ERiC Story 출판 대표. 16년간 180회 KHR포럼 개최회원 3,700명와 'KHR FTP 인사&인재개발 실태 조사 보고서'를 6년째 발간하고 있다. 현재 육군 인사사령부 스마트 인재시스템 구축 자문위원, 국방 정책자문위원HR분야 활동 중이다. 저서: 〈아하 나도 줌Zoom 마스터〉, 공저: 〈채용 레볼루션: AI 채용의 힘〉, 〈ESG 레볼루션: 지속 가능의 힘〉, 〈HR 레볼루션: 생성형 AI, HR 생태계 어떻게 구축할 것인가〉, 〈ChatGPT*HR: 생성형 AI, HR에 어떻게 적용할 것인가〉, 〈왜 지금 한국인가: 한류경영과 K-리더십〉, 〈하루하루 시작詩作〉, 〈내 인생의 선택〉, 〈코로나 이후의 삶 그리고 행복〉, 기고: 《HR insight》 등이 있다.

김영헌 | 한국코치협회 회장

포스코에서 30년 이상 인사, 인재육성, 혁신 등 주요업무를 임직원으로 수행하였다. 포스코 비서실장, 미래창조아카데미원장, 포스텍 행정처장 등을 역임하고 퇴임 후 코칭을 공부하였다. 지금은 ㈔한국코치협회 회장, 한국HR협회 회장, 경희대 경영대학원 코칭사이언스 주임교수, 한경닷컴 칼럼니스트, 경영자 전문코치로 활동하고 있으며 〈행복한 리더가 끝까지 간다〉, 〈MZ EXPERIENCE공저〉 등 다수의 저서가 있다.

이상훈 | TCC스틸 지원팀장/이사, 경영학 박사

중견 철강기업인 TCC스틸에서 24년간 HR과 지원업무를 담당하고 있다. 주요 관심 및 연구분야는 경력관리, 고령화 HR전략, 스태핑 등이며, 한국산업인력공단 HRD심사위원과 경기대학교를 비롯한 원격교육원에서 운영교수로 활

동하고 있다. 다양한 HR 매체에 리더십을 포함한 트렌드Trend 관련 활발한 기고를 진행하고 있으며, 저서로는 지난 2019년 집필한 〈경력의 미래〉가 있다.

박지연 | JW홀딩스 People&Culture 팀장

현재 해방둥이 기업인 JW중외제약의 지주회사에서 근무하고 있다. DL그룹에서 직장생활을 시작했고, 인사, 조직, 경영, 혁신, 문화 등 변화관리가 필요한 영역에서 커리어를 쌓아 왔다. 최근에는 HR 업무의 경계를 허물고 AI 기반 일하는 방식 변화를 위한 다양한 시도들을 하고 있다. 연세대학교에서 심리학을, 동대학 경영전문대학원에서 매니지먼트를 전공했다.

김대경 | KHR GPT 연구소 소장

한국HR포럼 GPT 연구소장으로 생성형AI의 실무 활용을 연구, 전파하고 있다. 글로우코칭랩 대표코치로 강의와 멘탈코칭을 하며, 시온P&S 이사로서 자원순환사업을 병행한다. 한국산업인력공단 민간/공공 채용시험 평가위원, NCS리더스클럽 회원으로도 활동하고 있다. 중소기업진흥공단 연수원, 기술과가치에서 교육사업, 컨설팅을 수행했고, 현대카드/캐피탈의 자회사에서 교육, 채용, 보상 등 HR 전반을 운영했다. 승강기제조업의 창업맴버로 도전하여 3년차에 연매출 200억을 달성했고, 가전서비스 스타트업의 CEO로서 조직변화를 이끌며 성장기반을 다졌다. 고려대 기업교육 석사, 인적자원개발 및 성인계속교육 박사 과정을 거치며, 연구와 실제의 통합에 매진한다. 공저로 〈MZ 익스피리언스〉가 있다.

저자 소개

조원규 | dA Group PCM Part 부사장
건설사업관리 전문가로 한미글로벌과 dA Group에서 근무, 한양대학교 대학원에서 HR전공하였고, 조직문화 전문가이자 한국HR협회 부회장으로, 옵티미스트 이사로 활동 중이다. 저서: 〈조직문화가 전략을 살린다〉, 공저: 〈ChatGPT*HR: 생성형 AI, HR에 어떻게 적용할 것인가〉, 〈하루하루 시작詩作〉 등이 있다.

김현주 | 성과와역량연구소 대표
전략과 조직, HR을 전공한 경영학 박사로 이론과 실무를 겸비한 경영 전문가이다. 현재 성과와역량연구소 대표, 한국성과코칭협회 이사, 기술과가치㈜ 파트너로 활동하고 있다. LG그룹에서 경력을 시작했고 Arthur Andersen에서 전략컨설턴트로 일했다. 포스코경영연구원에서는 15년간 사업전략과 인사조직 분야의 연구실장과 수석연구위원으로 활약했고, 한국수자원공사의 리더십센터장을 역임했다. 저서: 〈PXR 성과관리 실전노트〉, 〈포스코웨이 이센셜〉, 역서: 〈사람이 경쟁력이다〉, 〈조직설계방법론〉 등이 있다.

하경태 | 아모레퍼시픽 인재원 부장
LG CNS Entrue Consulting에서 RA로 직장 경력을 시작하였고 아모레퍼시픽 생활용품 할인점/대리점 영업 및 화장품 영업관리를 수행하였다. "나는 늘 배운다"는 좌우명을 삶과 일터에서 실현하고자 아모레퍼시픽 그룹인재원으로 직무를 이동함과 동시에 학습 설계자로서의 전문성을 갖추기 위해 고려대학교 교육대학원 석사 과정을 졸업하였다. 영업/마케팅 교육 체계 수립 및 과정 개발을 수행하였고 현재 리더육성팀에서 전사 팀장 리더십 역량 개발을 담당하면서 ① 코치형 리더, ② 상황별 리더십, ③ 업무 지휘/권한 위임, ④ 그룹 코칭 과정에서의 사내 강사이자 코치로서 활동하고 있다. 더불어 한국코치협회 인증 KPCKorea Professional Coach이자, 한국코치협회의 2030 Vision&Mission 추진위원회 PM으로도 활동하고 있다.

고동록 | 퀀텀브레인 네트워크 대표

현대자동차, 현대캐피탈, 현대카드, 현대모비스에서 20여년간 전략, 혁신, 노무, 인재개발 등 다양한 업무를 수행하였다. 현재 지투테크와 플립온 코리아 경영자문과 안산시 투자 자문관으로 일하고 있으며, 양자 물리학과 뇌과학 기반의 HRD 전략수립에 관심이 많다. 공저: 〈한국기업교육사례연구〉, 〈ChatGPT*HR: 생성형 AI, HR에 어떻게 적용할 것인가〉, 〈HR 레볼루션〉, 〈채용 레볼루션〉, 〈내 인생의 선택〉, 〈내인생 최고의 선물〉. 기고: 《HR insight》, 《인사관리》, 《월간HRD》 등이 있다.

목차

제1부 **유연성**

생성형 AI시대가 요구하는
New 팀장의 역량

생성형 AI시대가
요구하는 팀장의 역량 | 김기진 대표

ChatGPT를 활용한 성과 향상 | 김기진 대표

제3부 포용성

다양성을 기반으로 한 강력한 팀 구축

포용적 리더십 | 김대경 소장

팀 문화의 포용성 증진 | 조원규 부사장

제4부 리더십 혁신

팀 성과를 최대화하는 전략

리얼타임 성과 관리와 코칭 | 김현주 대표

이제는, AI와 데이터를 활용한 신속하고 혁신적인 의사결정을 통해 팀을 이끌어야 나가야 한다. 도전적이고 혁신적인 마인드로 팀원들의 스킬 업그레이드를 지원하며 디지털 트랜스포메이션을 주도하는 New 팀장이 등장하고 있다.

유연성

생성형 AI시대가 요구하는 New 팀장의 역량

김기진 대표

생성형 AI 시대가
요구하는 팀장의 역량

1

새로운 팀장의
역량 정의 및 이해

생성형 AI시대에는 팀장이 전통적인 리더십 역량 외에도 디지털 기술과 데이터를 이해하고 이를 효과적으로 활용할 수 있는 능력이 필수가 되어 가고 있다. AI 기술의 발전으로 데이터 분석과 디지털 혁신을 주도할 수 있는 역량이 강조되고 있는 것은 일의 효율과 효과성이 이전의 상황과는 비교가 되지 않을 정도로 차원이 다른 수준의 성과를 창출해 내고 있기 때문일 것이다. New 팀장은 생성형 AI시대를 맞이하여, 자연어 처리 등의 AI 기술을 이해하고 이를 통해 업무 프로세스를 최적화하여 새로운 비즈니스 기회를 창출할 수 있어야 한다.

또한, AI 도구와 플랫폼을 효과적으로 선택하고 적용할 수 있는 능력도 필요하다. 생성형 AI시대는 이전과는 차원이 다른 수준의 속도와 질적 성과를 만들어 내고 있다. 기업의 전략 수립이나 과제 수행에 있어 생성형 AI는 집단 지성을 뛰어넘어 속도와 질적 측면에서 인간의 수준을 어느 정도 넘어선 상태이다.

1주일 소요, 이젠 하루만에

1Week = 1Day(GPT)

디지털 기술의 진화로 인해 팀장은 이제 전통적인 관리와 리더십만으로는 성과를 창출하기 어려운 시대가 되었다. AI 시대에는 데이터를 기반으로 한 전략적 의사결정이 더욱 중요해졌으며, 이는 팀장에게 역량 범위의 확장을 요구하고 있다. AI를 통해 얻어진 데이터는 시장 동향을 파악하고 고객의 요구를 예측하는 데 매우 유용하다. 이러한 데이터 분석을 통해 팀장은 더 효율적인 업무 프로세스를 설계하고 실행할 수 있다. AI 기반의 예측 분석을 통해 팀장은 프로젝트의 성공 가능성을 높이고 리스크를 최소화할 수 있게 되었다.

생성형 AI시대의 New 팀장은 AI 도구와 플랫폼을 효과적으로 선택하고 적용할 수 있는 능력을 필요로한다. 다양한 AI 솔루션이 시장에 쏟아지고 있다. New 팀장은 이를 적절히 활용하는 것이 경쟁력의 핵심이다. 이러한 도구를 평가하고 조직의 필요에 맞게 통합할 수 있어야 하며, 이를 통해 조직의 효율성과 생산성을 극대화할 수 있어야 한다. 자연어 처리NLP 기술을 활용하여 고객 서비스 부문에서 자동화된 응답 시스템을 구축하거나, 머신러닝 알고리즘을 통해 생산 공정의 효율성을 향상시키는 등의 실질적인 적용을 시도할 필요가 있다.

생성형 AI시대에 New 팀장에게 요구되는 역량

Fact | 생성형 AI시대에는 데이터 분석, 디지털 혁신, AI 도구 활용 등의 역량이 중요하다.

이러한 역량은 비즈니스 성과를 개선하고 더 나은 의사 결정을 내리는 데 중요한 역할을 한다. AI와 데이터 분석 기술은 팀장이 비즈니스 환경에서 발생하는 다양한 문제를 효과적으로 해결하고, 조직의 경쟁력을 높이는 데 기여할 수 있다. 실시간 데이터 분석을 통해 고객의 요구를 빠르게 파악하고 이에 대응할 수 있으며, AI 기반 의사 결정 시스템을 통해 신속하고 정확한 결정을 내릴 수 있다.

디지털 혁신은 단순히 최신 기술을 도입하는 것을 넘어, 조직의 전반적인 업무 방식을 혁신하는 것을 의미한다. New 팀장은 AI 도구를 활용하여 실시간 데이터를 분석하고, 이를 기반으로 효율적인 전략을 수립할 수 있어야 한다. 고객 데이터 분석을 통해 맞춤형 마케팅 전략을 수립하거나, 생산 과정에서 발생하는 문제를 사전에 예측하고 해결하는 방식으로 운영 효율성을 높일 수 있다.

또한, AI 도구는 팀장이 보다 효과적으로 업무를 관리하고 팀원들의 성과를 극대화하는 데 도움을 준다. 예를 들어, 자연어 처리 기술을 활용한 자동화된 보고서 생성 도구를 통해 팀원들의 업무 부담을 줄이고, 데이터 시각화 도구를 통해 복잡한 데이터를 쉽게 이해할 수 있도록 한다. 팀장은 이러한 도구들을 활용하여 전략적 의사 결정을 더욱 신속하고 정확하게 내릴 수 있다.

Think | 생성형 AI시대에 New 팀장이 갖춰야 할 새로운 역량 중 가장 중요한 것은 무엇인가?

가장 중요한 역량은 데이터 분석과 AI 활용 능력이다. 팀장은 방대한 데이터를 분석하여 유의미한 인사이트를 도출하고 이를 바탕으로 전략적 결정을 내릴 수 있어야 한다. 또한, 디지털 트랜스포메이션DT, Digital Transformation 사고방식을 통해 비즈니스 모델과 프로세스를 혁신하는 능력도 필수적이다. 이는 팀장이 AI 기술을 활용하여 조직의 효율성을 높이고 새로운 시장 기회를 탐색할 수 있도록 한다. 무엇보다 중요한 것은 내부 데이터를 수집하고 정리하며, 앞으로 어떤 데이터를 축적할지 결정하는 것이다.

디지털 트랜스포메이션DT은 단순히 기술을 도입하는 것을 넘어, 조직 전체의 사고방식과 운영 방식을 변화시키는 것을 의미한다. 따라서 팀장은 AI와 데이터 분석을 통해 비즈니스 인사이트를 도출하는 능력을 갖춰야 한다. 고객 데이터 분석을 통해 새로운 시장 기회를 발견하거나, 운영 데이터를 통해 프로세스의 병목 현상을 파악하고 개선하는 것이 필요하다. 이러한 능력은 조직이 신속하게 변화에 적응하고, 경쟁 우위를 유지하는 데 중요한 역할을 한다. 이젠, 차원이 다른 수준의 성과를 창출해 내는데 있어서 "New 팀장"의 역량이 더욱 중요시되는 이유이다.

기회 발견

New 팀장은 디지털 혁신을 주도할 수 있는 비전을 가지고 있어야 한다. 이는 조직 내에서 AI와 데이터를 활용한 혁신을 촉진하고, 팀원들이 새로운 기술을 적극적으로 받아들이고 활용할 수 있도록 이끄는 것이 핵심이다. 팀장이 AI 기반의 프로젝트를 성공적으로 추진하여 조직의 성과를 극대화한 사례는 다른 팀원들에게 동기부여를 제공하고, 혁신 문화를 확립하는 데 기여할 수 있다. New 팀장의 역할 정립과 실행의 정도에 따른 조직문화는 이전과 혁신적으로 달라질 수 있는 가능성이 높아진다.

Plan │ New 팀장이 새롭게 시도할 이슈들

- 데이터 분석과 AI 활용 능력 강화: New 팀장은 방대한 데이터를 분석하여 유의미한 인사이트를 도출하고 이를 바탕으로 전략적 결정을 내릴 준비가 필요하다. New 팀장은 데이터 분석 도구와 AI 알고리즘을 활용하여 비즈니스 문제를 해결하고, 실시간 데이터를 기반으로 한 의사 결정 체계를 구축한다. 팀장과 팀원들을 대상으로 한 데이터 분석과 AI 활용 교육 프로그램 도입은 선택의 문제가 아니라 필수이다. 실제 데이터를 활용한 프로젝트를 통해 팀원들이 실질적인 경험을 쌓을 수 있도록 해야 한다.

- 디지털 트랜스포메이션 사고방식 내재화: 디지털 기술을 활용하여 비즈니스

모델과 프로세스를 혁신한다. New 팀장은 새로운 디지털 도구와 기술을 지속적으로 탐색하고, 이를 조직의 운영에 효과적으로 통합한다. 디지털 혁신에 대한 정기적인 워크숍을 개최하여 최신 트렌드와 성공 사례를 공유한다. 팀 내에서 디지털 혁신을 장려하는 문화를 조성하여 모든 구성원이 적극적으로 참여할 수 있도록 한다.

- 유연성과 적응력 강화: 변화에 신속하게 대응하고 새로운 기술과 방법론을 수용한다. New 팀장은 끊임없이 학습하고, 변화하는 환경에 적응할 수 있는 능력을 길러야 한다. 팀장 자신이 지속적으로 새로운 기술과 트렌드를 학습하고, 이를 팀 내에 전파한다. 변화 관리에 대한 교육을 통해 팀원들이 변화에 대한 두려움을 극복하고, 적극적으로 대응할 수 있도록 지원할 수 있어야 한다.

기존 리더십 역량과의 차별점

Fact | 기존 리더십 역량은 주로 사람 관리와 의사소통 능력에 중점을 두었으나, 새로운 리더십 역량은 디지털 기술의 이해와 활용, 데이터 기반 의사 결정, 디지털 혁신을 포함한다.

기존의 리더십은 경험과 직관에 의존한 의사 결정을 강조했지만, 생성형 AI시대의 리더십은 데이터 분석과 AI 기술을 활용하여 객관적이고 과학적인 의사 결정을 내리는 능력을 중시한다. AI 도구를 활용하여 팀의 성과를 실시간으로 모니터링하고 분석하여 개선할 수 있는 방안을 제시하는 것이 중요하다.

디지털 기술의 이해와 활용은 New 팀장이 조직을 효과적으로 이끄는 데 필수적이다. 팀장은 AI와 빅데이터 분석 기술을 통해 얻은 정보를 기반으로, 더 정확하고 신뢰할 수 있는 의사 결정을 내릴 수 있다. AI 기반의 예측 모델을 활용하여 시장 변화에 대한 빠른 대응 전략을 수립하거나, 고객 데이터를 분석하여 개인화된 마케팅 캠페인을 실행하는 등, 구체적인 데이터를 바탕으로 한 전략적 의사 결정이 가능하다.

기존의 리더십이 주로 상명하달식의 의사소통에 의존했다면, 새로운 리더십은 팀원들과의 협업과 상호 작용을 중시한다. 디지털 도구를 활용한 실시간 커뮤니케이션과 협업 플랫폼은 팀원들 간의 소통을 원활하게 하고, 의사 결정 과정에 팀원들의 다양한 의견을 반영할 수 있도록 한다. 이를 통해 팀장은 더욱 효율적이고 효과적인 의사 결정을 내릴 수 있다.

Think | 기존 리더십 역량과 New 리더십 역량의 가장 큰 차이점은 무엇인가?

가장 큰 차이점은 디지털 기술의 이해와 활용이다. 기존의 리더십 역량은 기술적 지식이 없어도 팀을 관리할 수 있었지만, 생성형 AI시대에서는 디지털 기술을 이해하고 이를 활용할 수 있는 능력이 필수적이다. 팀장은 AI 도구와 데이터를 활용하여 업무 효율성을 높이고 혁신을 촉진해야 한다. 또한, 데이터 기반 의사 결정과 변화 관리 능력도 중요한 차이점이다.

리스크 최소화

디지털 기술을 활용한 리더십은 조직의 효율성을 극대화하고, 더 나은 비즈니스 성과를 달성하는 데 중점을 둔다. 이는 팀장이 AI와 데이터를 기반으로 한 의사 결정을 내릴 수 있는 능력을 요구하며, 변화하는 비즈니스 환경에 신속하게 적응할 수 있도록 한다. 데이터 기반 의사 결정은 조직이 리스크를 최소화하고, 더 나은 전략을 수립하는 데 중요한 역할을 한다.

Plan | New 팀장이 새롭게 갖추어야 할 핵심 역량

디지털 기술 이해 및 활용: 최신 디지털 기술과 AI 도구에 대한 교육을 지속적으로 받는다. New 팀장은 디지털 기술의 최신 동향을 파악하고, 이를 조직의 운영에 효과적으로 적용할 수 있어야 한다. 팀장과 팀원들이 최신 디지털 기술과 AI 도구에 대한 전문 교육 과정을 수강하도록 한다. 실제 업무에 디지털 기술을 적용해보는 실습 프로젝트를 진행하여, 팀원들이 직접 경험을 쌓을 수 있도록 한다.

데이터 기반 의사 결정: 데이터 분석 도구를 도입하고 데이터 기반 의사 결정 문화를 정착시킨다. New 팀장은 데이터를 활용하여 더 정확하고 객관적인 의사 결정을 내릴 수 있어야 한다. 조직 내에 데이터 분석 도구를 도입하여, 모든 팀원들이 데이터를 쉽게 분석하고 활용할 수 있도록 한다. 데이터 기반 의사 결정의 중요성을 강조하고, 이를 조직의 문화로 정착시키기 위한 교육과 워크숍을 개최한다.

변화 관리: 변화 관리 교육을 통해 변화에 대한 적응력을 강화한다. New 팀장은 변화하는 환경에 신속하게 대응하고, 팀원들이 변화를 긍정적으로 받아들일 수 있도록 지원해야 한다. 팀원들에게 변화 관리에 대한 교육을 제공하여, 변화에 대한 두려움을 극복하고, 새로운 기회로 받아들일 수 있도록 한다. 조직의 변화 관리 전략을 수립하고, 이를 기반으로 변화에 효과적으로 대응할 수 있는 체계를 구축한다.

이와 같이, 생성형 AI시대의 팀장은 데이터와 AI를 활용하여 조직의 효율성을 극대화하고, 지속적인 혁신을 주도하는 리더로 성장해야 한다. 팀장은 디지털 기술을 이해하고 이를 전략적으로 활용함으로써, 조직이 변화하는 환경에서 경쟁력을 유지하고 성장할 수 있도록 이끌어야 한다.

New 팀장의 AI 기술 기본 이해와 응용

생성형 AI 기술의 기본 개념 및 원리 이해

Fact | 빠르게 변화하는 기술 환경에서 AI 기술의 이해와 활용 능력이 중요한 시대에 살고 있다.

특히 ChatGPT와 같은 생성형 AI 기술은 팀장의 역량 강화에 핵심적인 역할을 할 수 있다. ChatGPT는 GPTGenerative Pre-trained Transformer 아키텍처를 기반으로 한 모델로, 대량의 텍스트 데이터를 학습하여 자연스러운 텍스트를 생성할 수 있다. 이는 New 팀장이 효율적인 커뮤니케이션을 촉진하고, 데이터 분석을 보다 정교하게 수행하며, 고객 지원 등 다양한 업무를 자동화하고 개선하는 데 큰 도움을 줄 수 있다.

ChatGPT는 대량의 텍스트 데이터를 사용하여 모델이 사전 학습pre-training하도록 했다. 이 과정에서 모델은 언어의 패턴, 문법, 의미 등을 학습한다. 이후, 보다 구체적인 작업에 맞추어 미세 조정fine-tuning 과정을 거쳐 모델의 성능을 최적화했다. 이러한 과정을 통해 ChatGPT는 사용자의 입력에 따라 일관성 있고 적절한 응답을 생성할 수 있다. 팀장은 이 모델을 활용하여 다양한 시나리오에서 유용한 응답을 얻을 수 있으며, 이를 통해 팀의 생산성과 효율성을 높일 수 있는 것이다.

예를 들어, ChatGPT를 활용하여 팀의 내부 커뮤니케이션을 자동화하고, 정기적인 보고서 작성을 지원하며, 고객 문의에 대한 빠르고 정확한 답변을 제공할 수 있다. 과거와 다른 점은 적은 비용과 잠시의 시간 투자 만으로 손쉽게 조직의 업무혁신을 시도할 수 있다는 것이다. 또한, 데이터 분석 결과를 바탕으로 인사이트를 도출하고, 이를 경영 전략에 반영하는 데에도 유용하게 활용되고 있다. ChatGPT는 이처럼 다양한 업무에서 활용될 수 있는 강력한 도구이다. 5조개의 문서를 통해 학습한 만큼, 업무에 활용하는데 있어서 왠만하면, 상상하고 있는 거의 모든 것을 누구나 손쉽게 실현해 낼 수 있다.

Think | ChatGPT를 효과적으로 활용하기 위해 갖추어야 할 역량은 무엇인가?

New 팀장이 ChatGPT를 효과적으로 활용하기 위해 필요한 역량은 AI 기술의 특성과 한계를 명확히 이해하는 것이다. ChatGPT는 대량의 데이터를 기반으로 학습되기 때문에, 생성된 텍스트가 항상 정확하거나 적절하지 않을 수 있다. 따라서 팀장은 AI가 응답한 내용에 대해 비판적으로 평가하고, 이를 업무에 적절히 적용할 수 있는 능력을 갖추어야 한다.

New 팀장은 ChatGPT의 작동 원리와 모델이 어떤 종류의 입력에 어떤 방식으로 반응하는지를 예측할 수 있어야 한다. 그러기 위해서는 다양한 방법으로 질문을 시도하고 분석과 응용의 경험을 쌓아야 한다. 또한, ChatGPT의 한계를 명확히 인식하고, 모델이 잘못된 정보를 제공할 가능성을 염두에 두고, 이를 보완할 수 있는 질문의 방법도 스스로 터득해 두어야 한다. 이를 위해 팀장은 생성된 텍스트를 검토하고, 필요한 경우 반복 수정을 통해 GPT의 활용 역량을 갖추어야 한다.

3배의 성과 창출

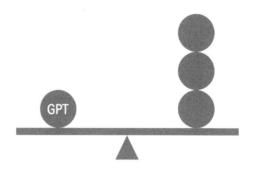

　예를 들어, 고객 지원 챗봇으로 ChatGPT를 사용할 때, AI가 모든 상황을 완벽하게 처리할 수 없음을 인식하고, 예외적인 상황에 대한 대응 방안을 마련하는 것이 중요하다. 또한, 정기적으로 AI의 성능을 검토하고, 피드백을 반영하여 모델을 개선하는 과정도 필요하다. 팀장은 이러한 과정을 통해 AI 기술을 효과적으로 활용할 수 있는 역량을 키우고, 직원들을 육성할 수 있는 수준을 갖추어야 한다.

　결론적으로, New 팀장은 ChatGPT의 능력을 최대한 활용하면서도, 그 한계를 명확히 이해하고, 적절한 검토와 조정을 통해 최적의 결과를 도출할 수 있어야 한다. 이는 AI 기술을 실제 업무에 적용하는 데 있어 필수적인 역량이다. 상상해 보라. New 팀장은 20명이 아닌 10명의 팀원만으로도 3배 이상의 성과를 낼 수 있다. 만약 20명의 팀원을 유지하며 성과를 낼 수 있다면, 어느정도의 성과를 창출해 낼 수 있을까? 이쯤되면, GPT를 활용한 전략의 수정은 불가피해질 것이다.

Plan | New 팀장의 또다른 활동 영역

맞춤형 교육 프로그램: ChatGPT의 기본 개념과 활용법에 대한 교육 프로그램을 도입하여 팀원들이 기술을 이해하고 사용할 수 있도록 한다. 이 프로그램은 이론 강의뿐만 아니라 실제 적용 사례를 포함하여 실습 기회를 제공할 수 있어야 한다. 예를 들어, ChatGPT의 작동 원리를 설명하고, 팀원들이 직접 AI 모델을 사용하여 간단한 텍스트 생성 작업을 수행해 보는 활동을 수반하는 것이다. 이를 통해 팀원들은 이론적인 지식뿐만 아니라 실제 활용 능력도 함께 기를 수 있게 된다. 또한, 정기적인 워크숍과 세미나를 통해 최신 AI 기술 동향과 발전 상황을 지속적으로 업데이트 받을 수 있도록 한다. 팀장이 직접 GPT전문가를 통해 1대1 코칭을 지속적으로 받아가면서 AI역량을 키워가는 것도 중요하다. 필자는 KHR한국HR포럼에서 현재 1년동안 8700명을 교육과 컨설팅 및 1대1 코칭을 수행해 오고 있다.

성과 평가 및 피드백: ChatGPT 도입 후 성과를 정기적으로 평가하고 피드백을 반영하여 개선한다. 이를 통해 AI 기술의 효과를 극대화하고, 팀의 업무 효율성을 지속적으로 향상시킬 수 있다. AI 도입 전후의 업무 처리 시간, 고객 만족도, 콘텐츠 생성 속도 등을 비교하여 성과를 평가할 수 있다. 또한, 팀원들로부터 직접적인 피드백을 수집하여 ChatGPT의 활용 방법이나 성능에 대한 개선점을 찾아낼 수 있다. 이를 통해 지속적인 성과 향상을 도모할 수 있다. 여기서 가장 중요한 것 한 가지는 바로 '데이터'의 축적과 관리이다. AI를 활용하여 다양한 시도와 최적의 의사결정을 내릴 수 있는 핵심은 바로 사내 데이터 관리가 핵심이기 때문이다.

윤리적 고려: ChatGPT와 같은 AI 기술을 사용할 때 윤리적 문제를 고려해야 한다. 데이터 프라이버시, 편향성, 오용 가능성 등을 철저히 검토하고, 이에 대한 대응 방안을 마련한다. 고객의 개인정보를 보호하기 위해 데이터 사용 및 저장에 관한 정책을 강화하고, AI가 생성하는 콘텐츠에 편향된 정보가 포함되지 않도록 지속적인 모니터링과 조치를 취한다. 또한, AI 기술의 오용을 방지하기 위해 사용 가이드라인을 명확히 하고, 윤리적 기준을 준수하도록 교육하는 것도 중요하다.

지속적인 학습 및 개선: ChatGPT와 같은 AI 기술은 빠르게 발전하고 있기 때문에, 최신 동향을 지속적으로 학습하고, 기술을 개선해 나가는 것이 중요하다. 이를 위해 정기적인 교육과 훈련을 실시하고, 최신 기술을 도입해야 한다. AI 기술 전문가와의 협력을 통해 최신 연구 결과와 기술 발전 상황을 빠르게 반영하고, 팀의 역량을 지속적으로 강화할 수 있다. 또한, 오픈소스 커뮤니티나 전문 포럼에 참여하여 다른 전문가들과의 네트워킹을 통해 새로운 인사이트를 얻고, 이를 실무에 적용할 수 있도록 하는 것이 중요하다.

이러한 접근 방법들을 통해 New 팀장은 ChatGPT와 같은 생성형 AI 기술을 효과적으로 활용하여 팀의 성과를 극대화할 수 있게 된다.

AI 기술의 다양한 응용 분야 및 사례

Fact | AI 기술은 다양한 산업과 분야에서 광범위하게 응용되고 있다.

AI는 데이터 분석, 자동화, 예측 모델링, 자연어 처리 등을 통해 효율성을 높이고 혁신을 촉진하며 경쟁력을 강화한다. AI 기술은 다양한 방식으로 각 산업에 혁신을 가져오고 있다. 헬스케어 분야에서는 의료 영상 분석을 통해 방대한 양의 영상 데이터를 빠르고 정확하게 분석하여 진단의 정확도를 높이고 있다. 금융 분야에서는 AI가 사기 탐지와 투자 예측에서 중요한 역할을 하고 있다. AI 알고리즘은 거래 패턴을 분석하여 비정상적인 활동을 실시간으로 감지하고, 잠재적인 사기를 예방한다. 제조업 분야에서는 AI가 생산 공정을 최적화하고, 품질 관리를 개선하며, 예지 정비를 통해 기계의 고장을 사전에 예측하고 예방하는 데 사용된다.

Think | AI 기술의 다양한 응용 분야 중 가장 큰 잠재력을 발휘할 수 있는 영역은 무엇인가?

헬스케어, 금융, 제조업 등 다양한 분야에서 AI 기술이 큰 잠재력을 발휘할 수 있다. 헬스케어 분야는 AI의 응용에서 특히 주목받고 있다. AI는 의료 데이터를 분석하여 정확한 진단과 치료 방법을 제시함으로써 의료 서비스의 질을 크게 향상시킨다. AI는 환자의 의료 기록을 분석하여 질병의 진행 경과를 예측하고, 이를 기반으로 최적의 치료 계획을 세울 수 있다. 또한, AI는 신약 개발 과정에서도 중요한 역할을 하여, 복잡한 화학 구조를 분석하고, 새로운 약물의 효과를 예측함으로써 개발 시간을 단축하고 비용을 절감할 수 있다.

메이요 클리닉과 IBM Watson Health의 협업은 AI를 활용해 환자의 유전자 프로필, 의료 기록 등을 분석하여 맞춤형 치료 계획을 수립한다. 이러한 접근 방식은 특히 종양학에서 치료 결과를 향상시키고, 개별 환자의 유전적 구성에 맞춘 치료법을 제공하여 부작용을 줄인다. MIT의 컴퓨터 과학 및 인공지능 연구소CSAIL에서 개발한 AI 시스템은 딥러닝을 사용해 유방촬영술 이미지를 분석하여 초기 암 징후를 감지한다. 이 AI 모델은 암의 조기 발견 정확도를 높이고, 거짓 양성 및 음성의 비율을 줄여 보다 신속하고 정확한 치료를 가능하게 한다.

미주리 대학 건강 관리 시스템과 Cerner Corporation의 협력으로 AI를 EHR 시스템에 통합하여, 일상적인 업무를 자동화하고 데이터 분석 기능을 향상시켰다. 이로 인해 의료 제공의 효율성이 높아지고, 환자 치료의 질이 개선되었다.

금융 분야에서도 AI의 역할이 점점 커지고 있다. AI는 대량의 금융 데이터를 실시간으로 분석하여 투자 기회를 식별하고, 리스크를 관리하는 데 도움을 준다. AI 기반의 투자 알고리즘은 시장 데이터를 분석하여 최적의 투자 결정을 내리고, 투자 포트폴리오를 자동으로 조정한다. 또한, AI는 사기 방지 시스템에서 비정상적인 거래 패턴을 실시간으로 감지하고, 잠재적인 사기 행위를 사전에 차단할 수 있다.

제조업에서는 AI가 생산성 향상과 비용 절감을 위한 핵심 기술로 자리잡고 있다. AI는 생산 라인의 데이터를 분석하여 병목 현상을 제거하고, 생산 공정을 최적화함으로써 생산 효율을 극대화할 수 있다. AI는 기계의 작동 상태를 실시간으로 모니터링하고, 이상 징후를 사전에 감지하여 기계 고장을 예방한다. 이를 통해 제조업체는 생산 중단을 최소화하고, 유지 보수 비용을 절감할 수 있다.

AI 기반의 시각 검사 시스템은 제조업에서 제품 결함을 감지하는 데 사용된다. 이러한 시스템은 인간 검사자보다 정확하고 빠르게 결함을 발견하여, 제품 품질을 높이고 폐기물을 줄일 수 있다.

Plan | New 팀장의 끊임없는 노력과 시도

- 응용 분야별 AI 기술 학습: 각 산업별로 AI 기술의 적용 사례를 학습하고 이해한다. 이를 통해 AI 기술이 어떻게 활용되고 있는지, 그리고 어떤 효과를 가져오는지에 대해 깊이 있는 지식을 습득한다. 헬스케어, 금융, 제조업 등 각 산업별로 특화된 AI 교육 프로그램을 수강하여, 해당 분야의 AI 기술 적용 방법을 학습한다. 성공적인 AI 도입 사례를 분석하여, 이를 조직에 적용할 수 있는 방안을 도출한다.

- 사례 연구 분석: 성공적인 AI 도입 사례를 분석하여 이를 조직에 적용할 수 있는 방안을 도출한다. 이를 통해 조직 내 AI 기술 도입의 효과를 극대화할 수 있다. 다양한 산업에서 성공적으로 AI를 도입한 사례를 발표하고, 이를 통해 얻은 인사이트를 공유하는 세미나를 정기적으로 개최한다. 성공적인 AI 도입 사례를 벤치마킹하여, 조직에 맞는 AI 도입 전략을 수립한다.

- 파일럿 프로젝트 실행: AI 기술을 실제 업무에 적용해 보기 위해 파일럿 프로젝트를 실행한다. 이를 통해 AI 도입의 실질적인 효과를 평가하고, 문제점을 파악하여 개선할 수 있다. 조직 내에서 AI 기술을 적용할 파일럿 프로젝트를 선정하고, 이를 통해 AI 기술의 실효성을 검증한다. 파일럿 프로젝트를 실행하고, 결과를 평가하여 AI 도입의 효과를 분석한다.

이와 같이, AI 기술의 다양한 응용 분야와 사례를 이해하고, 이를 실제로 적용해 나가는 과정은 조직의 혁신과 경쟁력 강화를 위한 중요한 단계이다. New 팀장은 AI 기술의 기본 개념과 응용 방법을 숙지하고, 이를 통해 조직의 성과를 극대화할 수 있는 전략을 마련해야 한다.

2

AI를 활용한
의사 결정 및 혁신 주도

AI를 활용한 의사 결정 능력 강화

데이터 기반 의사 결정의 중요성

Fact | 데이터 기반 의사 결정은 비즈니스의 모든 측면에서 중요한 역할을 하며, 특히 AI 기술의 발전과 함께 그 중요성이 더욱 강조되고 있다.

데이터 기반 의사 결정은 객관적이고 실증적인 정보를 바탕으로 의사 결정을 내리기 때문에, 조직이 더욱 신뢰할 수 있고 효과적인 결정을 내릴 수 있도록 한다. 예를 들어, 데이터 분석을 통해 고객의 행동 패턴을 파악하면 맞춤형 마케팅 전략을 수립할 수 있고, 생산 공정 데이터를 분석하여 효율성을 높일 수 있다. 또한, 실시간 데이터 분석을 통해 시장 변화에 빠르게 대응하고, 리스크를 최소화할 수 있다.

효율성 극대화

A x GPT = ?

데이터 기반 의사 결정은 조직의 경쟁력을 강화하는 데 필수적인 요소이다. 데이터를 통해 얻은 인사이트는 조직이 더 나은 전략을 수립하고, 시장 변화에 유연하게 대응할 수 있도록 돕는다. 고객의 구매 패턴을 분석하면 특정 제품의 수요를 예측하고, 이에 맞춰 재고를 관리할 수 있다. 또한, 생산 공정에서 발생하는 데이터를 분석하여 효율성을 극대화하고, 비용을 절감할 수 있는 방법을 찾을 수 있다. 이러한 접근 방식은 조직이 지속적으로 성장하고 발전하는 데 중요한 역할을 한다.

Think | 데이터 기반 의사 결정을 통해 조직은 어떻게 혁신을 이끌어낼 수 있는가?

데이터 기반 의사 결정은 조직이 새로운 아이디어를 시도하고 혁신을 실현하는 데 중요한 역할을 한다. 데이터 분석을 통해 얻은 인사이트는 조직이 기존의 비즈니스 모델을 개선하거나 새로운 비즈니스 기회를 발굴하는 데 도움을 준다. 소비자 데이터를 분석하여 새로운 제품을 개발하거나, 시장 트렌드를 예측하여 새로운 시장에 진출하는 전략을 수립할 수 있다. 이러한 데이터 기반 접근 방식은 조직이 혁신을 주도하고 경쟁에서 앞서 나갈 수 있도록 한다.

또한, 조직이 고객 중심의 전략을 수립하는 데 도움을 준다. 고객의 행동 데이터를 분석하여 고객의 요구와 선호도를 파악하고, 이에 맞춰 제품과 서비스를 개선할 수 있다. 예를 들어, 고객의 구매 패턴을 분석하여 맞춤형 마케팅 캠페인을 설계하거나, 고객 피드백을 분석하여 제품의 품질을 개선할 수 있다. 이러한 고객 중심의 접근 방식은 조직이 고객 만족도를 높이고, 충성도 높은 고객 기반을 구축하는 데 기여한다.

Plan │ New 팀장의 데이터 기반 의사 결정 강화

- 데이터 품질 관리: 데이터의 정확성과 일관성을 보장하기 위해 데이터 클렌징과 관리 프로세스를 강화한다. 데이터 입력 오류를 수정하고, 중복 데이터를 제거하며, 불완전한 데이터를 보완하는 프로세스를 구축한다. 이는 데이터의 신뢰성을 높여 정확한 의사 결정을 지원한다. 데이터의 품질을 주기적으로 점검하고, 문제를 발견하여 수정하는 데이터 감사 절차를 도입한다. 이를 통해 데이터 품질을 지속적으로 유지할 수 있다.

- 데이터 분석 역량 강화: 데이터 분석 도구와 기술을 활용할 수 있는 능력과 데이터 해석 능력을 강화한다. 데이터 분석 도구와 AI 기술에 대한 교육 프로그램을 개발하고, 팀원들이 참여할 수 있도록 한다. 예를 들어, Python, R, SQL 등의 프로그래밍 언어와 Tableau, Power BI 등의 데이터 시각화 도구에 대한 교육을 제공한다. 실제 데이터를 활용한 프로젝트를 통해 팀원들이 데이터 분석과 AI 모델 구축을 실습할 수 있는 기회를 제공한다. 이를 통해 팀원들의 실질적인 데이터 분석 역량을 강화할 수 있다.

- 데이터 기반 문화 정착: 데이터를 기반으로 한 의사 결정 문화를 정착시킨다. 경영진이 데이터 기반 의사 결정을 적극적으로 지원하고, 조직 전체에 데이터의 중요성을 강조하는 리더십을 발휘한다. 이를 통해 조직 전체가 데이터 중심의 사고 방식을 채택하도록 유도한다. 데이터의 중요성을 이해하고, 데이터를 활용한 성공 사례를 공유하는 내부 교육 프로그램과 커뮤니케이션 채널을 마련한다. 조직 내 모든 구성원이 데이터의 가치를 이해하고, 데이터를 적극적으로 활용할 수 있도록 하는 것이다.

- 실시간 데이터 활용: 실시간 데이터를 수집하고 분석하여 신속하고 정확한 의사 결정을 내린다. IoT 센서, 웹 로그, 소셜 미디어 데이터 등 다양한 출처에서 실시간 데이터를 수집할 수 있는 시스템을 구축한다. 실시간 데이터를 분석할 수 있는 도구를 도입하여, 빠른 의사 결정을 지원한다. 실시간 대시보드를 통해 현재 상황을 모니터링하고, 신속한 대응이 필요한 상황에서 즉각적인 의사 결정을 내릴 수 있다.

이와 같이, 데이터 기반 의사 결정을 통해 조직은 혁신을 이끌어 낼 수 있다. 데이터 품질 관리, 데이터 분석 역량 강화, 데이터 기반 문화 정착, 실시간 데이터 활용 등을 통해 조직은 더 신뢰할 수 있고 효과적인 의사 결정을 내릴 수 있으며, 이를 통해 지속적인 성장을 이룰 수 있다. 팀장은 이러한 요소들을 체계적으로 관리하고 발전시켜, 조직이 데이터 기반의 정확하고 신뢰성 있는 의사 결정을 내릴 수 있도록 지원해야 한다.

AI를 활용한 데이터 분석 및 인사이트 도출

Fact | AI를 활용한 데이터 분석은 조직이 방대한 데이터를 효율적으로 처리하고 유의미한 인사이트를 도출하는 데 큰 역할을 한다.

AI는 패턴 인식, 예측 분석, 이상 탐지 등의 기능을 통해 데이터를 심층적으로 분석할 수 있다. AI는 고객의 구매 패턴을 분석하여 맞춤형 제품 추천을 제공하거나, 생산 공정에서 발생할 수 있는 문제를 사전에 예측하여 예방 조치를 취할 수 있다. 이러한 인사이트는 조직이 전략적 결정을 내리고, 운영 효율성을 극대화하며, 새로운 비즈니스 기회를 포착하는 데 기여한다.

AI 기술은 데이터 분석의 정확성과 효율성을 크게 향상시킨다. 패턴 인식은 AI의 강력한 기능 중 하나로, AI는 방대한 데이터 속에서 유의미한 패턴을 찾아내고 이를 기반으로 예측 모델을 구축할 수 있다. 소매업체는 고객의 구매 데이터를 분석하여 특정 제품이 언제, 어떤 고객에게 잘 팔리는지 예측할 수 있다. 이를 통해 재고 관리를 최적화하고, 판매 전략을 개선할 수 있는 것이다.

데이터 기반 예측관리

A x GPT = 100

예측 분석은 AI를 활용한 데이터 분석의 또 다른 중요한 응용 분야이다. 예측 분석을 통해 조직은 미래의 트렌드와 사건을 예측하고, 이를 기반으로 전략적 결정을 내릴 수 있다. 금융 기관은 과거의 거래 데이터를 분석하여 시장 변동성을 예측하고, 이를 기반으로 투자 전략을 수립할 수 있다.

이상 탐지는 AI가 데이터를 분석하여 정상적인 패턴에서 벗어난 이상 현상을 식별하는 기능이다. 이는 사기 탐지, 품질 관리, 보안 등 다양한 분야에서 중요한 역할을 한다. 금융 기관은 AI를 활용하여 비정상적인 거래 패턴을 실시간으로 감지하고, 이를 통해 사기 행위를 예방할 수 있다. 또한, 제조업체는 생산 공정에서 발생하는 데이터를 분석하여 품질 이상을 조기에 발견하고, 이를 개선할 수 있다. 이러한 방법의 시도만으로도 기존에 일하던 방식에서 탈피 할 수 있는 기회를 접하게 된다. 혁신적으로 일하는 방식에 대한 인사이트와 이를 통한 New 팀장의 행동의 변화와 조직 문화의 혁신을 시도할 수 있게 되는 것이다.

Think | AI를 활용한 데이터 분석을 통해 조직은 어떻게 혁신을 이끌어낼 수 있는가?

AI를 활용한 데이터 분석은 예측 분석, 개인화된 경험 제공, 운영 효율성 향상, 리스크 관리 등의 혁신을 이끌어 낼 수 있다. AI는 고객 데이터를 분석하여 개인 맞춤형 서비스를 제공함으로써 고객 만족도를 높이고, 운영 데이터를 분석하여 효율성을 극대화할 수 있다. 또한, 리스크를 사전에 식별하고 관리함으로써 조직의 안정성을 강화할 수 있다.

예측 분석을 통해 조직은 미래의 트렌드와 사건을 예측하고, 이를 기반으로 혁신적인 전략을 수립할 수 있다. AI 기반의 예측 모델을 통해 시장의 변화를 미리 감지하고, 이에 맞춰 제품 개발이나 마케팅 전략을 조정할 수 있다. 이는 조직이 빠르게 변화하는 시장 환경에 유연하게 대응하고, 경쟁에서 앞서 나가는 데 중요한 역할을 한다.

개인화된 경험 제공은 고객 데이터를 분석하여 각 고객의 선호와 행동을 파악하고, 이를 기반으로 맞춤형 서비스를 제공하는 것을 의미한다. AI는 고객의 과거 구매 데이터를 분석하여 향후 구매를 예측하고, 이에 맞춰 맞춤형 제품 추천을 제공할 수 있다. 이는 고객 만족도를 높이고, 충성도 높은 고객을 확보하는 데 도움을 준다. 또한, AI는 고객 서비스에서도 개인화된 경험을 제공할 수 있다. 예를 들어, AI 챗봇은 고객의 문의를 실시간으로 처리하고, 개인 맞춤형 답변을 제공하여 고객 경험을 향상시킬 수 있다.

운영 효율성 향상은 AI를 활용한 데이터 분석을 통해 조직의 운영 과정을 최적화하는 것을 의미한다. AI는 생산 데이터를 실시간으로 분석하여 병목 현상을 식별하고, 이를 해결하기 위한 최적의 솔루션을 제시할 수 있다. 또한, AI는 공급망 데이터를 분석하여 재고 수준을 최적화하고, 물류 비용을 절감할 수 있는 전략을 수립할 수 있다. 이러한 운영 효율성 향상은 조직이 비용을 절감하고, 생산성을 극대화하는 데 중요한 역할을 한다.

- 데이터 품질 관리: 데이터를 정기적으로 클렌징하여 정확성, 완전성, 일관성을 보장한다. 데이터 입력 오류를 수정하고, 중복 데이터를 제거하며, 불완전한 데이터를 보완하는 프로세스를 구축한다. 데이터의 품질을 주기적으로 점검하고, 문제를 발견하여 수정하는 감사 절차를 도입한다.
- 기술적 역량 강화: 팀원들에게 AI와 데이터 분석 기술에 대한 교육과 훈련을 제공한다. 데이터 분석 도구와 AI 기술에 대한 교육 프로그램을 개발하고, 팀원들이 참여할 수 있도록 한다. 실제 데이터를 활용한 프로젝트를 통해 팀원들이 데이터 분석과 AI 모델 구축을 실습할 수 있는 기회를 제공한다.
- AI 모델의 지속적 개선: AI 모델의 성능을 지속적으로 모니터링하고, 필요에 따라 모델을 개선한다. AI 모델의 성능을 주기적으로 평가하고, 개선이 필요한 부분을 식별하는 모니터링 시스템을 구축한다. AI 모델의 성능을 개선하기 위해 정기적으로 모델을 업데이트하고, 새로운 데이터와 알고리즘을 적용한다.

이와 같이 AI를 활용한 데이터 분석을 통해 조직은 혁신을 이끌어 낼 수 있다. 데이터 품질 관리, 데이터 프라이버시 보호, 기술적 역량 강화, 실시간 데이터 분석, AI 모델의 지속적 개선 등을 통해 조직은 더 신뢰할 수 있고 효과적인 의사 결정을 내릴 수 있으며, 지속적인 성장을 이룰 수 있다. 팀장은 이러한 요소들을 체계적으로 관리하고 발전시켜, 조직이 AI를 활용한 데이터 분석을 통해 혁신을 주도할 수 있도록 지원해야 한다.

3

디지털 트랜스포메이션DT 사고와
생성형 AI 도구 활용

리더의 DT기반 사고와 디지털 도구의 선택

디지털 트랜스포메이션(DT) 사고방식의 이해

Fact │ 디지털 트랜스포메이션(DT) 사고방식은 디지털 기술을 활용
하여 비즈니스 모델과 프로세스를 혁신하고 새로운 시장 기회
를 탐색하는 사고방식이다.

DT 사고방식은 조직이 디지털 혁신을 통해 경쟁력을 강화하고, 고객에게 더 나은 가치를 제공하는 것을 목표로 한다. 예를 들어, 기업은 클라우드 컴퓨팅, 빅데이터 분석, 인공지능 등의 기술을 활용하여 비즈니스 프로세스를 최적화하고, 새로운 서비스나 제품을 개발할 수 있다. DT 사고방식은 데이터 기반 의사 결정, 자동화, 고객 중심 접근, 민첩한 대응 등을 포함한다.

DT 사고방식은 조직이 디지털 기술을 통해 변화를 주도하고, 지속 가능한 성장을 이루기 위해 필수적이다. 클라우드 컴퓨팅은 데이터 저장 및 처리 능력을 확장하여 조직의 IT 인프라를 유연하게 만들고, 비용 효율성을 높이는 데 기여한다. 빅데이터 분석은 방대한 데이터를 신속하게 분석하여 유의미한 인사이트를 도출함으로써, 전략적 의사결정을 지원한다. 인공지능AI은 반복적인 작업을 자동화하고, 예측 모델링을 통해 비즈니스 예측을 가능하게 하여, 조직의 운영 효율성을 극대화할 수 있다. 자연어 처리NLP 기술은 고객 서비스 자동화에 활용되어 고객의 문의를 실시간으로 처리하고, 고객 만족도를 높일 수 있다.

Think | DT 사고방식을 이해하고 조직에 적용하기 위해 필요한 핵심 요소는 무엇인가?

DT 사고방식을 이해하고 조직에 적용하기 위해서는 디지털 기술에 대한 이해, 혁신적 사고방식, 변화 관리 능력이 필요하다. 디지털 기술에 대한 이해는 최신 기술을 효과적으로 도입하고 활용할 수 있는 능력을 의미한다. 혁신적 사고방식은 새로운 아이디어를 수용하고 실험할 수 있는 능력이다. 변화 관리 능력은 조직 내에서 변화에 대한 저항을 최소화하고 원활하게 변화를 추진할 수 있는 능력이다.

디지털 기술에 대한 이해는 리더와 팀원들이 클라우드 컴퓨팅, 빅데이터, 인공지능 등의 최신 기술을 충분히 이해하고, 이를 비즈니스 모델과 프로세스에 적용할 수 있는 능력을 의미한다. 이러한 기술들은 조직이 데이터 기반 의사 결정을 내리고, 업무 프로세스를 자동화하며, 새로운 비즈니스 기회를 발굴하는 데 핵심적인 역할을 한다.

혁신적 사고방식은 기존의 비즈니스 모델과 프로세스를 혁신적으로 재구성하고, 새로운 아이디어를 적극적으로 수용하는 능력을 의미한다. 리더는 조직 내에서 창의적이고 혁신적인 아이디어가 자유롭게 제안되고 실행될 수 있는 환경을 조성해야 한다. 예를 들어, 팀원들이 새로운 기술과 도구를 실험하고, 이를 통해 비즈니스 문제를 해결할 수 있는 프로젝트를 장려하는 것이 중요하다.

변화 관리 능력은 리더가 조직 내에서 변화에 대한 저항을 최소화하고, 원활하게 변화를 추진할 수 있는 능력을 의미한다. 리더는 변화 관리 교육을 통해 조직 구성원들이 변화의 필요성을 이해하고, 적극적으로 변화에 동참할 수 있도록 해야 한다. 또한, 변화 과정에서 발생하는 문제를 신속하게 해결하고, 조직 전체가 변화에 적응할 수 있도록 지원해야 한다.

Plan | New 팀장의 DT 사고방식 습득

- 변화 관리 교육: 변화 관리 교육을 통해 변화에 대한 저항을 최소화하고 원활한 변화를 추진할 수 있는 능력을 강화한다. 조직 내에서 변화가 필요한 이유를 명확히 설명하고, 변화 과정에서 발생하는 문제를 효과적으로 해결할 수 있는 방법을 학습한다. 변화 관리에 대한 이해를 높이고, 변화에 대한 저항을 최소화하기 위한 워크숍을 정기적으로 개최한다. 변화 관리에 대한 전

문 지식을 가진 리더를 양성하여, 조직 내에서 변화 관리 프로세스를 주도할 수 있도록 한다. 조직 내에서 변화의 필요성과 목표를 명확히 전달하고, 변화 과정에서 발생하는 문제를 신속하게 해결할 수 있는 커뮤니케이션 전략을 수립한다.

- 디지털 마인드: New 팀장이 디지털 전환을 성공적으로 이끌기 위해서는 디지털 마인드를 갖춘 리더십이 필수적이다. 리더는 팀원들에게 디지털 전환의 중요성을 명확히 전달하고, 협력과 혁신을 촉진하는 환경을 조성해야 한다. 이를 위해 명확한 커뮤니케이션과 코칭 기술을 습득해야 한다. 디지털 마인드를 제대로 갖춘 리더가 디지털 리더십을 발휘함으로써, 조직은 디지털 전환의 성공을 이루고 지속 가능한 성장을 이룰 수 있기 때문이다.

- 민첩한 대응: 변화하는 시장 환경에 빠르게 대응할 수 있는 민첩한 조직 문화를 조성한다. 애자일 방법론을 도입하여 프로젝트를 유연하게 관리하고, 신속하게 결과를 도출한다. 팀원들이 변화에 빠르게 대응하고, 신속하게 의사결정을 내릴 수 있는 민첩한 조직 문화를 조성한다. 프로젝트의 성과를 주기적으로 평가하고, 개선이 필요한 부분을 식별하여 지속적으로 개선하는 프로세스를 구축한다.

DT 사고방식을 통한 조직 혁신 및 효율성 증대

Fact | 디지털 트랜스포메이션(DT) 사고방식은 디지털 기술을 통해 조직의 비즈니스 모델과 프로세스를 혁신하고 효율성을 높이는 데 중요한 역할을 한다.

디지털 트랜스포메이션DT 사고방식은 디지털 기술을 통해 조직의 비즈니스 모델과 프로세스를 혁신하고 효율성을 높이는 데 중요한 역할을 한다. DT 사고방식은 구독 기반 서비스, 데이터 판매, 디지털 플랫폼 거래 등 다양한 새로운 수익 모델을 개발할 수 있는 기회를 제공한다. 이를 통해 조직은 기존의 수익 모델을 넘어서는 새로운 비즈니스 기회를 창출할 수 있다.

또한, DT는 고객 중심 전략을 강화한다. 고객의 요구를 정확하게 파악하고, 개인화된 서비스와 제품을 제공하여 고객 만족도와 충성도를 높인다. 이는 고객 경험을 향상시키고 장기적인 고객 관계를 구축하는 데 도움이 된다. DT 사고방식은 조직 문화의 변화를 촉진한다. 애자일 Agile 방법론을 도입함으로써 조직이 유연하고 빠르게 변화에 대응할 수 있도록 하여 프로젝트의 속도와 품질을 동시에 높인다. 또한, 직원들이 새로운 기술과 지식을 지속적으로 학습하고, 이를 바탕으로 혁신을 추구하는 문화를 조성한다. 이러한 문화는 조직 전체의 혁신 역량을 강화하고, 지속 가능한 성장을 가능하게 한다.

Think | DT 사고방식을 통해 조직의 혁신과 효율성을 증대시키기 위해 필요한 핵심 요소는 무엇인가?

DT 사고방식을 통해 조직의 혁신과 효율성을 증대시키기 위해서는 디지털 기술의 도입, 데이터 기반 의사 결정, 변화 관리가 필요하다. 디지털 기술의 도입은 클라우드 컴퓨팅, 빅데이터, 인공지능 등의 최신 기술을 효과적으로 도입하고 활용하는 것을 의미한다. 데이터 기반 의사 결정은 데이터를 분석하고 이를 기반으로 전략적 결정을 내리는 문화를 조성하는 것이다.

리더와 팀원들은 클라우드 컴퓨팅, 빅데이터, 인공지능 등의 최신 기술을 충분히 이해하고, 이를 비즈니스 모델과 프로세스에 효과적으로 적용할 수 있는 능력을 갖추어야 한다. 이러한 기술들은 조직이 데이터 기반 의사 결정을 내리고, 업무 프로세스를 자동화하며, 새로운 비즈니스 기회를 발굴하는 데 핵심적인 역할을 한다.

조직은 데이터를 통해 얻은 인사이트를 바탕으로 전략적 결정을 내릴 수 있어야 한다. 이는 데이터의 정확성과 신뢰성을 높여 의사 결정의 질을 개선하고, 실시간 데이터 분석을 통해 시장 변화에 신속하게 대응할 수 있게 된다. 이를 위해 데이터 분석 도구와 기술을 도입하고, 데이터 중심의 의사 결정 문화를 조성하는 것이 중요하다.

특히, 리더는 조직 내에서 변화에 대한 저항을 최소화하고, 원활하게 변화를 추진할 수 있는 능력을 갖추어 나아가야 한다. 리더는 변화 관리 교육을 통해 조직 구성원들이 변화의 필요성을 이해하고, 적극적으로 변화에 동참할 수 있도록 해야 하기 때문이다. 또한, 변화 과정에서 발생하는 문제를 신속하게 해결하고, 조직 전체가 변화에 적응할 수 있도록 지원할 수 있는 기본기를 갖추고 있어야 한다.

Plan | New 팀장의 조직 혁신 시도

- 디지털 기술 도입: 최신 디지털 기술을 도입하여 비즈니스 모델과 프로세스를 혁신한다. 클라우드 기반의 ERP 시스템을 도입하여 실시간 데이터 접근성을 높이고, 업무 효율성을 극대화한다. 빅데이터 분석 도구를 활용하여 고객 데이터를 분석하고, 맞춤형 서비스를 제공한다. AI 기술을 활용하여 업무 프로세스를 자동화하고, 예측 모델을 통해 비즈니스 예측을 수행한다.

- 데이터 기반 의사 결정: 데이터를 분석하고 이를 기반으로 전략적 결정을 내리는 문화를 정착시킨다. Tableau, Power BI, Google Data Studio 등의 데이터 분석 도구를 도입하여, 데이터를 시각화하고 분석할 수 있는 인프라를 구축한다. 팀원들에게 데이터 분석 도구와 기술에 대한 교육과 훈련을 제공하여, 데이터 기반 의사 결정을 내릴 수 있는 역량을 강화한다. 실시간 데이터 분석을 통해 시장 변화에 신속하게 대응하고, 리스크를 최소화한다. 예를 들어, 실시간 데이터 스트리밍 플랫폼을 도입하여, 데이터를 실시간으로 분석하고 의사 결정을 지원한다.

- 고객 중심 접근: 고객의 요구와 피드백을 적극적으로 수용하고, 이를 기반으로 제품과 서비스를 개선한다. 고객의 요구와 피드백을 실시간으로 수집하고 분석할 수 있는 고객 피드백 시스템을 구축한다. 고객 데이터를 분석하여 고객의 요구와 선호도를 파악하고, 이를 기반으로 맞춤형 제품과 서비스를 제공한다. 고객의 요구와 피드백을 적극적으로 반영하여, 고객 중심의 제품과 서비스를 개발하고, 고객 만족도를 높이는 문화를 조직 내에 정착시킨다.

이와 같이 DT 사고방식을 이해하고 조직에 적용하기 위해서는 디지털 기술 도입, 데이터 기반 의사 결정, 변화 관리, 자동화 및 효율성 증대, 고객 중심 접근, 민첩한 대응 등을 체계적으로 계획하고 실행해야 한다. 이를 통해 조직은 디지털 혁신을 통해 경쟁력을 강화하고, 지속 가능한 성장을 이룰 수 있다.

생성형 AI를 활용한 팀 협업 강화

생성형 AI를 통한 효과적인 팀 협업 방안

Fact | 생성형 AI는 팀 협업을 강화하고 업무 효율성을 높이는 데 중요한 역할을 한다. AI 기반 협업 도구는 팀원들이 보다 효율적으로 협력할 수 있도록 돕는다.

AI는 프로젝트 관리, 일정 조정, 문서 작성 및 검토, 커뮤니케이션 자동화 등을 통해 팀의 생산성을 극대화할 수 있다. AI 기반 도구는 업무의 반복적인 부분을 자동화하고, 실시간으로 중요한 정보를 공유하여 팀원 간의 원활한 협업을 가능하게 한다.

프로젝트 관리는 팀 협업의 핵심 요소 중 하나로, AI 도구는 프로젝트의 모든 단계를 효율적으로 관리할 수 있도록 돕는다. 아사나Asana는 프로젝트의 진행 상황을 시각적으로 추적할 수 있으며, 마감 기한을 자동으로 관리하여 팀원들이 중요한 일정을 놓치지 않도록 한다. 일정 조정에서도 AI는 팀원들의 일정을 자동으로 조정하고, 회의 일정을 최적화하여 시간을 효율적으로 사용할 수 있게 한다. 문서 작성 및 검토에서는 AI 기반 도구가 문서의 초안을 작성하고, 오류를 자동으로 검토하여 팀원들의 업무 부담을 줄인다. 커뮤니케이션 자동화는 챗봇과 같은 도구를 통해 팀원들의 문의를 실시간으로 처리하고, 중요한 공지사항을 자동으로 전달하여 커뮤니케이션의 효율성을 높인다.

Think | 생성형 AI를 통해 팀 협업을 효과적으로 수행하기 위해 필요한 핵심 요소는 무엇인가?

AI 도구의 선택, 도구 사용 교육, 도구 통합, 커뮤니케이션 프로세스 정립이 필요하다. AI 도구의 선택은 조직의 요구와 목표에 맞는 도구를 선택하는 것을 의미한다. 도구 사용 교육은 팀원들이 AI 도구를 효과적으로 사용할 수 있도록 교육하는 것이다. 도구 통합은 여러 AI 도구를 통합하여 일관된 워크플로우를 만드는 것을 의미한다. 커뮤니케이션 프로세스 정립은 AI 도구를 활용한 효율적인 커뮤니케이션 체계를 구축하는 것을 포함한다.

AI 도구의 선택은 조직의 비즈니스 목표와 팀의 작업 방식에 맞는 도구를 선택하는 과정이다. 팀의 필요에 따라 프로젝트 관리 도구, 커뮤니케이션 도구, 일정 관리 도구 등을 신중히 선택해야 한다. 예를 들어, 트렐로Trello는 시각적인 작업 관리가 필요한 팀에 적합하며, 슬랙Slack은 실시간 커뮤니케이션이 중요한 팀에 적합하다. 도구 사용 교육은 팀원들이 선택한 도구를 효과적으로 사용할 수 있도록 지원하는 과정이다. 도구의 사용 방법을 교육하고, 정기적인 훈련 세션을 통해 팀원들의 역량을 강화해야 한다. 도구 통합은 다양한 AI 도구를 하나의 통합된 워크플로우로 구성하여 사용 효율성을 높이는 것이다. 예를 들어, 슬랙과 트렐로를 연동하면 커뮤니케이션과 프로젝트 관리가 원활하게 이루어질 수 있다. 커뮤니케이션 프로세스 정립은 AI 도구를 통해 효율적인 커뮤니케이션 체계를 구축하는 과정이다. 이를 통해 팀원들은 중요한 정보를 실시간으로 공유하고, 커뮤니케이션의 속도와 정확성을 높일 수 있다.

Plan │ New 팀장의 생성형 AI를 통한 협업 시도

- AI 협업 도구 도입: 팀 협업과 커뮤니케이션을 강화하기 위해 AI 기반의 협업 도구를 도입한다. 트렐로Trello, 슬랙Slack, 노션Notion 등 다양한 AI 기반 협업 도구를 비교 분석하여 팀의 요구와 목표에 가장 적합한 도구를 선택한다. 각 도구의 기능을 평가하여 프로젝트 관리, 일정 조정, 문서 작성 및 검토, 커뮤니케이션 자동화 등 필요한 기능을 제공하는 도구를 선택한다.

- 도구 사용 교육: 팀원들에게 선택한 AI 도구에 대한 교육과 훈련을 제공하여 도구를 효과적으로 활용할 수 있도록 한다. 팀원들이 선택한 도구를 효과적으로 사용할 수 있도록 교육 프로그램을 개발하고, 정기적인 교육 세션을 통해 팀원들의 역량을 강화한다. 도구 사용에 대한 지침과 베스트 프랙티스를 팀원들과 공유하여, 도구의 기능을 최대한 활용할 수 있도록 한다. 팀원들이 실제 프로젝트에서 도구를 사용해 볼 수 있는 실습 기회를 제공하여, 도구 사

용에 대한 자신감을 높인다.

- 도구 통합: 여러 AI 도구를 통합하여 일관된 워크플로우를 만든다. 슬랙과 노션을 연동하여 커뮤니케이션과 프로젝트 관리가 원활하게 이루어지도록 한다. 이를 통해 팀원들은 하나의 플랫폼에서 모든 업무를 관리할 수 있게 된다. 다양한 AI 도구를 하나의 통합된 플랫폼으로 구성하여, 팀원들이 쉽고 효율적으로 협업할 수 있도록 한다. 필요에 따라 API를 사용하여 도구 간의 데이터 연동을 자동화하고, 중복 입력을 최소화한다.

- 커뮤니케이션 프로세스 정립: AI 도구를 활용한 효율적인 커뮤니케이션 체계를 구축한다. 팀원들의 문의를 실시간으로 응답하고, 중요한 공지사항을 자동으로 전달하는 AI 기반 챗봇을 도입한다. AI 도구를 통해 회의록을 자동으로 작성하고, 팀원들에게 공유하여 회의 내용을 효율적으로 관리한다. AI 기반 일정 관리 도구를 도입하여 회의 일정을 자동으로 조정하고, 팀원들이 중요한 업무에 집중할 수 있도록 한다.

- 지속적 피드백 및 개선: 도구의 성능을 지속적으로 모니터링하고 필요에 따라 개선한다. 도구의 성능을 지속적으로 모니터링하고, 개선이 필요한 부분을 식별하는 시스템을 구축한다. 팀원들의 피드백을 수집하고, 이를 반영하여 도구의 기능을 최적화한다. AI 기술의 최신 동향을 학습하고, 이를 조직에 도입하여 혁신을 촉진한다. 예를 들어, 새로운 AI 기반 협업 도구나 기능이 등장하면 이를 학습하고 조직에 적용하여 효율성을 높인다.

- 효과적인 사용 사례 분석 및 공유: 도구 사용의 성공 사례를 분석하고, 이를 팀원들과 공유하여 도구 사용의 모범 사례를 확립한다. 도구 사용의 성공 사례를 분석하여, 팀원들이 참고할 수 있는 모범 사례를 도출한다. 정기적인 사

례 공유 세션을 개최하여 팀원들이 성공 사례를 공유하고, 도구 사용에 대한 인사이트를 얻을 수 있도록 한다. 팀원들이 지속적으로 학습하고 성장할 수 있는 환경을 조성하여, 도구 사용의 효율성을 높인다.

이와 같이 생성형 AI 도구를 통해 팀 협업과 커뮤니케이션을 효과적으로 수행할 수 있다. AI 도구의 선택, 도구 사용 교육, 도구 통합, 커뮤니케이션 프로세스 정립, 지속적 피드백 및 개선, 효과적인 사용 사례 분석 및 공유 등의 단계를 체계적으로 수행함으로써 조직의 생산성과 효율성을 크게 향상시킬 수 있다.

김기진 대표

ChatGPT를 활용한
성과 향상

1

ChatGPT를 활용한
업무 혁신

ChatGPT활용: 전략적 의사 결정 지원

Fact | ChatGPT를 활용한 업무 혁신 방법은 데이터로부터 심층적인 통찰력을 추출하고 이를 활용하여 조직의 전략적 의사 결정을 지원하는 데 초점을 맞춘다.

이러한 도구들은 대량의 데이터를 신속하게 분석하고, 복잡한 정보를 요약하며, 트렌드를 예측하여 경쟁력 있는 의사 결정을 가능하게 한다. AI 도구는 빅데이터를 처리하여 신속하고 정확한 분석 결과를 제공하게 된다. 분석 결과를 바탕으로 사업 기회를 식별하고 리스크를 관리하는 등의 전략적 결정을 내릴 수 있다. 시장 동향과 소비자 행태의 변화를 빠르게 감지하고 대응함으로써 조직의 경쟁력을 강화하게 된다.

특히, ChatGPT를 활용하여 데이터에서 통찰력을 추출하는 방법은 기업이 방대한 데이터를 분석하여 의미 있는 정보를 도출하는 과정이다. ChatGPT와 같은 고급 자연어 처리 도구는 텍스트 데이터에서 패턴, 트렌드 및 중요한 통찰을 식별할 수 있으며, 이러한 정보를 바탕으로 전략적 의사 결정을 지원한다. 데이터 추출에서부터 분석, 보고까지의 전 과정에서 AI를 활용하면 시간과 자원을 절약하면서도 보다 정확하고 깊이 있는 분석이 가능해진다.

ChatGPT는 빅데이터에서 반복적인 패턴과 트렌드를 식별하여 비즈니스 기회나 위험 요소를 감지하게 된다. 분석 결과를 통해 조직은 시장 변화에 신속하게 대응하고, 효과적인 전략을 수립할 수 있다. ChatGPT는 분석 데이터를 바탕으로 자동화된 보고서를 생성하며, 이를 통해 중요한 결정사항을 신속하게 전달할 수 있다.

ChatGPT를 통해 데이터 기반의 통찰력을 활용하여 보다 정보에 기반한 결정을 내리고, 이를 통해 조직의 전략적 방향을 명확히 한다. 고객 데이터 분석을 통해 고객의 요구와 선호를 더 정확하게 이해할 수 있으며, 이는 고객 만족도를 높이고, 맞춤형 마케팅 전략을 개발하는 데 중요하다. 내부 운영 데이터를 분석하여 비효율적인 프로세스를 개선하고, 비용을 절감할 수 있다. 이는 장기적으로 조직의 운영 효율성을 향상시키는 데 기여한다. 데이터 중심 문화를 촉진하고, 직원들 사이에서 데이터를 통해 의사 결정을 하는 습관을 장려하여 조직 문화의 변화를 시도할 수 있다.

Think | 전략적 의사 결정 지원을 위해 AI 분석 도구의 데이터를 어떻게 최적화할 수 있으며, 이러한 데이터는 어떤 기준으로 선택되어야 하는가?

AI 분석 도구를 사용하여 전략적 의사 결정을 지원하기 위한 데이터 최적화는 매우 중요하다. 데이터는 정확하고, 관련성이 높으며, 최신의 상태를 유지해야 한다. 이를 통해 조직은 시장 동향, 고객 행동, 내부 운영 효율성 등을 분석하여 보다 정보에 기반한 결정을 내릴 수 있다. 데이터 최적화 과정에는 데이터 클렌징, 통합, 분석 준비 등이 포함된다.

이를 위해서는 데이터가 오류가 없고 정확해야 하며, 의사 결정에 확신을 줄 수 있어야 한다. 시장과 환경의 변화에 신속하게 대응할 수 있도록 데이터는 최신 상태를 유지해야 하고, 의사 결정에 필요한 특정 목적과 직접적으로 관련이 있는 데이터를 선택해야 한다.

의사 결정 과정에서 데이터의 관련성을 평가하는 것은 매우 중요하다. 관련성 있는 데이터는 특정 의사 결정 상황에 적합하고, 문제 해결에 직접적으로 기여할 수 있는 정보를 제공한다. 데이터의 관련성을 평가하는 기준은 데이터의 시기성, 정확성, 완전성, 그리고 그 데이터가 의사 결정 문제와 얼마나 밀접하게 연관되어 있는지를 포함한다.

- 시기성Timeliness: 데이터가 최신의 것인지, 그리고 주어진 결정 시점에서 여전히 유효한지를 평가한다.
- 정확성Accuracy: 데이터가 오류 없이 정확하게 수집되었는지 확인한다.
- 연관성Relevance: 데이터가 의사 결정의 맥락과 필요에 직접적으로 연결되

어 있는지를 평가한다.

데이터가 특정 의사 결정 문제에 얼마나 밀접하게 연관되어 있는지를 평가하는 것은 필수이다. 먼저, 의사 결정의 목표를 명확히 정의하게 된다. 그 후, 각 데이터 요소가 이 목표에 어떻게 기여하는지를 평가한다. 데이터가 결정의 핵심 변수와 직접적인 관계가 있는지 분석한다. 둘째, 각 데이터 소스의 신뢰성과 해당 데이터가 의사 결정 문제와 관련된 콘텍스트에서 얼마나 자주 사용되는지를 평가한다. 셋째, 의사 결정 과정에서 사용된 데이터의 효과를 지속적으로 모니터링하고, 필요한 경우 조정을 통해 데이터의 관련성을 높인다.

이러한 접근 방식을 통해 조직은 데이터가 실제 의사 결정 문제와 얼마나 밀접하게 연관되어 있는지를 체계적으로 평가할 수 있으며, 이는 의사 결정의 품질을 향상시키는 데 중요한 역할을 한다. 여기서 반드시 체크해야 할 것은, 의사 결정 과정에서 데이터의 정확성을 확인하는 것이다. 데이터의 정확성은 데이터가 오류 없이, 정밀하게 수집, 저장 및 처리되었는지 여부를 나타낸다. 정확한 데이터는 신뢰할 수 있는 의사 결정을 가능하게 하며, 잘못된 데이터는 잘못된 결정으로 이어질 수 있다.

데이터의 정확성을 보장하기 위해서는 여러 검증 및 검사 절차를 통해 데이터가 원본 소스에서 정확하게 추출되고, 변환 과정에서 왜곡되지 않았는지 확인해야 한다. 입력 데이터가 정확한 형식과 값에 부합하는지 데이터 검증Validation을 해야 한다. 데이터 클렌징Cleansing은 데이터 세트 내에서 잘못된 데이터, 중복 데이터, 누락된 값 등을 식별하고 수정하거나 제거하는 과정을 포함하며, 데이터의 신뢰성과 유용성을 향상시키기 위해 반드시 수행되어야 한다.

Plan | '소비자 행태 분석'에 대한 ChatGPT의 단계별 접근 방법

ChatGPT를 활용한 소비자 행태 분석의 단계별 접근 방법은 조직이 데이터 기반 의사 결정을 효율적으로 수행할 수 있도록 지원된다. 이 과정은 데이터 수집에서부터 분석, 인사이트 도출, 전략 구현에 이르기까지 여러 단계로 구성된다. 다음은 이를 구체적으로 설명한 단계별 접근 방법이다.

- 1단계: 다양한 데이터를 수집한다. 소비자 관련 데이터를 수집할 수 있는 다양한 소스를 식별한다. 이는 소셜 미디어, 온라인 구매 기록, 고객 설문조사, 웹 트래픽 로그 등을 포함할 수 있다. 또한 다양한 채널과 플랫폼에서 데이터를 수집한다. 이때 고객의 개인정보 보호와 관련 법규를 준수하는 것이 중요하다.
- 2단계: 데이터 정제로 정확성을 확보한다. 수집된 데이터에서 오류, 누락된 값, 중복 등을 제거 데이터 클린징 한다. 데이터의 정확성과 신뢰성을 확보하는 작업이다. 데이터 통합은 서로 다른 소스에서 수집된 데이터를 하나의 데이터베이스나 포맷으로 통합한다.
- 3단계: 데이터 분석이다. 통계적 방법을 사용하여 데이터의 기본 특성을 파악한다. 예를 들어, 평균, 중앙값, 분포 등의 기술적 통계를 활용한다.

ChatGPT와 같은 자연어 처리 도구를 사용하여 텍스트 데이터에서 통찰력을 추출하여 소비자 행동 패턴을 예측한다.

- 4단계: 인사이트 도출 및 의사 결정 지원이다. 분석 결과를 바탕으로 소비자 행동의 주요 트렌드와 패턴을 식별한다. 예를 들어, 특정 제품에 대한 소비자의 선호도 변화, 구매 결정 요인 등을 파악할 수 있다. 다음으로 분석 결과와 통찰을 포함한 상세한 보고서를 작성한다. 이 보고서는 의사 결정자들에게 제공되어 전략적 의사 결정을 지원한다.

- 5단계: 전략 구현 및 모니터링이다. 도출된 통찰을 바탕으로 소비자 중심의 마케팅 전략을 개발하고 실행한다. 예를 들어, 타겟 마케팅 캠페인, 제품 개선, 고객 서비스 개선 등이 있다. 실행된 전략의 효과를 모니터하고, 필요에 따라 전략을 조정한다.

이러한 단계별 접근 방법을 통해 ChatGPT를 활용한 소비자 행태 분석은 조직에 깊이 있는 인사이트를 제공하고, 보다 정교하고 효과적인 전략적 의사 결정을 가능하게 한다.

ChatGPT활용: 더 창의적인 작업에 집중

Fact │ ChatGPT를 포함한 AI 도구를 사용한 프로세스 자동화는 반복적이고 시간 소모적인 업무를 최소화하는 방법이다.

이는 문서 처리, 데이터 입력, 표준화된 커뮤니케이션 등 일상적이고 기계적인 작업에 적용된다. 이를 통해 팀원들은 더 복잡하고 창의적인 업무에 더 많은 시간과 노력을 집중할 수 있게 되며, 전반적인 업무 효율성과 창의성을 향상시킬 수 있다. 반복적인 업무의 자동화를 통해 팀원들이 시간을 절약하고, 더 중요한 작업에 집중할 수 있게 된다. 기계적인 업무 부담이 줄어들면서 팀원들이 창의적이고 전략적인 작업에 더 많은 에너지를 할애할 수 있게 되며, 자동화를 통해 업무 스트레스가 감소하고, 직원들이 보람 있는 작업에 더 많이 참여함으로써 직업 만족도가 향상될 수 있다.

Think │ 프로세스 자동화가 직원들의 창의적인 작업에 집중할 수 있도록 만드는 구체적인 방법은 무엇인가?

 프로세스 자동화는 데이터 입력, 스케줄 관리, 이메일 정리 등의 반복적인 업무를 AI 도구가 처리하게 되어 직원들이 더 복잡하고 창의적인 작업에 집중할 수 있게 된다. 이러한 자동화는 직원들이 전략적 사고, 혁신적 아이디어 개발, 복잡한 문제 해결 등에 더 많은 시간과 에너지를 할애할 수 있는 환경을 조성한다. 또한, 자동화를 통해 정보의 흐름이 개선되고 오류가 줄어들어 업무의 효율성과 질이 향상된다.

 반복적인 업무의 자동화로 인해 직원들이 더 창의적이고 가치 있는 업무에 집중할 수 있게 되며, 자동화 시스템의 정확성으로 인해 업무 처리 중 발생할 수 있는 인간의 오류를 최소화하고, 정보의 정확한 전달과 처리가 가능해진다. 장기적으로 직원들은 창의적인 작업에 더 많은 시간을 할애할 수 있게 되며, 이는 조직의 혁신 문화를 강화시키는데 기여하게 된다.

프로세스 자동화가 특히 효과적인 업무 영역은 데이터 입력 및 관리, 고객 서비스, 재고 및 자원 관리 등이다. 데이터 입력 및 관리는 대량의 데이터를 입력하고 관리하는 작업이 자동화를 통해 큰 효율성을 얻게 된다. 데이터 입력 오류를 줄이고, 빠른 처리가 가능하다. 고객 서비스는 자주 묻는 질문에 대한 답변 제공, 예약 시스템 관리 등 고객 서비스 관련 반복적인 업무를 자동화를 통해 신속하고 일관된 응답을 제공하게 된다. 재고 및 자원 관리는 재고 수준 모니터링, 자원 할당 등의 관리 업무도 자동화를 통해 정확하고 실시간으로 관리할 수 있다.

이러한 업무 영역을 선정하기 위해서는 조직 내 모든 업무를 분석하여 반복적이고 규칙 기반의 작업을 식별한다. 각 업무의 자동화 가능성과 그로 인한 예상 효과를 평가한다. 자동화로 인한 효과와 구현의 용이성을 바탕으로 우선 순위를 설정한다. 이와 같은 방식으로 프로세스 자동화를 통해 성과 창출을 위한 일하는 방식을 주도적으로 혁신하게 된다.

Plan | '고객 서비스 업무 자동화'에 대한 ChatGPT의 단계별 접근 방법

고객 서비스 업무 자동화는 팀의 생산성을 높이고, 고객 만족도를 향상시키며, 고객 응대 시간을 단축하는 효과적인 방법이다.

- 1단계: 업무 평가 및 자동화 가능 업무 식별한다. 고객 서비스 팀의 일상 업무를 검토하여 자동화할 수 있는 반복적이고 시간 소모적인 업무를 식별한다. 예를 들어, FAQ 응답, 기본적인 문의 처리, 예약 관리 등이 포함될 수 있다. 자동화로 가장 큰 효과를 볼 수 있는 업무를 우선적으로 선택한다. 이는 업무 빈도와 그로 인한 시간 절약의 잠재력을 기준으로 한다.

- 2단계: 자동화 도구 및 솔루션을 선택한다. 고객 서비스 자동화에 적합한 도구를 조사한다. 예를 들어, 챗봇, 인공 지능 기반 응답 시스템, 티켓 관리 시스템 등이 있다. 특정 요구 사항에 맞는 솔루션을 선택한다. 이 때, 통합 가능성, 사용자 친화성, 비용 등을 고려한다.

- 3단계: 자동화 시스템 구현이다. 시스템 개발 및 통합: 선택된 도구를 현재 고객 서비스 플랫폼과 통합한다. 이 과정에서 IT 부서나 외부 전문가와 협력할 수 있다. 자동화 시스템을 테스트하여 문제점을 식별하고 해결한다. 초기 단계에서는 소규모로 테스트를 진행하고 점차 확대하는 것이 좋다.

- 4단계: 팀원 교육 및 도입이다. 자동화 시스템의 작동 방식과 이점에 대해 팀원을 교육한다. 팀원들이 시스템을 효과적으로 사용하고 관리할 수 있도록 지원한다. 자동화 시스템을 본격적으로 도입하고, 팀원들이 새로운 시스템에 적응하도록 지원한다.

- 5단계: 성능 모니터링 및 최적화에 집중한다. 자동화 시스템의 성능을 지속적으로 모니터링하여 그 효율성과 효과를 평가한다. 팀원과 고객으로부터의 피드백을 수집하여 시스템의 개선점을 찾는다. 필요한 경우 시스템을 조정하고 업데이트한다.

- 6단계: 확장 및 지속적 개선이다. 초기 자동화 프로젝트의 성공을 바탕으로,

추가적인 고객 서비스 업무로 확장을 고려한다. 이는 다른 서비스 채널이나 복잡한 업무에도 적용될 수 있다. 새로운 기술과 트렌드를 모니터링하면서 자동화 시스템을 지속적으로 업그레이드하고 개선해 나가야 한다.

ChatGPT활용: 비즈니스 기회 포착

> **Fact** | ChatGPT를 활용하여 고객 행동 분석과 시장 트렌드 예측을 수행하는 방법은 조직이 데이터를 기반으로 의사 결정을 내리는 데 큰 도움이 된다.

이 과정에서 ChatGPT는 자연어 처리 기능을 활용하여 대량의 고객 데이터와 시장 정보를 분석하고, 그 결과로부터 중요한 통찰력을 도출한다. 이를 통해 비즈니스 기회를 식별하고, 시장 변화에 적절히 대응할 수 있는 전략을 개발할 수 있다.

ChatGPT를 사용하여 고객의 구매 패턴, 선호도, 피드백 등을 분석함으로써, 고객의 요구와 행동을 더 깊이 이해할 수 있다. 시장의 최신 동향과 변화를 실시간으로 분석하여, 미래의 시장 방향과 변화를 예측한다. 분석된 데이터를 바탕으로 시장 변화에 효과적으로 대응할 수 있는 전략을 수립하고 실행한다.

Think | ChatGPT를 사용한 고객 행동 분석에서 실제로 어떤 데이터를 수집하고 어떻게 처리하는가?

디지털 트랜스포메이션DT 사고방식을 통한 고객 행동 분석은 웨어러블 기기 데이터, 지리적 위치 데이터, IoT 기기 데이터를 수집하고 처리하여 이루어진다. 웨어러블 기기 데이터는 사용자의 심박수, 걸음 수, 수면 패턴 등을 수집하여 개인화된 건강 관리 서비스를 제공하는 데 활용된다. 지리적 위치 데이터는 고객의 실시간 위치와 이동 경로 등을 통해 지역 기반의 마케팅 전략을 개발하고 특정 지역의 소비 패턴을 분석하는 데 사용된다. IoT 기기 데이터는 스마트 홈 기기 사용 기록을 수집하여 고객의 생활 패턴과 기기 사용 습관을 파악하고, 맞춤형 서비스 제공에 활용된다.

이러한 데이터를 수집한 후, 노이즈 제거와 중복 데이터 정리를 통해 데이터를 정제하고, 다양한 소스의 데이터를 통합하여 일관된 데이터셋을 만든다. 기술적 분석과 머신러닝 알고리즘을 적용한 고급 분석을 통해 데이터에서 인사이트를 도출한다. 이를 통해 고객을 다양한 세그먼트로 분류하고, 각 세그먼트에 맞춘 개인화된 제품 추천과 마케팅 메시지를 제공하여 고객 만족도를 높인다. 실시간 데이터 스트리밍을 통해 고객의 현재 상태나 위치를 모니터링하고, 즉각적인 마케팅 캠페인과 고객 지원을 제공함으로써 실시간으로 대응한다.

결과적으로, 이러한 데이터 수집과 처리 과정을 통해 조직은 고객에 대한 정교하고 다각적인 이해를 바탕으로 맞춤형 제품 개발, 표적 마케팅, 고객 서비스 개선 등 다양한 분야에서 활용할 수 있다. 이는 고객 만족도를 높이고 조직의 경쟁력을 강화하는 데 중요한 역할을 한다.

Plan | 분석된 데이터를 바탕으로 시장 변화에 효과적으로 대응할 수 있는 전략을 수립 방법

시장 변화에 효과적으로 대응하기 위해 분석된 데이터를 활용하는 전략 수립은 조직이 경쟁력을 유지하고 성장하는 데 중요한 역할을 한다. ChatGPT와 같은 고급 AI 도구를 사용하여 고객 데이터를 분석하고, 이를 기반으로 전략적 결정을 내릴 수 있다.

- 1단계: 데이터 수집 및 분석이다. 고객의 구매 패턴, 선호도, 피드백, 소셜 미디어 활동 등 다양한 출처에서 데이터를 수집한다. 수집된 데이터를 정제하고, 구조화하여 분석 준비를 한다. ChatGPT와 같은 자연어 처리 도구를 사용하여 텍스트 데이터에서 유의미한 인사이트를 추출하고, 머신 러닝 모델을 활용하여 행동 패턴을 분석한다.

- 2단계: 인사이트 도출에 집중한다. 시장 동향과 고객 행동의 변화를 식별한다. 이를 통해 미래의 시장 방향을 예측한다. 분석 결과를 통해 얻은 인사이트를 명확하게 정리하고, 주요 트렌드와 고객의 요구를 이해한다.

- 3단계: 전략 수립이다. 조직의 목표와 일치하는 전략적 목표를 설정한다. 예를 들어, 시장 점유율 증대, 고객 만족도 향상, 새로운 시장 진입 등이 있을 수 있다. 분석된 데이터와 도출된 인사이트를 바탕으로 시장 변화에 대응할 수 있는 구체적인 전략을 개발한다. 예를 들어, 타겟 마케팅 캠페인, 제품 혁신, 가격 전략 조정 등이 포함될 수 있다.

- 4단계: 전략 실행이다. 전략을 실행하기 위한 구체적인 계획을 수립한다. 이는 자원 할당, 일정 관리, 책임자 지정 등을 포함한다. 계획에 따라 전략을 실행하고, 필요한 조치를 취한다.
- 5단계: 모니터링 및 조정이다. 실행된 전략의 결과를 모니터링하고, 성과를 측정한다. 이는 판매 데이터, 고객 만족 조사, 시장 점유율 변화 등을 포함할 수 있다. 모니터링 결과에 따라 전략을 조정하고 최적화한다. 시장 상황이나 고객의 요구가 변하면 전략을 유연하게 조정하여 계속적으로 효과를 발휘할 수 있도록 한다.

이 단계별 접근 방법을 통해 조직은 데이터 기반의 결정을 내리고, 시장 변화에 능동적으로 대응하며, 지속 가능한 성장을 도모할 수 있다. 이 과정은 조직이 시장 내에서 경쟁 우위를 확보하고, 고객의 변화하는 요구에 효과적으로 응답하는 데 기여한다.

2

ChatGPT를 활용한 리더십 강화

ChatGPT 활용: 팀 내외 소통강화

Fact | ChatGPT를 활용해 조직 내 커뮤니케이션을 분석하고 대응하는 방식은 팀 내외의 소통을 효율적으로 강화한다.

이러한 접근 방식은 실시간 정보 교환을 가능하게 하고, 각 팀원의 의견과 피드백을 빠르게 수집 및 분석하여 조직 전체의 의사소통 효율을 증가시키게 된다. ChatGPT는 다양한 커뮤니케이션 채널에서 오는 데이터를 처리하고, 이를 통해 조직 내 문제점을 식별하며, 적절한 커뮤니케이션 전략을 수립할 수 있도록 지원한다.

ChatGPT는 대화 형태의 데이터를 실시간으로 분석하여 의사소통의 지연을 최소화하고, 즉각적인 대응을 가능하게 한다. 의견 수집 및 피드백 메커니즘을 자동화하여, 모든 팀원이 의사 결정 과정에 적극적으로 참여할 수 있도록 한다. 커뮤니케이션 분석을 통해 발견된 문제점에 대해 신속하게 대응하고, 개선된 커뮤니케이션 전략을 개발하게 된다.

Think | ChatGPT를 활용한 커뮤니케이션 분석을 통해 조직 내 어떤 유형의 문제를 해결할 수 있는가?

ChatGPT를 활용한 커뮤니케이션 분석은 조직 내 커뮤니케이션 문제를 효과적으로 해결하는 데 중요한 역할을 한다. 이 기술은 정보의 격차를 해소하고, 의사 결정의 지연을 최소화하며, 팀원들의 참여를 촉진하는 데 기여한다. ChatGPT는 데이터 기반의 통찰을 제공하여 조직 내 의사소통의 정확성과 신속성을 향상시키며, 이는 전체적인 팀의 성과와 협업 문화를 강화한다.

ChatGPT는 다양한 소스에서 수집된 정보를 분석하고, 중요한 내용을 적시에 관련 팀원과 공유하여 정보의 격차를 최소화한다. 실시간 데이터 분석과 응답 기능을 통해 의사 결정이 지연되거나 커뮤니케이션 불일치가 발생하는 문제를 해결한다. 모든 팀원이 의견을 자유롭게 제시하고 피드백을 교환할 수 있는 플랫폼을 제공함으로써, 조직 내 참여와 협력을 증진한다.

ChatGPT를 활용하여 조직 내 참여와 협력을 증진하는 방법은 다양하고 효과적이다. ChatGPT는 커뮤니케이션을 개선하고, 모든 팀원이 정보에 쉽게 접근할 수 있게 함으로써 더욱 포괄적이고 참여적인 작업 환경을 조성한다. 또한, 자동화된 프로세스를 통해 일상적인 업무를 간소화하고, 팀원들이 더 창의적이고 전략적인 작업에 집중할 수 있도록 지원한다.

팀원 간의 실시간 커뮤니케이션 촉진은 의사소통 도구로서 ChatGPT 가 문제 해결, 아이디어 교환, 피드백 제공 등의 과정에서 팀원들 간의 대화를 촉진하게 된다. 반복적인 업무를 자동화함으로써 팀원들이 보다 중요한 협력적 활동에 더 많은 시간을 할애할 수 있게 된다.

Plan | ChatGPT를 활용하여 조직 내 참여와 협력을 증진하는 방법

ChatGPT를 활용하여 조직 내 참여와 협력을 증진하는 방법은 통신의 개선, 정보 접근성의 향상, 그리고 반복적인 업무의 자동화를 통해 팀원들이 더 창의적이고 전략적인 작업에 집중할 수 있도록 하는 것이다.

- 1단계: 요구 사항 및 기대치를 파악한다. 조직의 현재 커뮤니케이션 구조와 정보 접근성 문제를 식별하여 요구 사항 분석한다. 향상된 참여와 협력을 통해 달성하고자 하는 구체적인 목표를 설정한다. 예를 들어, 회의 참여도 증진, 프로젝트 협력 강화 등이 있을 수 있다.

- 2단계: ChatGPT 통합 계획을 수립한다. ChatGPT를 기존의 커뮤니케이션 플랫폼(예: 슬랙, 마이크로소프트 팀즈)과 통합한다. 조직의 특정 요구에 맞게 ChatGPT의 응답과 기능을 맞춤 설정한다. 예를 들어, 팀별, 부서별 맞춤 정보 제공, 자주 묻는 질문(FAQ) 자동 응답 등의 기능을 구현한다.

- 3단계: 교육 및 구현에 집중한다. ChatGPT의 사용법 및 그 이점에 대해 팀원들을 교육한다. 이는 팀원들이 새로운 도구를 받아들이고 효과적으로 활용하도록 돕는다. 파일럿 테스트를 통해 소규모 그룹 또는 프로젝트 팀을 대

상으로 ChatGPT를 시범 운영한다. 초기 피드백을 수집하고 필요한 조정을 실시한다.

- 4단계: 모니터링 및 평가를 실시 한다. ChatGPT 도입 이후 커뮤니케이션 향상과 업무 참여도의 변화를 모니터링한다. 정기적으로 팀원들로부터 피드백을 수집하고, 이를 통해 시스템을 개선하거나 추가적인 교육이 필요한지 결정한다.
- 5단계: 확장 및 지속적 개선에 집중한다. 초기 성공을 바탕으로 다른 팀이나 부서로 ChatGPT의 사용을 확장한다. 새로운 기능과 업데이트를 지속적으로 평가하고 도입하여, 조직 내 참여와 협력을 지속적으로 향상시킨다.

이러한 단계별 접근 방법은 ChatGPT를 통해 조직 내의 커뮤니케이션과 정보 공유를 개선하고, 모든 팀원이 정보에 쉽게 접근할 수 있는 환경을 조성하여, 전반적인 팀의 참여와 협력을 증진시키는 데 주력한다.

ChatGPT 활용: 팀 성과 실시간 모니터링

Fact | ChatGPT는 팀 내에서의 실시간 의사소통과 정보 교환을 가능하게 함으로써, 팀 성과의 모니터링과 향상에 기여한다.

이 기능을 활용하면, 팀원들은 필요한 정보를 실시간으로 공유하고, 문제 발생 시 즉각적인 대응을 할 수 있다. 또한, 의사 결정 과정을 더욱 빠르고 효과적으로 진행할 수 있다. ChatGPT를 통해 정보를 즉시 공유하고, 실시간으로 의사 결정을 할 수 있다. 문제가 발생했을 때, 즉시 해결 방안을 모색하고 효과적으로 대응할 수 있다. 지속적인 의사소통을 통해 팀워크가 강화되며, 이는 전체 팀의 성과와 생산성을 향상시킬 수 있다.

Think │ 문제 해결 및 대응 속도 향상을 통해 팀 성과에 어떤 긍정적인 변화를 가져올 수 있는가?

문제 해결 및 대응 속도를 향상시키는 것은 팀 성과를 극대화하는 핵심 요소 중 하나이다. 이는 ChatGPT와 같은 도구를 활용하여 실시간으로 정보를 교환하고 의사 결정을 지원함으로써 달성될 수 있다. 신속한 문제 해결은 프로젝트 지연을 최소화하고, 위기 상황에서 적절한 조치를 취함으로써 팀의 전반적인 성과를 향상시킨다.

신속한 문제 해결은 작업 흐름의 중단을 최소화하고, 프로젝트가 예정대로 진행될 수 있도록 한다. 효과적인 문제 해결은 불필요한 자원 낭비를 줄이고, 잠재적인 비용 초과를 방지한다. 문제를 빠르게 해결하는 능력은 팀원들의 만족도와 자신감을 높이고, 팀워크를 강화한다.

신속한 문제 대응은 팀원들에게 심리적 안정감과 자신감을 제공한다. 문제가 발생했을 때 빠르고 효과적으로 대처할 수 있는 환경은 팀원들이 위기 상황에도 불구하고 업무에 집중할 수 있게 만든다. 이는 업무 만족도를 높인다. 또한, 성공적인 문제 해결 경험은 팀원들의 자기 효능감을 강화시키고, 이는 동기 부여를 촉진한다. 팀 내에서 이러한 긍정적인 경험이 반복되면, 팀원들은 서로를 더 신뢰하게 되고, 협력적인 팀 문화가 조성된다. 이는 전체적인 팀의 성과와 직결되며, 조직 내에서의 긍정적인 분위기와 생산성 향상에 기여한다.

Plan | 문제가 발생했을 때 빠르고 효과적으로 대처할 수 있는 방법

문제가 발생했을 때 빠르고 효과적으로 대처할 수 있는 환경을 조성하는 것은 팀 성과를 극대화하고, 업무 만족도를 높이며, 조직 내 긍정적인 문화를 구축하는 데 중요하다.

- 1단계: 문제 인식 및 신속한 통보 시스템을 구축한다. 문제 인식 메커니즘 확립할 때, 모든 팀원이 문제를 식별하고 신속하게 보고할 수 있는 명확한 프로토콜을 개발한다. 예를 들어, 주요 문제 지표를 모니터링하는 대시보드나 알림 시스템을 설정할 수 있다. 문제 발생 시 관련 담당자에게 자동으로 알림이 가도록 시스템을 설정한다. 이는 이메일, SMS, 혹은 조직 내 커뮤니케이션 플랫폼을 통해 이루어질 수 있다.

- 2단계: 문제 해결 프로세스 및 프로토콜 정립한다. 각종 문제 유형별로 표준화된 문제 해결 절차를 마련한다. 이는 문제의 우선순위, 필요한 자원, 해결에 필요한 단계 등을 명확히 정의한다. 문제 해결 과정에서 각 팀원의 역할과 책임을 명확히 한다. 이는 누가 문제에 대한 최초 대응을 할지, 누가 추가 지원을 제공할지 등을 포함한다.

- 3단계: 훈련 및 시뮬레이션에 집중한다. 정기적인 훈련 및 워크숍을 통해 팀원들에게 문제 해결 프로토콜을 숙지시키고, 실제 상황에서의 대응 능력을

강화한다. 가상의 문제 상황을 생성하여 팀원들이 실제 문제 상황에 대처하는 연습을 할 수 있게 한다. 이는 심리적 준비와 신속한 대응 능력을 향상시키는 데 도움이 된다.

- 4단계: 실시간 모니터링 및 피드백을 실시한다. 문제 해결 과정과 결과를 실시간으로 모니터링하고, 이를 데이터베이스에 기록한다. 문제 해결 후 팀원들과 회의를 통해 과정을 검토하고, 피드백을 수집하여 문제 해결 프로토콜을 개선한다.

- 5단계: 문화적 측면 강화 및 지속적 개선에 집중한다. 문제 해결을 성공적으로 수행한 팀원들을 인정하고 보상함으로써, 문제 해결에 대한 긍정적인 태도를 장려한다. 문제 해결 프로세스는 정기적으로 재평가되고 개선된다. 팀원들의 의견과 새로운 상황에 맞추어 절차를 수정하고 업데이트한다.

이러한 단계별 접근 방법을 통해 조직은 문제가 발생했을 때 빠르고 효과적으로 대처할 수 있는 환경을 조성하고, 이를 통해 팀원들의 업무 만족도와 자기 효능감을 높이며, 협력적인 팀 문화를 구축할 수 있다.

3

ChatGPT를 활용한 코칭 방법

ChatGPT 활용: 지식 기반의 리더십 강화

Fact | ChatGPT를 활용하는 리더십 강화는 리더가 팀원들의 질문
에 신속하게 대응하고 필요한 정보와 지식을 제공함으로써 이
루어진다.

이 과정을 통해 리더는 팀원들에게 정확하고 시의적절한 정보를 제
공하며, 이를 통해 팀 내 권위와 신뢰를 구축한다. 또한, 이러한 신속한
정보 제공은 의사 결정 과정을 가속화하고 팀의 전반적인 성과를 향상
시키는 데 기여한다.

리더는 ChatGPT를 사용하여 팀원들의 질문에 거의 실시간으로 대
응할 수 있으며, 이는 작업 흐름의 지연을 최소화하고 생산성을 증가
시킨다. ChatGPT는 다양한 데이터 소스에서 정보를 검색하고 분석하
여, 리더가 팀원들에게 정확하고 신뢰할 수 있는 정보를 제공할 수 있

도록 지원한다. 적절하고 정확한 정보 제공을 통해 리더는 팀 내에서 신뢰와 권위를 구축하며, 이는 팀원들의 동기 부여와 참여를 증진시키는 효과를 가진다.

Think | 팀의 특성과 요구에 따라 ChatGPT의 활용을 어떻게 최적화할 수 있을까?

ChatGPT의 활용을 최적화하기 위해 팀의 특성과 요구를 고려하는 것은 매우 중요하다. 팀의 업무 유형, 커뮤니케이션 스타일, 기술 수준, 그리고 필요한 정보의 종류를 분석하여 ChatGPT를 팀의 특정 요구에 맞추어 설정하고 사용할 수 있다. 이를 통해 리더는 팀원들이 보다 효과적으로 정보를 접근하고 활용할 수 있도록 지원하며, 팀의 전반적인 업무 효율성과 생산성을 높일 수 있다.

팀의 업무 특성과 요구에 맞게 ChatGPT의 파라미터를 조정하여, 가장 관련성 높고 정확한 정보를 제공하도록 한다. ChatGPT를 기존의 업무 도구와 통합하여, 사용자가 일상적으로 사용하는 플랫폼에서 직접 접근할 수 있도록 만든다. 팀원들로부터의 피드백을 정기적으로 수집하고 분석하여, ChatGPT의 사용성과 효과를 지속적으로 개선하게 된다.

Think | 어떠한 맞춤형 설정이 특정 팀의 업무 효율을 가장 잘 향상시킬 수 있을까?

특정 팀의 업무 효율을 향상시키기 위한 맞춤형 설정은 팀의 주요 업무와 과제를 고려해 결정되어야 한다. 예를 들어, 고객 서비스 팀의 경우, 고객 문의에 신속하게 대응할 수 있는 자동화된 응답 설정이 유용할수 있다. 기술 개발 팀의 경우, 코드 문제 해결이나 버그 리포트 작성을자동화하는 설정이 도움이 될 것이다. 각 팀의 필요에 따라 ChatGPT의 응답 스타일, 우선 순위, 접근 방식 등을 세심하게 조정함으로써, 팀원들이 보다 효과적으로 작업을 수행하고, 결과적으로 팀의 성과를 향상시킬 수 있다.

Plan | 팀의 업무 유형을 분석하여 ChatGPT를 팀의 특정 요구에 맞추어 설정하는 방법

ChatGPT를 팀의 특정 요구에 맞추어 설정하고 최적화하는 것은 조직의 업무 효율성과 생산성을 향상시키는 데 매우 중요하다. 팀의 업무유형, 커뮤니케이션 스타일, 기술 수준 및 정보 요구를 분석하고, 이에기반하여 ChatGPT를 활용하여 단계별 실행한다.

- 1단계: 업무 및 커뮤니케이션을 분석한다. 팀이 수행하는 주요 업무를 식별하고 분석한다. 이를 통해 어떤 유형의 정보와 지원이 가장 필요한지 결정된다. 팀 내외의 커뮤니케이션 방식을 평가한다. 이는 팀원들이 정보를 어떻게주고받는지, 어떤 커뮤니케이션 도구를 선호하는지에 대해 파악할 수 있다.
- 2단계: ChatGPT를 상황에 맞게 맞춤 설정한다. 파라미터를 조정하여 ChatGPT의 응답 스타일, 정보의 깊이와 범위를 팀의 업무와 커뮤니케이션

요구에 맞게 조정된다. 예를 들어, 기술 지원 팀이라면 기술적 세부사항에 더 중점을 둘 수 있다. ChatGPT를 기존의 업무 도구와 통합하여 사용자가 일상적으로 사용하는 플랫폼에서 직접 접근할 수 있도록 한다. 예를 들어, 슬랙, 마이크로소프트 팀즈 등과의 통합을 고려할 수 있다.

- 3단계: ChatGPT 구현을 위한 교육에 집중한다. IT 팀과 협력하여 설정한 맞춤 옵션을 기반으로 ChatGPT를 구현한다. 팀원들에게 ChatGPT의 사용 방법과 그 기능을 교육한다. 이는 팀원들이 새로운 도구를 효과적으로 사용할 수 있도록 돕는 중요한 단계이다.

- 4단계: 모니터링 및 피드백을 실시한다. ChatGPT의 성능을 모니터링하고, 업무에 얼마나 잘 통합되고 있는지 평가한다. 팀원들로부터 정기적으로 피드백을 수집하여 ChatGPT의 사용성과 효과를 평가한다. 이 피드백을 바탕으로 필요한 조정을 진행한다.

- 5단계: 지속적인 개선에 집중한다. 새로운 기능이나 업데이트가 필요할 때, ChatGPT를 지속적으로 개선하고 업데이트된다. 팀원들의 경험을 바탕으로 ChatGPT의 사용성을 개선하는 방법을 모색한다. 이는 사용자 인터페이스의 개선이나 추가적인 맞춤 설정을 진행한다.

이 단계별 접근 방법을 통해 ChatGPT를 팀의 특정 요구에 맞게 효과적으로 설정하고 사용함으로써, 팀의 업무 효율성과 생산성을 극대화할 수 있다. 이는 전체적인 조직 성과에 긍정적인 영향을 미치며, 팀원들의 일상 업무 경험을 개선하는 데 기여된다.

ChatGPT 활용: 팀원별 맞춤형 코칭

Fact | ChatGPT를 코칭 도구로 활용하는 방법은 팀원 개개인의 필요와 성장 목표에 맞춘 피드백과 지도를 제공하는 것이다.

이를 통해 리더는 각 팀원의 성장을 촉진하고, 팀원들이 직면한 도전 과제를 개선하는 데 도움을 줄 수 있다. ChatGPT는 개별 팀원의 업무 성과, 커뮤니케이션 스타일, 학습 선호도 등을 분석하여, 맞춤형 코칭 및 개발 계획을 제안하는 데 사용된다.

ChatGPT는 팀원의 업무 데이터와 인터랙션을 분석하여, 개인의 성장과 성능 향상을 지원하는 맞춤형 피드백을 제공한다. ChatGPT를 통해 리더는 팀원에게 필요한 지식 자료, 학습 자원, 그리고 교육 기회를 제공하여 지속적인 개발을 돕는다. ChatGPT를 활용하여 팀원들과 1:1 대화형 코칭 세션을 진행함으로써, 즉각적인 피드백과 실시간 문제 해결을 제공한다. 이러한 방식으로 ChatGPT는 개인화된 코칭 경험을 제공하며, 팀원 개개인의 업무 효율성과 전문성을 강화하는 데 기여한다.

Think | 리더는 ChatGPT를 통한 맞춤형 코칭을 효과적으로 진행하기 위해 어떤 준비를 해야 할까?

리더가 ChatGPT를 활용한 맞춤형 코칭을 효과적으로 진행하기 위해서는 몇 가지 중요한 준비 단계가 필요하다. 이러한 준비는 코칭 프로그램이 개별 팀원의 필요와 목표에 부합하도록 보장하고, 기술적 도구를 최대한 활용하여 코칭의 효과를 극대화하는 데 중점을 둔다.

코칭을 시작하기 전에 각 팀원의 개발 필요성과 목표를 명확히 설정해야 한다. 이를 기반으로 ChatGPT의 맞춤형 피드백과 지원이 이루어질 수 있다. 팀원의 업무 성과, 행동 패턴, 선호도 등에 관한 데이터를 수집하고 분석하여, ChatGPT가 보다 정확하고 개인화된 코칭을 제공할 수 있도록 한다. 리더 자신도 ChatGPT와 같은 AI 도구를 효과적으로 사용하는 방법에 대해 지속적으로 학습하고, 팀원들에게도 이러한 도구 사용법을 교육해야 한다.

Think | 리더는 어떻게 해야 ChatGPT의 코칭 피드백을 팀원의 실제 상황에 효과적으로 적용할 수 있을까?

리더는 ChatGPT를 통해 제공된 코칭 피드백을 팀원들의 실제 업무 상황에 적용하기 위해 구체적이고 실행 가능한 조언으로 전환하는 전략을 개발해야 한다. 이 과정은 피드백을 팀원의 일상 업무와 직접 연결하여 실용성을 높이고, 피드백의 실행을 통한 개선 사항을 명확하게 관찰할 수 있게 한다. 이를 위해 리더는 피드백을 상세하게 분석하고, 각 팀원의 업무 환경과 문제에 맞춰 조언을 조정해야 한다.

리더는 받은 피드백을 팀원의 업무에 적용할 수 있는 구체적인 단계로 전환해야 하며, 이는 피드백을 실질적인 행동 변화로 이끌 수 있는 기반이 된다. 피드백이 적절히 적용되었는지 확인하고 팀원의 발전을 추적하기 위해 정기적인 검토와 평가가 필요하다. 피드백 적용 과정에서 팀원이 겪는 어려움에 대해 추가적인 지원을 제공함으로써 피드백의 효과를 극대화한다.

피드백을 구체적인 조치로 전환할 때 리더는 팀원의 개인적 특성, 예를 들어 성향, 학습 스타일, 전문성 수준 및 업무 경험을 고려해야 한다. 이를 통해 맞춤형 피드백을 제공하고, 팀원 각자가 가장 효과적으로 학습하고 적용할 수 있는 방식을 채택해야 한다. 예를 들어, 시각적 학습자에게는 그래픽과 차트를 사용한 설명이, 실무적 학습자에게는 실제 업무 적용을 통한 학습이 더욱 유익할 수 있다. 이러한 개인화 접근은 피드백의 효과를 최대화하고 각 팀원의 발전을 촉진하는 데 기여할 것이다.

Think | 피드백의 적용 실패를 최소화하기 위한 리더의 전략은 무엇일까?

피드백의 적용 실패를 최소화하는 전략은 피드백 프로세스의 모든 단계에서 철저한 계획과 실행이 필요하다. 리더는 피드백이 팀원에게 명확하고 실행 가능하며, 그들의 개발에 실질적으로 도움이 되도록 해야 한다. 이를 위해 리더는 피드백을 제공하기 전에 충분한 준비와 팀원의 입장에서의 고려가 필요하다. 또한, 피드백의 실행을 지원하기 위한 자원과 도구를 제공해야 한다. 피드백은 명확하고 구체적이어야 하며, 팀원이 이해하고 실제로 적용할 수 있어야 한다. 팀원이 피드백을 실행할 수 있도록 필요한 도구, 시간, 그리고 지원을 제공한다.

피드백 적용 과정을 주기적으로 검토하고, 팀원과의 지속적인 대화를 통해 어려움을 파악하고 추가 지원을 제공한다. 리더는 피드백의 실패 원인을 분석하고 개선하기 위해 실패 사례를 자세히 검토해야 한다. 이 과정에서 리더는 피드백이 부족했던 부분, 팀원의 이해도 부족, 또는 외부 요인 등 실패의 원인을 파악해야 한다. 원인을 파악한 후, 리더는 개선 계획을 수립하고, 필요한 경우 피드백 접근 방식을 조정하거나 팀원에게 추가 교육과 리소스를 제공해야 한다. 또한, 실패를 학습의 기회로 전환하여 팀원이 자신감을 잃지 않도록 격려하며, 팀원이 피드백을 긍정적으로 받아들이고 실행에 옮길 수 있도록 지원하는 환경을 조성한다.

Plan | 리더가 팀원에게 피드백의 적용 실패를 최소화하기 위한 방법

팀리더가 팀원에게 피드백을 제공하고 이의 적용 실패를 최소화하기 위한 전략은 철저한 계획, 명확한 커뮤니케이션, 적절한 지원 제공, 그리고 지속적인 모니터링과 개선을 진행한다.

- 1단계: 구체적인 피드백을 준비한다. 피드백 준비는 리더가 피드백을 제공하기 전에 해당 팀원의 업무 성과, 행동 패턴, 성장 잠재력 등을 면밀히 분석하게 된다. 이를 통해 피드백이 구체적이고 목표 지향적이 되도록 한다. 피드백 목표 설정은 피드백의 목적을 명확히 하고, 피드백을 통해 달성하고자 하는 구체적인 개선 목표를 설정한다.

- 2단계: 긍정적 피드백을 제공한다. 피드백 세션 준비는 피드백을 개인적이고 긍정적인 방식으로 전달할 수 있는 환경을 조성한다. 이는 피드백을 수용하기 쉽게 만들어 주며, 팀원의 반응을 개방적으로 이끌어낸다. 구체적이고 실행 가능한 피드백 제공은 피드백이 명확하고 구체적이어야 하며, 팀원이 이를 쉽게 이해하고 실제로 적용할 수 있도록 한다. 실제 예시를 들어 설명하고, 행동 지향적인 조언을 제공한다.

- 3단계: 구체적인 지원 및 자원을 제공한다. 필요한 도구와 자원 제공은 피드백을 효과적으로 실행할 수 있도록 필요한 도구, 자원, 그리고 충분한 시간을 제공한다. 이는 피드백의 실행 가능성을 높이고, 팀원이 목표에 도달할 수 있도록 지원한다. 교육 및 멘토링 제공은 필요한 경우 추가 교육이나 멘토링을 제공하여 팀원의 역량을 강화한다. 이는 피드백 적용 과정에서 발생할 수 있는 어려움을 최소화한다.

- 4단계: 모니터링 및 피드백을 실시한다. 적용 과정 모니터링은 피드백이 적용되는 과정을 주기적으로 확인하고, 팀원의 진행 상황을 모니터링한다. 이는 피드백의 효과를 평가하고 필요한 조정을 신속하게 할 수 있게 한다. 지속적인 피드백 제공은 피드백 적용 과정에서 팀원과 지속적으로 소통하며, 추가적인 피드백을 제공한다. 이는 팀원이 자신의 성장을 인식하고, 필요한 변경을 계속해서 수행할 수 있도록 돕는다.

- 5단계: 평가 및 개선에 집중한다. 피드백 성공 및 실패 평가는 피드백의 적용 결과를 평가하여 성공적인 점과 개선이 필요한 점을 식별한다. 개선 계획 수립 및 실행은 실패 원인을 분석하고, 개선 계획을 수립하여 실행한다. 실패를 학습의 기회로 활용하며, 팀원의 자신감을 유지하고 동기를 부여한다.

이러한 단계별 접근 방법은 팀리더가 팀원에게 효과적으로 피드백을 제공하고, 그 적용 실패를 최소화하며, 전체적으로 팀의 성과와 협력을 강화하는 데 기여하게 된다.

김영헌 회장

팀장으로서
자각과 전략적 유연성

1

자기인식:
나는 누구이고 팀장은 어떤 사람인가?

실무자에서 처음 팀장으로 임명되었거나 이미 팀장이 되었더라도, 이 시점에서 "나는 누구이고 팀장은 어떤 사람인가?"를 점검하는 것으로부터 시작해야 한다. 실무자로서 능력을 인정받아 팀장으로 승진하였지만, 실무자와 팀장의 직책은 분명히 다르고 요구되는 역량도 다르기 때문이다. 그렇다면 무엇이 가장 다를까? 실무자 시절에는 자신이 잘하는 업무에서 성과를 내어 승진했지만, 팀장이 되면 평소 관심이 없었거나 잘 모르는 업무도 모두 챙겨야 하고, 요즘 비교적 자기주장이 강한 MZ세대들을 리딩하여 조직에서 요구하는 성과를 달성해야 한다.

우선 자신의 정체성 파악이 최우선이다. 나의 신념과 가치관은 무엇이며 그것을 어떻게 팀원들과 공유할 것인가를 생각해야 한다. 또한 자신의 강점과 약점을 정리하고 이를 어떻게 리더십에 활용할지도 팀장 자신에게 달려 있다. 리더십의 아버지라 불리는 워렌 베니스는 "리더가 된다는 것은 자기 자신이 된다는 것과 동의어다. 그것은 정말 간단하면서도 그만큼 어렵다"고 이야기했다. 이는 곧 자신이 누구인지 제대로 아는 사람이 진정한 리더라는 말이다.

자신이 무엇을 알고 무엇을 모르는지, 그리고 내가 하는 행동이 어떤 결과를 낼 것인지 등을 아는 것이 메타인지이다. 심리학자 리사 손 교수는 스스로 모르는 것이 무엇인지 알아가는 것이 메타인지의 가장 중요한 부분이라고 강조했다. 그러나 누구나 확증편향 심리가 있어서 자신의 신념과 일치하는 정보는 받아들이고 그렇지 않은 정보는 무시하는 경향이 있다. 이 시점에서 팀장으로서 자신의 확증편향에 대해 뒤돌아보고 메타인지 차원의 성찰이 필요하다.

자신의 리더십 스타일을 명확히 할 필요가 있다. 조직 구성원들은 새로운 팀장이 오면 가장 먼저 자신들이 함께 일했던 전임 팀장들과 자연스럽게 비교하게 된다. 팀장이 되면 전임자나 상사에게 인사차 전화를 하거나 차 한잔을 마시며 조언을 구하는 것이 좋다. 새로운 팀을 맡게 되었는데 어떻게 하면 좋을지 열린 마음으로 조언을 부탁해보는 것은 조직 운영에 팁을 얻고 동시에 그들을 자신의 우군으로 만드는 방법이다. 필자는 〈행복한 리더가 끝까지 간다〉 책에서 한 인간으로서, 조직인으로서, 그리고 리더로서 다음과 같은 질문을 스스로 해 보기를 권한 바 있다.

- 나는 누구인가?
- 내가 조직생활에서 진정으로 이루고 싶은 것은 무엇인가?
- 내가 조직생활을 시작하며 가진 초심은 무엇이며 현재 상태는 어떠한가?
- 나는 언젠가 이 조직을 떠날 때 어떤 사람으로 기억되고 싶은가?

- 100세 시대 평생직업을 위해 평생 공부를 어떻게 하고 있는가?

리더는 자신과 조직이 생존하고 성장해야 행복할 수 있다. 리더는 리더십을 상황에 맞게 발휘해야 한다. 그렇다면 우리가 처한 상황에서 무엇을 발휘해야 할까? 바로 IMCD2라고 할 수 있다. 즉, 영향력Influence, 동기부여Motivation, 의사소통Communication, 방향성 정립Direction, 그리고 의사 결정Decision Making이다.

이와 관련하여 팀장 자신을 성찰해 볼 수 있는 질문은 다음과 같다.

- 팀장으로서 나는 어떤 전문성을 갖고 있으며 어떻게 존경받고 있는가?
- 나 자신과 소속 직원들에게 어떻게 동기부여를 하고 있으며, 직원들의 사기 morale는 어떻게 높이고 있는가?
- 자신을 둘러싼 이해관계자들과 감정이 상하지 않게 하면서 어떻게 효과적으로 소통하고 있는가?
- 우리 조직의 존재 이유인 미션과 비전을 구성원들과 얼마나 공유하고 있으며 이를 어떻게 실천하고 있는가?
- 팀장으로서 매 순간 다가오는 의사 결정을 타이밍 맞게 올바르게 하고 있는가?

팀장으로서 조직의 미션과 비전에 걸맞는 자신의 목표가 분명해야 팀원을 리딩할 수 있다. 그러려면 우선 자신이 무엇을 추구하는지와 같은 자신의 가치관이 정립되어 있어야 한다.

2
CEO 및 부하직원이
기대하는 팀장의 모습

조직의 최고경영자Chief Executive Officer는 팀장에게 무엇을 요구하는가? 무엇보다도 최고경영자는 팀장의 임명권자로서 팀장에 대한 기대가 있을 것이다. 이는 직접 들을 수도 있고, 상급자인 임원에게 전해 들을 수도 있다. 물론 회사의 업종, 규모, 그리고 긴급한 업무 등에 따라 다르겠지만, 일반적으로 다섯 가지로 정리해 볼 수 있다.

첫째, 회사의 미션과 비전, 목표 달성이다. 회사 미션을 내재화하고 CEO가 설정한 비전과 조직의 장단기 목표를 이해해야 한다. 구체적인 행동 계획을 수립하고 실행하여 당초 목표를 달성해야 한다. 이를 위해서는 조직의 전략적 사고를 반영하여 팀을 이끄는 역량이 중요하다. 필요한 경우 업무 추진 과정에서 상황에 적합한 피드백을 제공하고 조율하는 역할도 요구된다. 팀장으로서 자신의 팀 입장만 대변하는 것이 아니라 회사 전체 차원에서 적극적으로 임하는 자세가 중요하다. 또한, 설정한 목표에 대해서는 이를 측정할 수 있는 성과지표KPI, Key Performance

Index를 중심으로 결과에 집중하는 강한 의욕과 실행력도 요구된다.

둘째, 조직의 변화 관리를 효과적으로 이끌고 변화에 유연하게 적응하며 팀원들을 지도하는 것이다. 팀장의 위치에 따라 성격이 다를 수 있지만, 시장의 트렌드와 사업적 결정에서 실용적인 통찰력이 필요하다. 고객이 추구하는 가치를 파악하여 자사의 제품과 서비스 개발에 고객 중심적 접근 방식을 구현하는 것에 관심을 가져야 한다. 기업의 생태계에서는 변화에 적응하고 선도해 나가는 리더가 경쟁우위를 이끌 수 있다. 특히 CEO는 지속적인 혁신을 주문한다. 이에 팀장들은 업무 프로세스 개선을 통해 효과성과 효율성을 동시에 달성해야 한다.

〈효과성Effectiveness과 효율성Efficiency의 비교〉

효과성은 목표를 얼마나 성공적으로 달성했는지, 즉 결과물이 목표와 얼마나 부합하고 원하는 결과를 얻었는지를 평가한다. 반면, 효율성은 주어진 자원을 최대한 활용하여 업무를 추진하는 데 중점을 두며, 같은 시간에 산출물을 많이 내거나, 같은 산출물이라면 최소한의 시간에 달성하려고 노력하는 것이다. 효과성은 목표지향적이고, 효율성은 과정지향적이다.

그렇다면 고객이 우리의 제품과 서비스를 구매할 때 가성비를 살펴보는데 가성비는 효과성일까? 효율성일까?

셋째, 중요 사항에 대해 CEO와 효과적으로 커뮤니케이션하는 것이다. 조직 전체의 전략적 목표를 강조하는 CEO의 메시지를 팀원들과 공유하는 것도 매우 중요하다. 팀원들이 CEO의 메시지에 얼마나 공감하고 스스로 실행하느냐는 팀장의 커뮤니케이션 역량에 달려 있다고 해도 과언이 아니다.

넷째, 팀 내 자원을 효율적으로 배분하고 팀원들의 역량을 최대한 발휘할 수 있도록 인적자원을 관리하는 역량이다. 이는 기업의 지속 가능성을 위해 미래 인력의 육성이 뒷받침되지 않으면 영속 기업이 될 수 없기 때문이다. '경영학의 아버지'라 불리는 피터 드러커Peter Drucker는 리더로서 조직에 공헌하는 것에 이익 창출, 고객의 가치 창출에 이어 미래 인력의 육성을 강조했다.

다섯째, 윤리적이고 도덕적인 리더십을 요구한다. 회사가 요구하는 윤리적인 기준을 잘 준수함으로써 직원들의 신뢰를 얻고 좋은 조직문화를 만들어 가는 것이다. "기업이 명성을 쌓는 데는 20년이 걸리지만, 잃는 데는 5분도 걸리지 않는다"는 워런 버핏Warren Buffett의 명언을 깊이 새겨야 한다.

팀원들은 팀장에게 무엇을 요구하는가?

MZ세대가 조직 구성원의 과반수를 넘게 차지하는 현실에서, 소위 워라밸Work-Life Balance과 조직 안에서의 성장에 관심이 많은 MZ세대 팀원들의 공통적인 관심사를 다섯 가지로 정리할 수 있다. 물론 개인차에 따른 차이점도 있고, 상황에 따라 그들의 요청 사항이 다를 수 있다.

첫째, 유연한 근무 조건과 성과에 대한 인정과 보상이다. 코로나로 인한 재택근무의 좋은 경험이 아직 남아있다. 이미 시행되고 있는 탄력적 출퇴근제, 반차를 넘어선 반반차 사용, 원격 사무실 근무 등 워라밸을 존중하고 개인 생활의 중요성을 인정해 달라는 차원에서 근무환경에 대한 요구가 있을 수 있다. 또한, 성과를 낸 업무에 대해 인정과 보상, 일과 성과 사이의 공정한 관계를 유지해 달라고 요구할 수 있다.

둘째, 과중한 업무 부담을 줄이고, 스트레스를 스스로 관리할 수 있도록 요청할 수 있다. 업무의 공정한 분배와 건강하고 지속 가능한 업무 환경 조성을 요구할 것이다. 특히 개인별로 공정하지 못한 업무 배분이라고 느껴질 때 오는 상대적 형평성의 허탈감도 고려해야 한다. 또한, 과중한 업무가 장기간 지속될 때 번아웃이 발생하는데, 이에 대한 사전 예방 조치도 중요하다.

셋째, 개인적 또는 전문적 성장 기회 요구이다. 업무 관련 교육이나 워크숍 기회, 코칭과 멘토링 요청, 나아가 승진 기회를 요구할 수 있다. 개인의 역량과 경력 목표에 부합하는 명확하고 구체적인 경력 개발 경로를 제시해 달라고 요구할 수 있다.

넷째, 업무의 의미와 목적 부여이다. 자신들이 하는 일이 가지는 의미와 기업의 미션에 대한 이해를 통해 업무 만족도를 높이려는 시도이다. 반면, 자신들이 하는 일의 목적과 의미가 이해되지 않으면 거부할 수도 있다는 신호로 봐야 한다. 최근 유행하는 '3요'제가요? 이걸요? 왜요?에 '누구를 위해서요?'가 추가되는 이유도 생각해 볼 필요가 있다. 리더와 직원 간 신뢰 관계가 있다면 받아들이는 마음이 달라질 것이다.

다섯째, 정기적으로 의견을 듣고 이를 업무에 반영해 달라는 요구이다. 과거 기성세대는 상사의 지시를 이의 없이 받아들이도록 배웠지만, 이제는 MZ세대 구성원들이 자신의 의사를 분명히 표시하는 이유를 이해할 필요가 있다. 세상이 달라졌다는 인식의 전환을 통해 꼰대에서 벗어나야 그들과 함께 할 수 있다.

〈멘토코치가 알려준 꼰대에서 벗어나는 Tip〉

어느 날 필자의 멘토코치께서 꼰대에서 탈피하는 방법을 알려주셨다.

멘토코치: 꼰대에서 벗어나려면 세 가지 '춤'을 추어야 합니다.

필자: 어떤 춤인가요? 저는 춤을 잘 못 춥니다.

멘토코치: 걱정 마세요. 그것은 멈춤, 맞춤, 낮춤입니다.

필자: 아! 잘 알겠습니다. 실천하도록 하겠습니다. 감사합니다.

첫째, 멈춤이다. 통상 꼰대는 자기가 꼰대인지도 잘 모른다. 자신의 경험과 생각에 갇혀 자기중심적인 이야기를 하는 경향이 있다. 일단 멈추고 직원에 대한 호기심을 갖고 질문을 하며 경청하는 것이다. 필자가 처음 코칭 공부를 할 때 '충조평판'을 하지 말라고 배웠다. 즉, 충고, 조언, 평가, 판단은 금물이다.

둘째, 맞춤이다. 코칭은 고객 중심의 대화이기에 팀장들도 직원들과 대화 시 직원 개인의 가치관이나 신념 등을 잘 파악하여 그가 추구하고자 하는 내용이나 해결하고자 하는 이슈에 초점을 맞추어 대화해야 한다. 팀장 자신에게 초점을 맞추는 것이 아니라 직원에게 초점을 맞춘다면 그들의 마음을 얻을 것이다. 이로써 신뢰 관계가 두터워진다.

셋째, 낮춤이다. 즉, 겸손이다. 남을 존중하고 자신을 낮추는 태도이다. 겸손하면 적이 없다. 누구와도 친구가 될 수 있다. 겸손의 반대는 무엇일까? 네 가지 '만'이다. 이는 자만, 교만, 오만, 거만인데 이를 하지 않으면 된다. 필자가 배운 주역의 64괘 중 15번째 겸괘는 노자가 말한 것처럼 자신의 부드러움으로 강함을 극복하고 낮은 것으로 높은 것을 이기는 길이다.

3

우리를 둘러싼
환경의 변화 인식

우리 기업을 둘러싼 환경 변화는 매우 다양하고 복잡하다. 물론 팀장이 속한 회사의 업종과 규모에 따라 다를 수 있다. 그러나 정치적, 경제적, 사회적, 기술적 요소들을 종합적으로 볼 수 있어야 한다. 다양한 내용을 다섯 가지 카테고리로 묶어서 살펴보면 다음과 같다.

첫째, 4차 산업혁명과 디지털 트랜스포메이션 시대이다. 특히 ChatGPT 등 인공지능의 발전은 그 끝을 가늠할 수 없을 정도이다. 빅데이터, 사물인터넷IoT, 클라우드 컴퓨팅 등 첨단 기술의 발전이 기업 운명의 핵심적인 부분으로 자리 잡고 있다. 원격 작업, 디지털 협업 도구의 확산으로 인한 업무 방식의 변화도 이미 진행 중이다. 어찌 보면 코로나19 상황으로 인해 더욱 앞당겨지고 있다. 한편, 사이버 보안 관련 기업 내 대책도 필요한 시점이다.

둘째, ESG환경, 사회, 지배구조에 대한 초점이 증대되고 있다. 이는 기업이 단순한 이윤 추구를 넘어서 사회와 환경에 미치는 영향에 대한 책임을 인식하고, 장기적 가치를 창출하는 것을 목표로 하는 것이다. 환경을 위한 탄소 중립, 순환 경제로의 전환 노력에 대한 압력이 더 커질 전망이다. 지속 가능한 자원 활용 및 친환경 제품과 서비스에 대한 수요 증가도 이어질 것이다.

셋째, 글로벌 정치 경제의 불확실성 증대이다. 미중간 경제 전쟁, 보호무역주의와 자국 우선주의를 넘어선 국가 자본주의, 전쟁 등으로 인한 글로벌 공급망 재편 등 거시 경제의 불확실성이 상존하고 있다. 예를 들어, 미국이 핵심 산업을 모두 자국 내에서 생산하겠다고 선언한 것이 대표적이다. 미국 내에 공장을 짓겠다는 기업에는 국적을 가리지 않고 파격적인 보조금을 지급하고 있다. 반도체와 전기차뿐만 아니라 차량용 배터리 생산시설 건립 시에도 마찬가지이다.

넷째, 소비자 행동 변화와 새로운 비즈니스 모델 등장이다. 새로운 소비 트렌드 및 고객 경험의 중요성이 증대되고 있다. 개인화된 맞춤형 제품과 서비스에 대한 수요가 급격히 증가하고 있다. 또한 온라인 쇼핑과 전자 상거래의 급속한 확장 등이 대세가 되고 있다. 이에 따라 구독 기반, 공유 경제, 플랫폼 비즈니스 모델 등 새로운 형태의 비즈니스 혁신이 나타나고 있다.

다섯째, 저출산 고령화 등 인구 통계학적 변화이다. 고령화 사회로의 이동함에 따라 근로 인구의 변화가 이미 시작되었다. 젊은 세대의 가치관 변화와 이에 따른 기업 내 조직문화의 변화 등으로 소통의 방법도 달라져야 한다. 이미 진행 중인 변화에 걸맞는 소통을 하지 않으면 살아남기 힘들다.

4

팀장으로서 전략 수립과 실행

팀장으로서 나는 누구인가? 자기 인식으로부터 출발하여 CEO 와 부하직원들이 기대하는 모습, 그리고 우리를 둘러싼 환경을 살펴보 았으니 이제 팀장으로서 어떤 전략을 가지고 실행할 것인가를 고민해 야 한다. 팀을 선도하는 리더로서 효과적으로 팀을 이끌려면 여러 가지 전략을 수립하고, 팀이 처해있는 상황에 따라 우선순위를 선택하여 실 천해야 한다.

첫째, 조직이 추구하는 목표를 둘러싼 변화하는 상황을 신속히 파악 하고 유연하게 대응해야 한다. 필요하다고 판단되면 애자일Agile하게 조 직을 운영하고, 불확실한 상황에 대해서는 플랜 B를 미리 마련해야 한 다. 그것이 리스크를 사전에 예방하는 데 큰 도움이 된다. 특히 중장기 목표와 단기 목표를 얼라인하여 분기 단위로 롤링하며 이를 상사와 정 기적으로 상의하여 실행해야 한다. 앞서 살펴본 환경, 사회, 지배구조 의 글로벌 기준에 맞는지 점검해 보아야 한다. 한편, 생산성을 높이고 협업을 촉진하기 위해 최신 디지털 도구와 기술을 어떻게 사용하는지도 살펴봐야 한다. 경쟁자는 미사일과 기관포를 사용하는데 우리는 아직까지 우리에게 익숙한 소총만 사용하고 이를 고집하는 우를 범하고 있지는 않은가? 살펴보고 경쟁자들보다 더 첨단 기술을 활용해야 한다.

최신 기술과 트렌드를 팀원들과 함께 살펴보고, 팀원들이 지속적으로 스킬을 업그레이드할 수 있도록 지원해야 한다. 이를 위해 팀장들은 도전적이고 혁신적인 마인드를 장착해야 한다. 실천적이고 혁신적인 아이디어가 팀 내에서 자연스럽게 나오도록 하며, 실패에 대해서는 교훈을 얻고 새로운 시도를 할 수 있는 분위기를 만들어야 한다.

둘째, 고객 중심 사고이다. 변화하는 소비자의 기대에 부응할 수 있도록 시장 조사와 고객의 피드백을 지속적으로 수집 분석하여 업무에 반영해야 한다. 또한 팀원들에게 고객 경험의 중요성을 교육하고 그 체험 기회를 제공해야 한다. 한편, 대외 고객뿐만 아니라 자신의 팀 업무와 관련된 사내 전후 프로세스를 수행하는 사내 고객에게도 관심을 가져야 한다. 추진하고 있는 업무의 품질을 높이기 위해서는 사내 고객의 지원과 협력이 필수적이다.

셋째, 다양성과 포용성의 추진이다. 다양한 배경과 사고방식을 가진 팀원들이 협력할 수 있는 환경을 만들어야 한다. 글로벌 차원에서 최근 강조되고 있는 DEI, 즉 다양성Diversity, 형평성Equity, 포용성Inclusion에도 관심을 가져야 한다. 이를 위해 국적, 인종, 나이, 성별, 신체 조건 등에 관계없이 개성과 역량을 펼 수 있는 문화, 즉 수평적 조직 문화를 만들어 가야 한다.

넷째, 커뮤니케이션 활성화이다. 조직의 목표에 대한 일관성 있는 강조의 메시지와 함께 변화하는 환경에 대한 정보도 팀원들과 공유해야 한다. 또한 그들의 의견을 업무에 지속적으로 반영하기 위해 소통을 자주, 그것도 진정성 있게 해야 한다. 특히 팀 내 갈등이 발생했을 때 이를 중재하고 해결할 수 있는 커뮤니케이션 기법을 익혀 생산성을 약화시키지 않도록 해야 한다. 팀원들의 의견을 경청하고 의사 결정 과정에 그들을 참여시켜 일방통행식이 아닌 쌍방향 의사소통이 이루어지게 해야 한다. 그리하여 팀원들이 서로의 편이 되어주는 Allyship을 실천하여 "우리는 서로 도왔다We helped each other"는 공동체 의식이 표출되도록 해야 한다.

다섯째, 인재 관리와 육성이 요구된다. 팀장으로서 다음 세대 리더를 육성하기 위해 리더십 개발 프로그램을 추진하고 멘토링과 코칭 기회를 제공해야 한다. 특히 팀원들의 역량을 지속적으로 개발하여 그들이 업무를 통해 성장하고 있다는 것을 스스로 인식할 수 있도록 해야 한다. 또한 자율성 부여를 통한 동기부여를 하고 팀 내 인력을 적재적소에 배치할 수 있어야 한다.

한편, 최근 활성화되고 있는 OKRObjective Key Result 제도를 통해 목표를 수립하고 성과를 창출하는 과정에서 CFR, 즉 대화Conversation, 피드백Feedback, 인정Recognition을 통해 일을 추진하는 과정에서 직원들이 성장하고 보람을 느낄 수 있도록 하는 것도 바람직한 방법이다.

5

코칭 리더십 실천 코치로서의 리더상 확립

요즘 팀장에게 코칭 리더십이 특별히 요구되는 이유는 무엇일까? 크게 세 가지로 정리해 보면 다음과 같다.

첫째, 개인적 성장 및 업무 성과와의 융합이 필요하기 때문이다. 직원들은 단순히 지시를 받아 수동적으로만 일하는 것이 아니라, 일을 통해 개인적으로 성장하고 자신의 잠재력을 최대한 발휘하고 싶어 한다. 코칭 리더십은 팀원들에게 자기주도적인 학습과 발전의 기회를 제공하며, 이를 통해 업무 성과도 향상되는 선순환을 가져올 것이다. 또한 코칭 리더십은 직원들의 참여와 몰입을 증진시키는 데 매우 효과적이다. 자신들의 목소리가 반영되고 자신의 일에 대한 자부심을 느낄 때 더 나은 성과로 이어지게 된다. 특히 직원들은 개인적인 관심과 지원을 받고 있다고 느낄 때 조직에 대한 몰입도와 직무에 대한 만족도가 높아지고, 이는 유능한 인재들이 서로 함께 근무하는 환경을 만든다.

둘째, 코칭 리더십은 복잡한 문제를 스스로 해결할 수 있도록 돕는다.

현대 비즈니스 환경은 매우 복잡하고 예측하기 어려운 문제들로 가득 차 있다. 코칭 리더십은 부하 직원들이 상사인 팀장과의 대화를 통해 해결 방안을 스스로 찾고 장단점을 분석하여 선택하게 한다.

셋째, 코칭 리더십은 변화하는 직업 환경에 대응하고 적응하는 데 도움이 된다. 4차 산업혁명 시대 기술 발전과 근무 형태의 다양화, 원격 근무 요구 증대 등 직업 환경이 급속하게 변화하고 있다. 코칭 리더십은 팀원들이 새로운 환경에 적응하고 업무 성과를 내는 데 있어 심리적 안전감을 준다. 특히 변화에 빠르게 대응하고 새로운 상황에 대처해야 하는 오늘날 비즈니스 환경에서 팀원들의 유연성과 적응성은 매우 중요한데, 이러한 특성을 강화하는 데 코칭 리더십이 필요하다.

코칭 리더십의 본질은 무엇인가? 필자가 강조하는 것은 "사경질피" 이다. 필자가 공저로 참여한 책 〈MZ EXPERIENCE〉에서도 일부 소개되었는데, 리더로서 조직의 목표 달성이 먼저인가, 아니면 조직 구성원의 마음을 얻고 그들과 신뢰 관계를 이루는 것이 먼저인가? 이를 자전거의 앞바퀴와 뒷바퀴로 비유한다면 무엇이 앞바퀴가 되어야 할까? 뒷바퀴는 앞바퀴를 따라간다. 팀장으로서 앞바퀴와 뒷바퀴를 명확히 하는 것이 중요하다.

첫 번째는 사람에 대한 존중이다. 모든 사람에게는 무한한 가능성과 잠재력이 있다는 것이 코칭 철학이다. 누구나 하나님이 주신 달란트가 있고 강점이 있다. 동양에서도 천생아재필유용天生我材必有用 즉 "하늘이 나를 태어나게 하였으니 다 쓸모가 있기 때문이다"라고 하였고, 불교에서도 "일체중생 실유불성一切衆生悉有佛性"이라 하여 나와 너 할 것 없이 우리 모두는 부처님이 될 수 있는 성품이 있다고 하였으니, 진실로 서로를 존중해야 한다.

필자가 속해 있는 한국코치협회에서는 모든 공식적 행사나 회의 시 반드시 '코치의 선서'를 참석자 모두가 낭독하는데, 첫 번째 선언문에 그 답이 있다. "나는 모든 사람의 무한한 잠재력을 믿고 존중한다."

코치의 선서
나는 한국코치협회의 인증코치로서
코치다운 태도와 코칭다운 실행의 삶을 산다.

하나, 나는 모든 사람의 무한한 잠재력을 믿고 존중한다.
하나, 나는 고객의 변화와 성장을 돕기 위해 헌신한다.
하나, 나는 공공의 이익을 중시하며 조직, 기관, 단체와 협력한다.
하나, 나는 협회의 윤리규정을 준수하며, 협회와 코치의 명예를 지킨다.

KCA (사)한국코치협회
KOREA COACH ASSOCIATION

두 번째는 경청이다. 경청은 사람의 마음을 얻는 기술이다. 다음은 경청 자가진단의 일부이다. 팀장으로서 얼마나 실천하고 있는지 살펴보자.

• 직원이 말할 때 내가 할 말을 미리 생각하지 않고 집중한다.
• 직원의 말할 때 끼어들지 않는다.
• 직원의 말에 판단이나 비판, 가정하지 않는다.
• 직원 말의 내용뿐만 아니라 감정까지도 이해하려 한다.
• 직원의 눈을 바라보며 대화한다.

세 번째는 질문이다. 질문은 사람의 생각을 깨우는 기술이다. 이제 팀장들은 지시보다 질문에 익숙해져야한다. 현대 경영학의 구루인 피터 드러커는 이렇게 이야기했다. "20세기 위대한 리더가 위대한 답을 주었다면, 21세기 위대한 리더는 위대한 질문을 해야 한다." 질문에는 여러 가지 종류가 있다. 열린 질문과 닫힌 질문, 미래 질문과 과거 질문, '무엇을' 질문과 '왜' 질문 등 다양하지만 상황과 상대방에 맞게 할 수 있어야 한다.

그리고 경청과 질문은 동전의 양면과 같다. 경청을 통해 대화 속에서 상대방을 위한 성찰의 질문을 하는 것이 중요하다. 가장 나쁜 사례는 아마 '답정너'일 것이다. '답은 정해져 있고 너는 대답만 하면 돼' 자신이 부하직원일 때 상사가 그렇게 답정너를 원했다면 어떤 느낌이었을까? 개구리 올챙이 시절 모른다고 할 것인가?

네 번째는 피드백이다. 피드백은 사람으로 하여금 행동하게 하는 기술이다. 부하직원들이 올바른 행동을 하고 있다면 이를 지속하도록 인정하고 칭찬하는 피드백을 해야한다. 그러나 지금하는 행동이 바람직하지 않을 때는 그들에게 요구되는 모습, 즉 바람직한 행동의 모습을 스스로 성찰하고 실천할 수 있도록 지지하고 격려해야 한다.

만약 부하직원이 저성과자라서 고민이 되는 팀장의 경우, 어떤 코칭 질문을 해야 할까? 그들과 코칭 대화를 할 때, 스스로 문제를 인식하고 개선할 동기를 갖게 하는 것이 중요하다. 다음 코칭 대화 질문 예시를 참고할 수 있다.

• 최근 가장 만족스러웠던 업무는 무엇이었고, 그 업무에서 어떤 부분이 만족

스러웠나요?

- 현재의 업무에서 어려움을 겪고 있는 부분은 어디인가요? 그 원인은 무엇이라 생각하나요?

- 이전에 성공적으로 해결했던 유사한 업무가 있나요? 그때 어떤 방법과 접근으로 해결했나요?

- 현재 업무 성과를 내기 위해 필요하다고 생각하는 지원이나 자원은 무엇인가요? 팀장으로서 무엇을 도와주면 좋을까요?

- 앞으로 3개월 동안 업무 성과를 향상하기 위해 세울 수 있는 구체적인 목표는 무엇인가요?

- 이러한 변화를 이루기 위해 일주일에 한 번씩 점검할 수 있는 작은 단계는 무엇이 있을까요?

상기 질문에서 무엇을 느꼈는가? 우선, 직원이 업무 중에서 긍정적으로 느끼는 부분을 스스로 찾아 그러한 활동을 확장하는 방법을 모색한다. 이어서 직접적인 문제 인식을 돕고 그 문제에 대한 직원의 인식을 공유하는 것이다. 다음으로, 과거의 성공 경험을 회고하고 현재 업무나 문제에 적용 가능한 해결책을 도출하도록 한다.

이어서 현재 업무 추진상 직원이 스스로 필요로 하는 것을 알아차리도록 돕는다. 다음으로, 3개월 정도의 단기 목표를 설정하고 그 목표 달성을 위해 필요한 조치를 계획하고 자발적으로 실천하도록 한다. 끝으로, 작은 성공 체험 기회를 제공하여 동기를 부여하고 지속 가능성을 높인다.

여기에서 팀장이 하는 일반 피드백과 코칭 피드백의 차이점을 구체적인 사례로 살펴본다. 일반 피드백과 코칭 피드백 모두 직원의 성과를 향상시키고, 개인의 역량을 개발하며, 대화를 통해 의견을 교환하고 이해를 돕는다는 공통점이 있다.

| 사례 1 일반 피드백

• 상황: 직원 OOO이 제출한 보고서에 여러 가지 오류가 발견되었다.

• 피드백: "이 보고서에는 몇가지 오류가 있습니다. 데이터 검증을 좀 더 꼼꼼하고 세밀하게 해야 합니다. 다음번에는 이런 실수가 없도록 유의해 주세요"

• 특징: 지적과 수정 요구가 있으며 구체적인 행동지침을 제공한다.

| 사례 2 코칭 피드백

• 상황: 유사한 상황에서 직원 OOO의 보고서에 오류가 반복해서 나타나고 있다.

• 피드백: "보고서 작성 과정에서 어려움을 겪는 부분이 있나요?", "또 다른 방법이 있다면 그것이 어떤 도움을 줄 수 있을까요?", "이런 상황을 개선하기 위해 우리가 함께 설정할 수 있는 목표나 계획이 있다면 무엇일까요?"

• 특징: 대화를 통해 직원이 자신의 문제를 인식하고 해결 방안을 찾을 수 있도록 하는 것이다. 이는 장기적인 성장과 개인의 자발적 참여를 이끌어 내는 것이다.

상기 사례에서 근본적인 차이는 무엇인가? 접근 방식에서 일반 피드백은 종종 지시적이고, 주로 과거의 행동에 초점을 맞춰 수정할 점을 알려주는 반면, 코칭 피드백은 더 탐색적이고 개방적이며 대화를 통해 직원 스스로 해결책을 찾도록 한다. 또한 일반 피드백은 주로 단기적인 행동 변화에 초점이 있다면, 코칭 피드백은 장기적인 개발과 성장에 초점이 있다. 일반 피드백이나 코칭 피드백 모두 직원의 발전과 팀의 성과 향상에 기여할 수 있으며 긴급한 상황인지 등 여부에 따라 팀장이 적절히 선택하는 것이 중요하다.

그리고 팀장으로서 부하직원과 코칭 대화시 지켜야 할 프로세스가 있다. 코칭 대화는 일반 대화와 다르게 목적이 있는 대화이기 때문이다. 가장 널리 알려져 있고 비교적 단순하면서 강력한 힘이 있는 존 휘트모어Sr. John Whitmore의 GROW 모델을 실천하면 좋겠다. 각 단계마다 팀장으로서 해야 할 질문의 예시는 다음과 같다.

GGoal 단계에서는 직원과 대화를 나눌 목표나 주제를 선정한다. 예를 들어, "당신이 이야기하고 싶은 것은 무엇인가?", "우리 대화가 끝났을 때 어떤 유익을 얻고 싶은가?", "우리가 이야기 나눌 주제가 조직과 자신에게 어떤 의미가 있는가?" 등이 있다.

RReality 단계에서는 현재 상황을 파악한다. "목표와 관련된 현재 상태는 어떠한가?", "현재 어떻게 하고 있는가?", "지금까지 고민해 본 것은 무엇인가?" 등을 묻는다. 특히 Reality 단계에서는 직원이 도달하려는 목표가 10점이라면 현재 상황이 몇 점인지를 질문하여 직원들이 스스로 성찰하도록 한다.

OOptions 단계에서는 해결 방법을 찾는다. "한 번도 시도해 보지 않은 방법 중 가능성 있는 대안은 무엇인가?", "각 대안의 장단점은 무엇인가?", "어떻게 장애물을 극복하겠는가?" 등을 묻는다.

WWill 단계에서는 행동을 위한 실행의지를 다진다. "여러 대안 중 무엇을 제일 먼저 시도해 보겠는가?", "실행한 것을 팀장인 내가 어떻게 알 수 있는가?", "실행을 위하여 스스로에게 다짐의 말을 한다면 무엇인가?" 등이다.

상기내용은 예시일 뿐 각 단계를 실제 상황과 주제에 맞게 팀장이 창의적으로 질문하는 것이 바람직하다. 상황에 따라서는 같은 질문을 몇 번 반복할 수도 있다.

이번 챕터를 마무리하면서 하고 싶은 질문은 "팀장은 관리자, 코치로서의 리더, 멘토 역할을 모두 수행해야 하는데 어떤 비중으로 하면 좋을까?"이다. 물론 정답은 없고, 조직이 처해진 상황과 조직 구성원의 역량에 따라 비중이 달라져야 한다. 현대 리더십의 아버지라 불리우는 워렌 베니스Warren Bennis는 "리더란 올바른 일을 하는 사람이고, 관리자는 올바르게 일하는 사람이다Leaders are people who do the right thing, managers are people who do things right"고 했지만 현재 우리 팀장들에게는 올바른 일을 올바르게 해야하는 것까지 요구되고 있다.

필자가 강조하는 것은 '코치로서의 리더Leader as a coach' 역할로서 부하 직원의 잠재력을 이끌어 내어 그들 스스로 동기부여를 통해 자율성을 가지고 업무를 성과있게 추진하도록 환경을 만드는 것이 약 40% 비중을 두면 어떨까? 생각한다. 여기에는 리더로서 비전을 제시하고 변화를 주도하는 등 영향력을 발휘하는 것을 포함한다.

조직의 목표달성을 위해 자원을 배분하고 업무를 할당하며, 성과를 모니터링하고 평가하여 팀을 효율적으로 운영하는 관리자의 역할도 중요하다. 여기에는 일상적인 업무에 대한 감독과 통제, 그리고 문제가 발생하였을 때 적절한 조치 등을 취하는 것도 포함된다. 이러한 매니저의 비중도 약 40%가 되어야 하지 않을까?

이어 팀장으로서 경험과 지식 그리고 노하우를 구체적인 상황에서 직원들에게 알려주는 멘토의 역할도 필요하다. 여기에는 부하직원들의 장기적인 경력 계획과 개발을 위한 지원도 포함된다. 이 역할의 비중은 팀장으로서 약 20% 수행하면 어떨까?

물론 새롭게 팀을 구성할 때나 프로젝트를 시작할 경우, 코치로서의 리더와 멘토 역할에 더 많은 비중을 둘 수 있다. 반면, 일상적인 업무의 효율성을 강화해야 하는 상황에서는 매니저로서의 역할에 더 중점을 두어야 한다. 중요한 것은 팀장으로서 상황에 맞는 모자를 쓸 때와 벗을 때를 아는 것이다. 지금이 코치로서 리더의 모자를 써야하는 상황인가, 매니저의 모자를 써야하는 상황인가를 인지하는 역량이 팀장에게는 무척 중요하다. 끝으로 '생각해 볼 화두'를 제시하니 셀프 코칭해 보시기 바란다.

[생각해 볼 화두]

- 나는 팀장으로서 어떤 사람이고 어떤 가치를 추구하고 있는가?
- CEO또는 임원와 부하직원이 나에게 주는 주관적인 호감도는 10점 만점에 각각 몇 점일까?
  - 가장 큰 호감도의 내용은 무엇이고, 자신이 개선해야 할 점은 무엇인가?
- 팀장으로서 나 자신과 우리 조직 구성원은 과연 행복한가?
- 내 자신만의 '코치로서 리더가 되는 길'을 찾는다면 그것은 무엇일까?
- 코치로서 리더, 매니저, 멘토의 모자를 각각 언제 쓰고 언제 벗어야 하는지를 정리해 보면 어떨까?

디지털 리더십은 AI와 최신 기술을 활용해 팀장 역량을 강화하고 조직성과를 높이며, 미래 지향적인 리더십 스타일을 개발하는 것을 목표로 한다. AI 리더십 전략은 생성형 AI를 통해 팀 관리 혁신과 유연한 의사결정력을 강화해야 한다.

제2부

혁신

디지털 리더십 강화와 AI 활용

이상훈 이사

디지털 리더십 강화

1

디지털 변화를 이끄는 리더십

일론 머스크, 샘 올트먼, 사티아 나델라, 마크 저커버그 등은 21세기 디지털 패러다임 변화의 리더십을 대표하는 혁신적인 리더들이다. VUCAVolatility, Uncertainty, Complexity, Ambiguity 시대를 맞아 글로벌 기업을 포함한 조직의 리더들은 각자 자신만의 고유한 리더십을 통해 경쟁을 넘어 생존과 미래를 책임질 지속 가능한 성장을 추구하고 있다. 불확실성과 급변하는 디지털 경영 환경에서 리더들은 어떠한 리더십을 갖추어야 할까? 리더십과 더불어 리더의 행동은 어떻게 차별화되어야 할까? 디지털 시대를 맞은 조직과 리더들에게는 누구나 한번쯤 고민해 볼 문제이다.

과거 리더십 전문가들은 성공적인 리더들에게 그들만의 행동 특성이 존재한다고 인식했다. 리더는 스스로 비전을 제시하고 헌신을 통해 구성원을 성장시키며, 조직의 대내외적인 경쟁 환경에서 전략적 경쟁 우위를 확보하는 역할과 책임Role & Responsibility을 가지고 있었다. 그러나

4차 산업혁명을 기점으로 최근 디지털 트랜스포메이션Digital transforma-tion의 도래는 리더의 역할이 전통적인 HR 영역을 넘어 AI 기술과의 융합을 통한 조직 성과 달성이라는 새로운 전환점을 맞이하고 있다. 기존 리더의 역할을 넘어 조직 전체가 급변하는 디지털 환경 변화에 대처하기 위해 리더십 역량을 극대화할 수 있는 종전과 차별화된 통합적 차원의 리더십 대안이 요구된다.

리더십 패러다임 전환

AI가 촉발한 산업 구조의 변화는 리더십에서도 변화된 환경에 대응하는 최적화와 재구조화의 패러다임 전환을 요구하고 있다. 리더십의 본질인 조직에 긍정적인 영향을 미치기 위한 노력도 디지털 시대의 변화에 맞는 기업 차원의 선제적인 대응과 구성원 세대별 맞춤 전략이 추진되고 있다.

디지털 시대에 부합하는 리더십 최적화를 위해서는 디지털 리터러시에 기반한 전략을 활용하는 것이 요구된다. 조직의 민첩성을 높이고, 신속한 의사 결정을 지원하며, 특히 기술적 변화에 대한 적응과 소통 능력 향상에 중점을 두어야 한다.

디지털 리더십의 핵심은 리더 스스로 기존의 아날로그 방식의 정성적인 HR 운영을 HR Analytics의 적용을 통한 데이터 기반의 정량적인 의사 결정으로 전환하는 것이다. IBM을 비롯한 실리콘밸리의 글로벌 테크 기업들을 중심으로 조직의 디지털 역량 강화를 통해 시장 변화에 민첩하게 대응하고 있다.

디지털 리더십 스타일의 재구조화Restrcuting를 위해서는 기존의 리더십 역할론을 재정의하고, 다양한 리더십 유형의 융합을 통해 조직 내에서 개방적이고 협업 중심의 분위기를 구축하는 데 중점을 두어야 한다. 이 과정에서 리더와 팔로워 간의 디지털 관계 형성은 조직 구성원 각자가 기술을 활용하여 상호 작용하는 방식으로 새롭게 모색되어야 한다. 리더십 유형과 스타일의 변화를 넘어 조직 문화 차원에서의 개선 역시 재구조화 측면의 핵심 요소이다.

조직심리학자인 하버드대 에이미 에드먼슨Amy Edmondson 교수는 조직 문화와 성과 측면에서 심리적 안정감Psychological Safety과 지능적인 실패Intelligent Failures가 디지털 시대의 중요한 화두가 되고 있다고 강조한다. 심리적 안정감은 구성원들이 위험을 감수하고 실패를 두려워하지 않는 조직 분위기를 의미하며, 조직 구성원들이 혁신을 추구하고 도전적인 아이디어를 자유롭게 제시할 수 있는 기반을 마련하는 데 있어 반드시 필요하다. 지능적인 실패는 실패를 실험과 학습의 기회로 보고 이를 통해 지속적으로 개선해 나가는 조직의 태도를 강조한다. 리더십 재구조화와 조직 문화 차원에서 리더십 발휘를 위해 요구되는 역량과 스킬셋 측면에서 리더와 구성원 간의 긴밀한 관계 형성과 지원적인 분위기 조성이 요구된다.

MZ와 알파세대를 위한 리더십

 디지털 변화와 더불어 MZ 및 알파 세대의 등장은 이들 세대의 니즈에 부합하는 리더십 모델의 혁신을 요구한다. 이들은 자신만의 맞춤형 리더십을 선호하며, 스스로의 성장을 지원할 수 있는 유연한 환경에서 일하는 것을 우선 시 한다. 글로벌 기업들은 앞다투어 이러한 니즈를 반영하기 위해 노력하고 있으며, 구글의 창의성과 스킬 향상을 기반으로 혁신을 장려하는 '20% 시간' 프로젝트, 넷플릭스의 창업자 리드 헤이스팅스Reed Hastings의 경영 철학인 '규칙 없음'No Rules과 조직 문화인 자유와 책임Freedom & Responsibility이 새로운 세대를 위한 대표적인 리더십 차원의 노력이라고 할 수 있다.

 디지털 네이티브인 MZ와 알파 세대를 통합보다는 구분된 관점에서 최근 리더십 이슈를 살펴보면, MZ세대는 기존 세대와 달리 투명성, 사회적 책임, 윤리적 관행에 더 큰 가치를 부여한다. 소셜 미디어와 온라인 커뮤니티에 익숙한 만큼 조직 문화 차원의 배려가 필수 인 것이다. Microsoft의 직원 참여를 통한 다양성과 포용성을 강조하는 ERGsEmployee Resource Groups 커뮤니티와 구글의 Women Techmakers 등이 대표적이며, MZ세대를 위한 리더십 차원의 배려라고 할 수 있다.

 알파 세대는 아직 노동 시장에서 본격적인 역할을 수행하지는 않지만, 태생적으로 디지털 환경에 익숙한 만큼 디지털 리터러시 기반의 기술적 소통이 강조된다. 조직 차원의 리더십 역시 빠른 피드백을 중심으로 한 접근 방식이 요구되며, 조직 몰입과 로열티를 높이기 위한 사회적, 윤리적 가치 기반의 리더십 문화를 조성해 나가야 한다.

리더의 역할 변화와 경력 전환

디지털 세대에 부합하는 리더십과 더불어 최근 리더의 역할 변화로 인해 리더 기피 현상이 국내 기업들을 중심으로 등장하고 있다. 조직 내 리더십 파이프라인을 통해 임원으로 성장하기 위해서는 조직 내 R&R을 중심으로 팀장을 포함한 직책을 통한 리더십 발휘가 필수 불가결한 과정으로 인식되어 왔다. 그러나, 국내를 비롯한 전 세계적인 조직 문화와 분위기가 조용한 사직Quiet quitting으로 대변되는 글로벌 노동 환경과 리더의 영향력이 과거에 비해 감소하는 상황에서, 낮은 추가 보상을 감수하고 조직 내 책임감에 기반한 리더십 발휘에 부담을 느끼기 시작한 것이다.

MZ세대가 새로운 시대적 계층으로 자리매김한 현 시점에서 기존 세대들이 리더를 기피하는 현상이 부각되는 대표적인 원인으로 조직 내 꼰대Kkondae 문화를 들 수 있다. 기존의 조직 문화에 익숙한 리더들의 소위 긍정적 피드백인 '잔소리'와 지적을 통한 방향성 제시가 더 이상 팔로워십으로 나타나지 않는다는 것을 리더 스스로 인식하기 시작한 것이다. 리더 스스로의 보이지 않는 무시와 지적의 한계로 인해 종전 탑다운Top-Down 방식의 리더십이 한계를 맞이하고 있다. 꼰대와 리더의 역할 차이에 대한 인지부조화 현상에 대한 현실적 극복이 가능할지에 대한 의문이 드는 시점이다. 소위 내 일만 잘하면 된다는 의식과 직책보다는 기존의 커리어와 스킬, 경험을 바탕으로 새로운 분야에서 성공하기 위한 N잡러의 등장과 경력 차원의 스핀오프Spin-off 전략으로 관점이 전환되고 있다.

디지털 변혁의 시대를 맞아 리더의 역할은 기술 발전만큼이나 지속적으로 진화할 것으로 예상된다. 이러한 변화 속에서 리더들은 마이클 포터Michael E. Porter가 주장한 경쟁우위 수준을 넘어 존재 자체로서 경쟁력을 보유하는 존재 우위Existential Advantage에 도달해야 한다. 이러한 존재 우위는 리더의 독창성과 차별화된 영향력을 통해 부각될 것이다. AI를 넘어 범용인공지능AGI, Artificial General Intelligence나 로봇이 머지않아 조직 차원의 전략 수행에 있어 변수가 아닌 상수로 자리매김할 것이 예상되는 만큼, 인간적 가치를 포함한 리더만의 고유성을 보유하는 노력과 전략적 알고리즘 구축에 매진해야 할 것이다.

2

조직성과와 연계된
리더십 스타일

2024년 5월, 전 세계 31개국에서 3만 1천 명을 대상으로 한 글로벌 비즈니스 플랫폼의 설문조사에 따르면, 전 세계 직장인의 75%가 업무에 AI를 활용하고 있으며, 국내 근로자의 73%가 AI를 현재 업무에 사용하고 있는 것으로 나타났다. 또한, 조직 리더의 55%가 인재 확보에 대한 우려와 더불어 AI 기술 보유가 향후 리더로서 새로운 인재 채용의 기준이 될 것이라고 밝혔다.

리더십 스타일과 조직성과

모든 조직의 리더는 자신만의 최적화된 리더십 유형을 통해 성과를 기대하고 실천하고 있다. 특정 리더십 유형에 의존하기보다는 다양한 리더십의 장점을 활용하여 자신만의 리더십을 만들어가는 과정에서 성장하는 것이 효과적인 전략이 될 것이다. 디지털 시대의 도래는 업무 방식에 있어 SNS를 비롯한 AI와 IT 기반의 지식 활용으로 인해 'Deep Work'의 방해 요인이 되고 있다. 직무 분야에 대한 전문적인 지식과 통찰력을 발휘하기 위해서는 리더의 역할이 재조명되어야 하며, 변화하는 기술 환경에서 조직 구성원의 역량 유연성과 조직문화 차원의 연계를 위한 리더십 역할이 요구된다.

리더십 스타일과 조직성과

리더십 스타일은 리더 스스로가 외부 고용가능성Employability을 높이는 개인의 브랜딩 전략이다. 디지털 시대를 주도하는 리더들의 특성을 보면 자신만의 독창성에 기반한 리더십을 근간으로 다양한 리더십 유형 중 조직과 비즈니스 환경에 부합하는 리더십 스타일을 통해 거듭나고 있다. 종전의 단일화된 리더십 스타일에서 벗어나 여러 유형의 리더십 스타일을 조합한 리더십 믹스Leadership Mix와 융합 리더십의 전략을 통해 구성원들의 동기부여와 성장을 지원해야 할 것이다.

전략적 사고와 조직 관리 역량

전략적 사고와 조직관리 역량은 시대의 변화와 상관없이 AI 기반 환경에서도 리더십을 통한 성과 달성의 중요한 준거점Reference point으로 자리매김하고 있다. 리더십과 조직 성과의 연관성은 크게 이론적 연구와 실무 측면으로 구분될 수 있다. 이론적 측면에서는 카리스마 리더십을 시작으로 시대적 변화에 따라 유행한 리더십 유형을 구분하여 조직 성과와 상관관계를 검증하는 접근이 대세를 이루었다. 리더십 관련 이론적 연구에서 제시하는 조직 성과는 정량적 성과보다는 조직 유효성 Organizational Effectiveness을 나타내는 정성적 지표를 중심으로 검증되고 있다. 리더의 수준은 CEO보다는 팀장과 같은 부문 조직의 리더를 대상으로 하여 조직몰입도, 이직의도 등의 지표로 측정되고 있다.

변혁적 리더십과 디지털 리터러시

변혁적 리더십은 리더가 구성원들의 신뢰를 얻고 영감Inspiration을 불어넣어 변화를 주도하는 리더십 스타일이다. 이는 리더가 비전과 목표를 명확히 제시하고, 구성원들이 그 목표를 달성하기 위해 필요한 동기부여와 지원을 제공하는 과정을 포함한다. 디지털 시대에 변혁적 리더십은 디지털 리터러시와 결합하여 조직의 혁신을 이끌어내는 데 중요한 역할을 한다.

디지털 시대의 대표적인 분야인 IT 기업의 CEO가 변혁적 리더십을 발휘하여 전사적 디지털 트랜스포메이션을 성공적으로 이끈 사례를 보면 다음과 같은 아젠더가 도출된다. 디지털 기술의 중요성을 강조하며 구성원들이 새로운 기술을 학습하고 적용할 수 있는 환경의 조성을 강조한다.

- 명확한 비전 제시: 디지털 트랜스포메이션의 목표와 방향을 명확하게 제시하여 모든 구성원이 동일한 목표를 향해 나아가도록 한다.

- 동기부여와 영감: 디지털 기술의 잠재력에 대해 지속적으로 커뮤니케이션하고, 성공 사례를 공유하며 구성원들에게 영감을 불어넣는다.
- 지원과 자원 제공: 구성원들이 새로운 기술을 학습하고 활용할 수 있도록 필요한 교육 프로그램과 자원을 제공한다.
- 개방적 커뮤니케이션: 변화 과정에서 발생하는 도전과 문제를 솔직하게 공유하고, 모든 의견을 경청하여 반영하는 개방적 커뮤니케이션 문화를 조성한다.

4가지 아젠더를 통한 리더십 실천으로 조직의 생산성과 혁신 능력이 크게 향상되었다. 변혁적 리더십과 디지털 리터러시가 결합될 때 조직이 어떻게 성공적으로 혁신을 이룰 수 있는지를 보여준대표적인 사례이다.

디지털 리터러시는 단순히 기술을 이해하고 활용하는 것을 넘어, 디지털 환경에서 정보를 비판적으로 평가하고, 문제를 해결하며, 효과적으로 커뮤니케이션하는 능력을 포함한다. 변혁적 리더는 이러한 디지털 리터러시를 바탕으로 조직의 변화를 주도하며, 구성원들이 디지털 시대에 필요한 역량을 갖출 수 있도록 이끌어야 한다. 이러한 리더십 스타일은 디지털 혁신을 가속화하고, 조직이 변화하는 환경에 유연하게 대응할 수 있게 할 것이다.

서번트 리더십과 팔로워 성장

서번트 리더십은 리더가 구성원들의 성장을 지원하고 그들의 잠재력을 최대한 발휘할 수 있도록 돕는 리더십 스타일이다. 리더십의 발현을 통해 팔로워의 성장과 조직 전체의 성과를 높이는 데 중점을 두는 디지털 시대의 부합하는 리더십 유형이라고 할 수 있다.

〈비영리 단체의 서번트 리더십 실천〉

비영리 단체 사례를 통해 리더십활용 사례를 살펴보면 리더 스스로가 서번트 리더십을 실천하여 구성원들의 개인적 및 전문적 성장을 보다 적극적으로 지원하였다. 리더는 다음과 같은 구체적인 실천을 통해 서번트 리더십을 구현했다.

- 정기적인 피드백 세션: 구성원들과 정기적인 미팅을 통해 피드백을 제공하고, 그들의 고민과 제안을 경청했다. 구성원들이 자신의 업무에 대한 이해를 깊게 하고 개선할 수 있는 기회를 제공하는데 집중했다.

- 맞춤형 교육 프로그램: 구성원들의 개별적인 필요에 맞춘 교육훈련 프로그램을 제공하고, 그들이 자신의 역량을 최대한 발휘할 수 있도록 지원했다. 예를 들어, 리더는 각 구성원의 강점과 관심 분야를 파악하여 맞춤형 개발 계획을 수립하고, 필요한 리소스를 제공했다.

- 멘토링과 코칭: 리더는 구성원들에게 멘토링과 코칭을 제공하여, 그들이 직무 수행에 필요한 기술과 지식을 습득하고 성장할 수 있도록 지원했다. 이를 통해 직원들은 자신의 커리어를 발전시킬 수 있는 기회를 얻었다.

- 심리적 안정감 제공: 리더는 구성원들이 실패를 두려워하지 않고 도전할 수

있는 환경을 조성했다. 이는 직원들이 새로운 아이디어를 제시하고 실험하는 데 있어 자신감을 가지도록 했다.

서번트 리더십의 실천 결과, 조직 내 직원들의 만족도와 몰입도가 크게 상승했다. 구성원들이 자신의 업무에 더 큰 의미를 느끼고, 조직의 목표를 향해 자발적으로 헌신하도록 이끌었다. 궁극적으로, 사례를 통한 비영리 단체는 구성원들의 향상된 역량과 헌신 덕분에 성과가 크게 향상되었다. 구체적으로, 프로그램의 효과성 증가, 기부금 모금액 상승, 수혜자 만족도 증가 등의 긍정적인 결과를 얻을 수 있었다.

위의 사례는 서번트 리더십이 직원들의 개인적 성장을 촉진하고, 이를 통해 조직 전체의 성과를 높이는 데 어떻게 기여할 수 있는지를 잘 보여준다. 서번트 리더십을 통해 리더는 단순히 지시하고 통제하는 것이 아니라, 직원들이 스스로의 잠재력을 최대한 발휘할 수 있도록 돕는 역할을 수행한다. 이는 조직의 지속 가능한 성장과 발전을 이끄는 중요한 요소이다.

언리더십과 조직 자율성

언리더십Un-leadership은 전통적인 리더십 접근 방식을 과감히 탈피한 새로운 리더십 차원이다. 2009년 독일 경영컨설턴트 닐스 플레깅Niels Pflaging이 제시한 12가지 리더십 원칙은 자율성과 창의적 해결책을 장려하는 조직 문화를 강조한다. 넷플릭스의 창업자 리드 헤이스팅스의 경영 철학인 '규칙 없음No Rules'과 조직 문화인 자유와 책임은 언리더십을 실천한 대표적인 사례이다. 이는 조직 문화에 기반한 적합 인재 채용, 팀워크와 조직 가치의 공유, 자율성에 기반한 창의적 해결책 장려, 투명성을 통한 신뢰 구축과 조직의 효율성 증대로 성공적인 언리더십 모델이라고 할 수 있다.

〈넷플릭스의 언리더십 실천〉

넷플릭스는 언리더십의 대표적인 사례로 자주 언급된다. 다음은 넷플릭스가 언리더십을 실천한 방법들이다.

- 자율성에 기반한 창의적 해결책 장려: 구성원들이 자신의 업무를 스스로 관리하고 창의적인 해결책을 찾을 수 있도록 자율성을 부여했다. 이는 구성원들이 보다 주도적으로 일에 몰입하고 혁신적인 아이디어를 발휘할 수 있게 했다. 예를 들어, 넷플릭스는 구성원들에게 휴가 일정을 스스로 조정하게 하며, 상사의 승인을 받지 않고도 자신에게 필요한 모든 자원을 활용할 수 있도록 했다.
- 투명성을 통한 신뢰 구축: 조직 내 모든 정보를 투명하게 공유하여 구성원들 간의 신뢰를 구축했다. 경영진의 회의록을 모두 공개하고, 조직의 전략적 목표와 성과를 정기적으로 공유하여 모든 구성원이 회사의 상황을 명확히 이해할 수 있게 했다.
- 조직 문화에 기반한 적합 인재 채용: 단순히 기술적 능력이 뛰어난 인재보다는 조직 문화와 가치에 부합하는 인재를 채용하는 데 중점을 두었다. 이는 조직의 문화와 가치가 자연스럽게 유지되고 강화되도록 했다. 예를 들어, 채용

과정에서 넷플릭스는 후보자가 회사의 가치와 문화에 얼마나 적합한지를 평가하는 데 많은 비중을 두었다.

- 팀워크와 조직 가치의 공유: 모든 구성원이 조직의 목표와 가치를 공유하도록 장려했다. 이를 위해 다양한 팀 빌딩 활동과 교육 프로그램을 운영하여 직원들이 서로를 이해하고 협력할 수 있는 기회를 제공했다. 이는 팀워크를 강화하고 조직의 목표를 달성하는 데 큰 도움이 되었다.

언리더십 접근 방식은 넷플릭스의 성공에 크게 기여했다. 구성원들은 자율성과 책임을 느끼며 일하게 되었고, 이는 높은 수준의 창의성과 혁신을 가능하게 했다. 또한, 투명성과 신뢰를 바탕으로 한 조직 문화는 구성원들 간의 협력을 촉진하고, 빠르게 변화하는 시장 환경에 유연하게 대응할 수 있게 했다.

언리더십은 전통적인 리더십 모델의 한계를 넘어 , 자율성과 창의적 해결책을 장려하는 새로운 리더십 차원을 제시한다. 넷플릭스의 사례는 언리더십이 조직의 자율성을 높이고, 이를 통해 높은 성과를 달성할 수 있음을 보여준다. 자율성과 책임을 바탕으로 한 조직 문화는 직원들이 스스로 동기부여되고, 혁신적인 아이디어를 발휘할 수 있는 환경을 조성한다. 이는 조직의 효율성 증대와 지속 가능한 성장에 중요한 역할을 한다.

디지털 세대를 위한 리더십

디지털 변화와 더불어 MZ 세대밀레니얼 세대와 Z세대 및 알파 세대의 등장은 이들 세대의 니즈에 부합하기 위한 리더십 모델의 혁신을 요구하고 있다. 이들은 맞춤형 리더십을 선호하며, 자신의 성장을 지원할 수 있는 유연한 환경에서 일하는 것을 우선시한다. 글로벌 기업들은 이러한 니즈를 반영하기 위해 다양한 노력을 기울이고 있다.

MZ와 알파 세대의 주요 특징

디지털 네이티브는 유년기부터 디지털 기술을 접하며 성장했기 때문에, 디지털 환경에서의 효율적인 작업을 선호한다. 개인의 필요와 취향에 맞춘 맞춤형 경험을 중요시한다. 더불어, 즉각적인 피드백과 빠른 결과를 선호한다. 정해진 시간과 장소에서 일하는 것보다 유연한 근무 환경을 선호한다. 지속적인 학습과 성장을 중요하게 생각한다.

| 사례 1: 구글의 '20% 시간' 프로젝트

구글은 구성원들이 자신의 업무 시간 중 20%를 개인 프로젝트에 투자할 수 있도록 허용하는 '20% 시간' 프로젝트를 운영하고 있다. 이는 구성원들이 자신의 관심사와 창의성을 발휘할 수 있는 기회를 제공하며, 혁신을 장려한다. 이 프로젝트는 다음과 같은 방식으로 MZ와 알파 세대의 니즈를 반영하고 있다.

- 개인화된 경험: 구성원들이 자신의 흥미와 적성에 맞는 프로젝트를 선택할 수 있다.
- 성장 기회: 새로운 기술을 배우고 적용해 볼 수 있는 기회를 제공한다.
- 유연한 근무 환경: 공식적인 업무 외에 자율적으로 시간을 관리할 수 있는

환경을 조성한다.

| 사례 2: 넷플릭스의 '규칙 없음'과 '자유와 책임'

넷플릭스는 '규칙 없음'과 '자유와 책임'이라는 경영 철학을 통해 자율성을 강조하고 있다. 이는 구성원들에게 보다 확장된 자율성을 부여하고, 그 대신 책임감을 요구하는 방식이다. 넷플릭스의 접근 방식은 다음과 같은 측면에서 MZ와 알파 세대의 니즈를 충족시킨다.

- 유연한 근무 환경: 구성원들이 자신에게 가장 효율적인 방식으로 일할 수 있도록 허용한다.
- 즉각적인 피드백: 신속한 의사 결정과 피드백을 통해 업무 효율성을 높인다.
- 성장 기회: 구성원들이 자신의 경력 목표를 달성할 수 있도록 지원하고, 스스로 동기부여 될 수 있는 환경을 조성한다.

MZ와 알파 세대를 위한 리더십 모델은 이들의 특성과 요구를 반영하여 맞춤형 접근 방식을 채택해야 한다. 구글의 '20% 시간' 프로젝트와 넷플릭스의 '규칙 없음'과 '자유와 책임'은 이들 세대의 니즈를 충족시키기 위한 노력의 좋은 예시이다. 이러한 리더십 모델은 개인화된 경험, 유연한 근무 환경, 즉각적인 피드백, 지속적인 성장 기회를 제공함으로써, MZ와 알파 세대가 자신의 잠재력을 최대한 발휘할 수 있도록 돕는다. 이는 궁극적으로 조직의 혁신과 성과 향상으로 이어질 수 있다.

N잡러의 등장

N잡러는 한 가지 직업에 얽매이지 않고 여러 직업을 병행하는 사람들을 의미한다. MZ세대는 안정된 직장을 추구하기보다는 다양한 경험을 쌓고, 자신만의 커리어를 만들어가는 것을 선호한다. 이는 다음과 같은 이유에서 기인한다.

MZ세대는 일과 삶의 균형을 중요시하며, 유연한 근무 환경을 선호한다. N잡러로서 다양한 일을 병행함으로써 자율성과 유연성을 누릴 수 있다. 다양한 분야에서 경험을 쌓으며, 자신의 스킬과 역량을 확장하고자 한다. 이는 한 가지 직업에 머무르지 않고, 새로운 도전을 통해 성장할 수 있는 기회를 제공한다. 여러 직업을 통해 소득원을 다변화함으로써 경제적 안정성을 추구한다. 이는 한 가지 직업에 의존할 때 발생할 수 있는 리스크를 줄이는 데 도움이 된다.

경력 차원의 스핀오프 전략

스핀오프 전략은 기존의 경험과 스킬을 바탕으로 새로운 분야로 전환하는 것을 의미한다. MZ세대는 직책보다는 자신의 커리어와 스킬, 경험을 바탕으로 새로운 분야에서 성공하기 위해 스핀오프 전략을 선택한다. 이는 다음과 같은 방식으로 나타난다.

기존의 직무 경험을 활용하여 새로운 비즈니스 기회를 찾고, 이를 바탕으로 새로운 커리어를 쌓는다. 기존의 조직에 얽매이지 않고, 자신의 경험과 역량을 바탕으로 창업하거나 프리랜서로 활동한다. 새로운 분야에 도전하기 위해 지속적으로 학습하고, 자신을 발전시킨다. 이를 통해 변화하는 환경에 유연하게 대응할 수 있다.

리더 기피 현상과 변화의 필요성은 조직 내에서 리더십의 역할과 접근 방식에 대한 근본적인 재고를 요구한다. MZ세대의 가치와 요구에 부응하기 위해서는 기존의 권위적 리더십 모델을 탈피하고, 자율성과 유연성을 중시하는 새로운 리더십 모델이 필요하다. 또한, N잡러와 경력 차원의 스핀오프 전략을 통해 개인의 성장과 발전을 지원하는 환경을 조성하는 것이 중요하다. 이러한 변화를 통해 조직은 더 유연하고 혁신적인 환경을 구축할 수 있을 것이다.

디지털 변혁 시대의 리더십

리더의 역할 변화와 경력 전환은 단순히 직무상의 변화에 그치지 않고, 리더십 스타일과 접근 방식의 근본적인 변화를 요구한다. 디지털 시대의 리더들은 더 이상 전통적인 권위적 리더십 스타일에 의존할 수 없으며, 대신 투명성, 신뢰, 자율성을 바탕으로 한 새로운 리더십 모델을 채택해야 한다. 이러한 변화는 리더 개인의 성장뿐만 아니라, 조직 전체의 유연성과 혁신 능력을 향상시키는 데 중요한 역할을 할 것이다.

리더는 조직의 목표, 전략, 그리고 중요한 결정을 투명하게 공유해야 한다. 이는 조직 내 신뢰를 구축하고, 직원들이 회사의 방향성을 이해하며 협력할 수 있도록 한다. 신뢰를 기반으로 한 리더십은 직원들이 자율적으로 일할 수 있는 환경을 조성한다. 신뢰를 받는 직원들은 더 높은 책임감을 가지고 업무에 임하게 된다. 리더는 직원들이 스스로 결정을 내리고, 창의적으로 문제를 해결할 수 있는 자율적인 환경을 제공해야 한다. 직원들이 새로운 아이디어를 제시하고 실험할 수 있도록 장려하는 문화는 조직의 혁신을 촉진한다.

리더는 직원들의 개인적, 전문적 성장을 지원해야 한다. 이를 위해 맞춤형 교육 프로그램, 멘토링, 코칭 등을 제공할 수 있다. 기술이 발달하는 시대에도 인간적 가치를 존중하는 접근은 리더십의 핵심이 될 것이다. 이는 직원들의 만족도와 몰입도를 높이는 데 기여한다.

존재 우위는 리더가 단순한 경쟁 우위를 넘어서 존재 자체로서의 경쟁력을 갖추는 것을 의미한다. 이를 위해 리더는 다음과 같은 전략을 채택해야 한다. 리더는 독창적이고 혁신적인 사고를 통해 차별화된 비전을 제시할 수 있어야 한다. 리더는 자신만의 고유한 스타일과 접근 방식을 통해 조직 내에서 강력한 영향력을 행사할 수 있어야 한다. 기술 발전과 인간적 가치를 조화롭게 통합하는 전략을 구축해야 한다.

디지털 변혁 시대의 리더십은 기술적 역량을 넘어, 투명성, 신뢰, 자율성을 바탕으로 한 포괄적 접근 방식을 요구한다. 리더들은 끊임없이 변화하는 환경에 적응하고, 자신만의 고유한 리더십 스타일을 개발하여 조직의 성공을 이끌어야 한다. 이는 단순히 기술적 역량을 넘어서, 인간적 가치를 중시하는 접근을 통해 이루어질 수 있다. 존재 우위에 도달하는 리더는 독창성과 차별화된 영향력을 통해 조직의 지속 가능한 성장과 혁신을 이끌어낼 수 있을 것이다.

3

미래 지향적 리더십 개발 방법

제너럴리스트Generalist vs. 스페셜리스트Specialist 리더십

미래지향적 리더는 제너럴리스트일까, 아니면 스페셜리스트일까? 이 질문은 다양한 리더십 믹스와 포트폴리오가 대세인 리더십 트렌드에서도 여전히 중요한 논의 주제이다. 런던시티대 베이즈 경영대학원의 어맨다 구달Amanda H. Goodall 교수의 연구에 따르면 2001년부터 2019년까지 덴마크 기업 약 3만 개 데이터를 분석한 결과, 전문가 리더인 스페셜리스트를 보유한 기업의 성과가 상대적으로 높고, 비전문가인 제너럴리스트 리더의 외부에 의존한 평가와 판단력이 낮은 것으로 나타났다. 2024년 4월 국내 언론과의 인터뷰에서 구달 교수는 전문가 리더는 경험과 지식을 바탕으로 평가와 업무 수행이 가능함에 따라 미래의 방향성 제시와 전략적 접근에 우월성이 있다고 밝혔다.

미래 지향적 리더십 모델 개발

미래 지향적인 리더십 모델을 개발하기 위해서는 선제적인 변화 예측 및 시나리오 계획을 통해 장기적인 디지털 전략을 수립해야 한다. AI를 필두로 한 초연결 시대에는 리더십이 빅데이터를 기반으로 구성원의 성과 달성을 지원하는 플랫폼 형태로 진화할 것으로 예상된다. 디지털 리더십뿐만 아니라, 사이버 리더십, 스마트 리더십 등 새로운 리더십 유형이 등장하고 있다.

리더십의 본질: 긍정적인 영향력과 팔로워 성장

미래 지향적 리더십의 본질은 디지털 환경에서 개인과 조직이 서로의 존재 가치를 인정하고, 긍정적인 변화를 만들어 가는 과정이라고 할 수 있다. 리더의 성공보다는 팔로워의 성장에 집중하지 않으면, 디지털 시대의 리더로서 생존 위협을 받게 될 것이다. 디지털 전환 시대의 리더십은 리더와 팔로워 간의 매개체로 AI의 역할이 강조되며, 보다 복잡하고 다양한 접근법이 필요하다.

핵심 요소	
선제적 변화 예측 및 시나리오 계획	• 장기적 디지털 전략 수립: 변화하는 환경을 예측하고, 다양한 시나리오에 대비하는 계획을 세워야 한다. 이는 리더가 불확실성에 대비하고 조직의 방향성을 명확히 설정하는 데 도움이 된다. • 빅데이터 활용: 빅데이터를 통해 트렌드를 분석하고, 조직의 성과를 예측하며, 효율적인 의사 결정을 지원한다.

플랫폼 기반의 리더십	• 성과 달성 지원 플랫폼: 리더는 구성원들이 최고의 성과를 달성할 수 있도록 필요한 자원과 도구를 제공하는 플랫폼 역할을 해야 한다. 이는 교육, 훈련, 기술 지원 등을 포함한다. • AI 기반 지원 시스템: AI를 활용하여 구성원들에게 개인화된 지원을 제공하고, 업무 효율성을 높인다.
새로운 리더십 유형	• 디지털 리더십: 디지털 기술을 활용하여 조직의 변화를 주도하고, 혁신을 촉진한다. • 사이버 리더십: 사이버 보안과 데이터 프라이버시를 관리하며, 디지털 자산을 보호한다. • 스마트 리더십: IoT와 스마트 기술을 활용하여 효율적인 운영과 의사 결정을 지원한다.

리더십 모델의 구현

긍정적인 영향력	• 팔로워 성장에 집중: 리더는 구성원들의 성장과 발전을 우선시하며, 그들이 최대한의 잠재력을 발휘할 수 있도록 지원한다. • 인정과 격려: 구성원들의 노고와 성과를 인정하고, 지속적으로 격려한다.
AI와 데이터 분석의 활용	• HR 애널리틱스: 구성원들의 성과와 발전을 데이터 기반으로 분석하여 맞춤형 피드백과 개발 계획을 제공한다. • 예측 분석: 미래 트렌드와 리스크를 예측하여 전략적 의사 결정을 지원한다.
복잡하고 다양한 접근법	• 다차원적 문제 해결: 다양한 관점에서 문제를 분석하고, 창의적인 해결책을 모색한다. • 통합적 사고: 조직의 목표와 개별 구성원의 목표를 조화롭게 통합하여 모두가 성장할 수 있는 환경을 조성한다.

미래 지향적 리더십 모델 개발은 단순히 기술적 도구와 데이터를 활용하는 것을 넘어, 개인과 조직의 가치를 인정하고 성장시키는 것을 포함해야 한다. 리더는 선제적인 변화 예측과 시나리오 계획을 통해 장기적인 디지털 전략을 수립하고, AI와 빅데이터를 활용하여 구성원의 성과를 지원하는 플랫폼 역할을 해야 한다. 디지털 리더십, 사이버 리더십, 스마트 리더십 등 다양한 리더십 유형을 통합하여 긍정적인 영향력을 발휘하고, 팔로워의 성장을 촉진하는 것이 중요하다. 이러한 접근법은 조직의 유연성과 혁신 능력을 높이고, 미래의 불확실성에 효과적으로 대응할 수 있게 될 것이다.

디지털 리더십과 의사결정

▶ 변혁적 리더십과 거래적 리더십의 융합

　　미래 지향적 리더십을 위한 리더의 행동 특성으로 일론 머스크의 "인류 역사를 바꿀 위대한 것에 도전하는 것을 목표로 삼는다"라는 리더십을 들 수 있다. 디지털 변화를 주도하는 리더십 유형으로 변혁적Transformational 리더십과 거래적Transactional 리더십의 융합을 통한 디지털 리더십으로의 접근이 필요하다. 디지털 시대에 부합하는 변혁적 리더십은 결국 구성원들에게 영감을 주고, 비전을 제시하며, 변화를 촉진하는 역할을 한다는 것이다. 거래적 리더십 역시 명확한 목표 설정과 보상을 통해 구성원의 동기부여를 강화하는 특성을 강조해야 한다. 미래 지향적 리더십 모델의 구축과 활용을 위해서는 기존 리더십의 융합과 팔로워와의 관계형성이 핵심적인 요소가 될 것이다.

▶ 플랫폼형 리더십과 커넥티드 리더십

미래지향적 리더십 유형으로 플랫폼형 리더십과 커넥티드 리더십 을 들 수 있다. 플랫폼형 리더십은 리더 스스로 플랫폼이 되어 팔로워와 관련된 다양한 자원과 기회를 제공하는 리더십이다. 이는 리더가 단순히 지시를 내리는 역할을 넘어서, 구성원들이 스스로 성장할 수 있도록 지원하는 역할을 중점을 두어야 한다. 커넥티드 리더십 역시 급속한 기술 변화와 다양성을 중심으로 한 초연결 사회를 선도하는 리더십이다. 다양한 영역의 콘텐츠를 발굴하고 상호 연결을 통해 시너지를 이끌어내는 리더의 스킬셋을 요구한다.

▶ 디지털 시대의 의사 결정 능력

디지털 리더십의 본질은 리더의 의사 결정 능력에 있다. 다양한 리더십 유형의 근본은 디지털 시대를 객관적으로 판단하는 능력과 증가하는 불확실성에 대한 과감한 도전과 실행이다. 리더로서 다가올 환경 변화에 따른 리더를 육성하는 원칙은 긍정적인 영향력이며, 글로벌 불확실성의 변화에 대처하는 것이 최선의 방법이다.

미래 지향적 리더십 개발을 위해 리더들은 지속적으로 변화하는 환경에 적응하고, 자신만의 고유한 리더십 스타일을 개발하여 조직의 성공을 이끌어야 한다. 이는 단순히 기술적 역량을 넘어, 인간적 가치를 중시하는 포괄적인 접근 방식을 통해 이루어질 수 있다. 리더는 자신의 존재 우위를 강화하고, 조직의 유연성과 혁신 능력을 향상시키는 데 중요한 역할을 해야 한다. 이는 긍정적인 영향력, 투명성, 신뢰, 자율성을 바탕으로 한 새로운 리더십 모델을 채택함으로써 가능할 것이다.

박지연 팀장

AI 리더십 전략

1

생성형 AI를 활용한
팀장 역량 강화

AI 기술 개발 속도는 놀라울 정도로 빠르며, 개발자들 사이에서 두려움을 느끼는 단계에 이르렀다. 직장에서 우리의 경험은 어떠한가? AI를 활용하여 팀의 성과를 혁신적으로 이끈 팀장들이 얼마나 있을까? 분명히 존재할 것이다. 그러나 필자가 알고 있는 직장인들 중에서는 아직 그런 사례를 확인하지 못했다.

최근 참석한 AI 관련 교육에서, ChatGPT와 같은 생성형 AI는 '창조 능력의 민주화'를 이끄는 도구라는 표현을 들었다. 전문가들이 말하는, 지금까지 존재하지 않던 굉장한 도구가 이제 누구나 사용할 수 있게 되었다는 것이다.

직장 내 AI 활용, 선택일까 필수일까?

머지않아 직장 내 AI 활용은 필수가 될 가능성이 크다. 생성형 AI를 보편적으로 활용한다는 것은 기대하는 생산성 수준이 훨씬 높아진다는 것을 의미한다. 생성형 AI를 활용하지 않고는 기대하는 생산성 수준을 충족시키기 어려워, 우리는 대부분 생성형 AI를 필수적으로 활용하게 될 것이다.

과거 타자기로 일하던 시절부터 컴퓨터가 보편적으로 사용되기 시작한 시절, 그리고 웹 검색이 보편화된 시절을 상상해보면, 우리는 각 시절마다 직장인들의 일하는 방식과 그에 따른 생산성 수준이 달라졌다는 것을 자연스럽게 떠올릴 것이다. 지금은 10분이면 되는 일이 과거에는 반나절 이상 걸렸다는 선배들의 이야기처럼 말이다. 이는 개인의 능력 문제가 아니라, 보편적으로 사용하는 도구들이 우리의 생산성에 차이를 만들기 때문이다.

생성형 AI, 팀 생산성에 진짜 변화를 일으켰을까?

필자가 생성형 AI를 업무에 본격적으로 활용한 것은 ChatGPT-4가 출시된 후이다. 당시 외부기관의 1-day AI 교육을 듣고 긴장감과 위기감을 느낀 후부터이다. 이제 생성형 AI를 업무에 활용한 지 1년 정도가 되었다.

팀의 생산성에는 혁신이 일어났을까? 일부 그런 느낌이 있기도 하지만, 여전히 팀원들과 함께 이런저런 실험들을 하고 있는 상황이다. 쉽게 말해서 이런저런 시행착오를 겪고 있다.

필자는 조직의 일하는 문화를 고민하는 팀의 팀장이다. 팀장으로서의 경험과 생각, 그리고 팀원들의 경험을 공유함으로써 이 글을 읽는 팀장들이 시행착오를 덜 겪도록 조금이나마 도움이 되었으면 한다. 최근에 생성형 AI를 접한 팀장들에게는 도구의 특성을 쉽게 이해하는 데 도움이 되었으면 한다. 생성형 AI를 활용하고 있지만 아직 효과를 크게 느끼지 못한 팀장들에게는 고민을 공유하는 장이 되기를 바란다.

아마도 맛있는 음식에 대해 '안 먹어본 사람은 있어도 한 번만 먹은 사람은 없다'는 표현을 들어봤을 것이다. 생성형 AI는 뛰어난 도구임에도 활용법을 잘 모르면 그 맛을 느끼기 어렵다. 그래서 한 번 사용해보고 별거 아니라고 생각하며 더 이상 활용하지 않는 경우도 있다. 그 과정을 극복하는 데 이 글은 큰 도움이 될 것이다.

생성형 AI, 단순 자동화와 무엇이 다른가?

AI는 컴퓨터 시스템이 인간의 학습, 추론, 의사 결정 등의 지능적 능력을 모방하거나 수행하는 기술을 의미한다. 회사에서 AI를 활용해서 무엇을 하고 싶냐고 물으면 상당수가 특정 업무를 자동화해 기계가 사람을 대신해주기를 기대한다. 이러한 기대 때문에 ChatGPT 등 생성형 AI를 활용해보고 실망하는 경우들을 많이 봤다.

사실 사전에 프로그래밍된 규칙에 따라 작동하고 결과물이 예측되는 전통적인 자동화는 엄밀히 말하면 AI에 해당하지 않는다. 자동화 시스템 스스로 데이터를 학습하고 추론하는 과정이 없기 때문이다. 예를 들어 전통적 자동화에서는 오류가 발생했을 때 사람이 직접 원인을 분석해 오류를 잡도록 다시 프로그래밍하는 방식으로 해결할 것이다. 반면 AI를 활용한 자동화 시스템의 경우 주어진 데이터나 상황에 따라 문제를 해결하거나, 학습을 통해 패턴을 발견해 작업 방식을 개선할 수도 있다. 사람에게 오류의 원인과 해결 방법에 대한 보고도 가능할 것이다.

ChatGPT, 나의 업무 파트너로 적합할까?

현재 상용화된 생성형 AI 중 가장 똑똑하다는 ChatGPT-4의 특징을 몇 가지 간단히 살펴보자.

첫째, 접근성이다. ChatGPT-4는 인터넷만 되면 누구나 쉽게 사용할 수 있다. 무료 서비스의 경우 질문 횟수 등의 제한이 있지만, 응답 내용 자체에는 유료 서비스와 차이가 없다. 이는 누구나 쉽게 접근하여 다양한 질문을 할 수 있는 환경을 제공한다. 사용자는 컴퓨터나 모바일 장치를 통해 언제 어디서나 ChatGPT-4에 접속할 수 있으며, 이는 시간과 장소에 구애받지 않고 정보를 얻거나 문제를 해결할 수 있는 유연성을 제공한다. 더불어, ChatGPT-4는 다양한 플랫폼과의 통합이 가능하여, 웹 애플리케이션, 모바일 앱, 심지어 스마트 홈 장치에서도 활용할 수 있다.

둘째, 사용 용이성이다. IT 지식이 부족해도 문제없다. ChatGPT-4는 사람과 대화하듯 자연스럽게 질문을 던지고 대답을 들을 수 있다. 이 인터페이스는 사용자가 복잡한 기술 용어를 알 필요 없이 사람들이 일상적으로 사용하는 언어로 질문을 던질 수 있게 해준다. 사용자는 질문에 대한 답변을 받은 후 추가 질문을 통해 대화를 이어나갈 수 있으며, AI는 이전 대화 내용을 이해하고 사용자의 의도를 파악하여 더욱 정확한 답변을 제공할 가능성이 높다. 예를 들어, 프로젝트 관리와 관련된 질문을 할 때, ChatGPT-4는 프로젝트의 맥락을 이해하고 관련된 추가 정보를 제공할 수 있다. 이는 지속적인 대화와 맥락 인식을 통해 사용자 경험을 향상시킨다.

셋째, 질문의 중요성이다. ChatGPT-4는 매우 똑똑하지만 사용자가 원하는 바를 명확히 설명해주지 않으면 원하는 답변을 제공하기 어렵다. 구글이나 네이버 같은 검색 엔진은 여러 결과를 제공하는 반면, ChatGPT-4는 하나의 답변을 제공하기 때문에 질문의 구체성이 중요하다. 구체적이고 명확한 질문을 할수록 ChatGPT-4는 더욱 유용하고 깊이 있는 인사이트를 제공할 수 있다. 예를 들어, "마케팅 전략에 대해 조언해줘"라는 일반적인 질문보다 "2024년 소셜 미디어 트렌드에 기반한 마케팅 전략은 무엇인가?"라는 구체적인 질문을 하면 더욱 정확하고 유용한 답변을 받을 수 있다. 이러한 구체성은 ChatGPT-4의 답변을 더 실질적이고 실행 가능하게 만든다.

넷째, 정보 검증의 필요성이다. ChatGPT-4는 설득력 있게 말을 잘하지만, 때로는 거짓된 정보를 생성할 수도 있다. 따라서 사실 여부를 묻는 질문에는 주의가 필요하다. AI가 제공한 정보는 이해를 돕는 용도로 사용하고, 중요한 의사결정이나 보고서 작성에는 신뢰할 수 있는 출처를 통해 검증된 정보를 사용하는 것이 바람직하다. 예를 들어, "2023년 기업 수익 보고서를 요약해줘"라는 질문에 대해 제공된 정보는 참고용으로 사용하고, 실제 보고서 작성을 위해서는 공식 문서나 검증된 데이터 소스를 참조하는 것이 필요하다. 하지만 누군가를 설득하는 방법을 고민할 때는 ChatGPT-4가 유능하고 믿음직한 조언자가 될 수 있다. 예를 들어, 프레젠테이션이나 협상 전략을 준비할 때, ChatGPT-4는 설득력 있는 논거와 표현을 제안하여 도움을 줄 수 있다.

〈활용 방안〉

이러한 특성을 고려했을 때, ChatGPT-4와 같은 생성형 AI는 직원들의 일부 업무를 대체할 가능성도 있지만, 이를 생산성 향상을 위한 협력적 파트너로 이해하고 활용하는 것이 중요하다. ChatGPT-4는 단순한 도구가 아니라 팀의 업무 효율성과 성과를 높이는 데 기여할 수 있는 강력한 조력자가 될 수 있다.

- 반복적인 업무 지원: 반복적이고 시간이 많이 소요되는 작업을 ChatGPT-4에게 맡겨 직원들이 더 창의적이고 전략적인 업무에 집중할 수 있게 할 수 있다. 예를 들어, 일상적인 데이터 입력, 일정 관리, 이메일 응답 등의 작업을 ChatGPT-4에게 맡겨 시간과 노력을 절약할 수 있다.
- 아이디어 브레인스토밍: 새로운 아이디어가 필요할 때 ChatGPT-4와의 대화를 통해 다양한 관점을 얻고, 창의적인 해결책을 모색할 수 있다. 예를 들어, 새로운 제품 출시 전략을 구상할 때, ChatGPT-4는 최신 트렌드와 시장 분석을 바탕으로 창의적이고 혁신적인 아이디어를 제안할 수 있다.
- 의사소통 및 협업: 팀 내 커뮤니케이션을 지원하고, 이메일 초안 작성, 보고서 요약 등 다양한 문서 작업에 활용할 수 있다. 예를 들어, 회의록 작성, 프

로젝트 업데이트 보고서 작성 등에서 ChatGPT-4는 빠르고 정확하게 초안을 작성하여 시간과 노력을 절감할 수 있다.

• 학습 및 개발: ChatGPT-4를 활용해 최신 트렌드와 기술에 대한 정보를 학습하고, 직무 관련 질문에 대한 답변을 통해 지식을 확장할 수 있다. 예를 들어, 새로운 기술 동향이나 산업 변화에 대해 질문하고, 이를 통해 최신 정보를 빠르게 습득할 수 있다.

이와 같이 ChatGPT-4는 업무의 다양한 측면에서 유용하게 활용될 수 있으며, 이를 통해 팀 전체의 생산성과 효율성을 높이는 데 기여할 수 있다. ChatGPT-4를 단순한 도구로 보는 것이 아니라, 진정한 업무 파트너로서 활용하는 것이 중요하다. 이를 통해 조직은 더 나은 의사결정을 내리고, 창의적이고 혁신적인 업무 환경을 확보할 수 있다.

2

AI를 활용한
의사 결정의 유연성 사례

AI시대의 리더, 의사 결정 방식에 변화가 필요한 이유는?

AI가 상용화되기 이전부터 이미 데이터 기반 의사 결정의 중요성은 지속적으로 강조되어 왔다. 그래서 많은 회사가 이를 지원하는 시스템 개발을 진행하였으며, 지금도 진행 중인 곳이 많다. 하지만 적지 않은 회사들이 많은 에너지를 들여 개발한 시스템을 잘 활용하지 못하는 경우가 있다. 이러한 안타까운 일이 일어나는 원인은 무엇일까? 시스템을 잘못 개발하여 데이터 신뢰성이 떨어져서일까? 아니면 의사 결정 프로세스를 재점검해야 하는 것일까? 다양한 원인이 있을 것이다.

첫째, 데이터 신뢰성이다. 시스템이 잘못 개발되어 데이터의 신뢰성이 떨어지는 경우가 있다. 데이터가 부정확하거나 불완전하면 의사 결정에 필요한 정보를 제공하지 못한다. 이는 의사 결정자의 신뢰를 잃게 만들고, 시스템의 활용도를 떨어뜨린다.

둘째, 의사 결정 프로세스이다. 의사 결정 프로세스 자체가 문제가 될 수 있다. 기존의 프로세스를 재점검하고, 데이터 기반 의사 결정을 효과적으로 지원할 수 있도록 개선해야 한다. 이를 통해 데이터 분석 결과를 적시에 활용하고, 신속하고 정확한 결정을 내릴 수 있다.

셋째, 의사 결정자의 변화이다. 의사 결정을 하는 사람의 사고 방식과 접근 방식을 바꾸는 것이 중요하다. 데이터 기반 의사 결정을 위해서는 직관이나 경험보다는 데이터와 분석 결과에 의존하는 습관을 길러야 한다. 이를 위해 교육과 훈련이 필요하다.

이 글에서 강조하고자 하는 것은 의사 결정을 하는 사람의 결정 방식이 바뀌지 않는다면, 의사 결정을 지원하는 시스템과 프로세스가 제대로 작동하기 어렵다는 점이다. 같은 맥락에서 팀장들이 AI를 잘 활용하기 위해서는 우리의 일하는 방식, 특히 팀장으로서 의사 결정하는 방식에 대해 스스로 이해하고 적합한 방식으로 변화하기 위한 연습이 필요하다.

팀장들 중에는 본인에게 의사 결정 권한이 없고 책임만 있다고 생각하는 사람도 있을 것이다. 팀장은 비록 최종 결정권이 없을 수 있지만, 팀의 운영과 관련된 많은 의사 결정에 영향을 미친다. 팀장은 팀원들의 역량, 경험 등을 고려하여 업무를 배분하고, 어떤 업무를 우선적으로 처리할지 결정하며, 팀이 어떻게 협업하고 어떤 프로세스를 따를지 등 작업방식을 결정한다. 더 나아가 팀이 만들어 낼 성과의 수준과 결과물의 품질 수준도 팀장이 결정할 수 있다. 물론 평가와 개선을 위해 어떤 피드백을 줄지도 팀장이 결정한다.

팀 운영에 있어 거의 대부분의 영역이 팀장의 의사 결정에 영향을 받는다 해도 과언이 아니다. 즉, 팀장이 어떻게 일하고 결정을 내리는지는 팀 전체의 업무 효율성, 분위기, 그리고 성과에 큰 영향을 미치게 된다.

복잡한 비즈니스 환경 속, 팀장의 역할은 무엇인가?

팀장의 의사 결정 방식에 있어 가장 좋은 방법이란 것이 과연 존재할까? 만약 그렇다면 팀장의 자리가 그렇게 어렵지 않을 것이다. 하지만 분명한 것은 우리는 복잡하고 예측하기 어려운 비즈니스 환경에서 팀을 이끌고 있다는 사실이다. 이러한 환경 속에서 팀장들은 변화하는 상황, 다양한 정보, 그리고 팀원들의 의견을 신속하게 파악하고 이를 바탕으로 최선의 결정을 내릴 수 있는 능력이 중요해졌다.

이는 단순히 빠른 결정을 내리는 것뿐만 아니라, 상황에 따라 접근 방식을 조정하고, 다양한 해결책을 고려하며, 때로는 기존의 계획을 변경할 수 있는 유연성을 포함한다. 다시 말해 의사 결정의 유연성이 매우 중요하게 요구되고 있는 것이다.

문제는 아는 대로 실천할 수 있다면 좋겠지만, 그것이 쉽지 않다는 점이다. 의사 결정의 유연성처럼 다양한 변수를 고려해야 하는 일은 훈련과 연습 없이 자연스럽게 실천하기 어렵다. 팀장들은 의사 결정을 할 때 객관적 데이터가 제공될 수도 있고, 상황 변화 속 파악된 정보들을 기반으로 의사 결정을 해야 할 때도 있다.

의사 결정 유연성의 핵심은 의사 결정 과정에서 주관적 판단이나 변덕을 최소화하고, 실제 상황과 정보에 근거한 더 합리적이고 유연한 의사 결정을 하는 것이다. 이를 위해서는 사실에 기반한 의사 결정이라는 기본기를 갖추는 것이 매우 중요하다.

사실 기반 의사 결정, 실제로는 왜 어려운가?

사실 기반의 의사 결정은 단순해 보이지만 실제 의사 결정 과정에서는 그렇지 못한 경우가 많다. 그 이유는 정보의 과부하, 감정의 영향, 시간과 자원의 제약, 인지 편향, 경험과 직관에 대한 과신 등 다양하다.

첫째, 정보의 과부하이다. 현대 비즈니스 환경에서는 방대한 양의 정보가 쏟아져 나온다. 이로 인해 팀장은 필요한 정보를 골라내고 분석하는 데 많은 어려움을 겪을 수 있다. 정보의 홍수 속에서 핵심적인 데이터를 식별하는 것은 쉽지 않다.

둘째, 감정의 영향이다. 의사 결정 과정에서는 종종 감정이 개입된다. 스트레스나 압박감, 두려움 등은 객관적인 판단을 흐리게 만들 수 있다. 감정이 의사 결정에 미치는 영향을 최소화하는 것이 중요하다.

셋째, 시간과 자원의 제약이다. 의사 결정을 내리는 데에는 시간과 자원이 필요하다. 그러나 현실적으로 팀장에게는 이러한 자원이 충분하지 않은 경우가 많다. 급박한 상황에서는 충분한 데이터를 검토할 시간이 부족하여 잘못된 결정을 내리기 쉽다.

넷째, 인지 편향이다. 우리는 스스로 객관적으로 사실을 확인하고 있다고 생각하지만, 인지 편향으로 인해 본인의 기존 믿음이나 가설을 지지하는 정보 위주로 확인하고 있을 수 있다. 이는 의사 결정의 객관성을 해친다.

다섯째, 경험과 직관에 대한 과신이다. 객관적 기준을 가지고 정보들을 종합적으로 판단하여 의사 결정을 하고 있다고 생각하지만, 때로는 본인의 경험과 직관을 과도하게 신뢰하여 새로운 데이터나 정보를 간과하거나 무시했을 수도 있다.

여섯째, 자연스러운 인간 행동이다. 이러한 인지 편향, 경험과 직관에 대한 과신 등은 비합리적이고 나빠서가 아니라, 효율을 중시하는 뇌를 가진 인간에게 발생하는 자연스러운 행동이다. 정도의 차이가 있을 뿐이다. 따라서 그런 자연스러운 행동이 최소화될 수 있게 의식적인 극복 노력이 필요한 것이다.

사실 기반 의사 결정 과정은 두 가지 단계로 나뉜다. 첫 번째는 사실을 확인하는 과정이고, 두 번째는 이를 바탕으로 의사 결정을 내리는 과정이다. 문제는 팀장이 일일이 사실을 다 확인할 수도 없고, 아무리 사실이라고 할지라도 본인이 잘 모르는 정보를 기반으로 의사 결정을 해야 하는 상황일 경우 결정이 쉽지 않을 수 있다.

이를 위해 팀장은 데이터가 어디서 왔는지 확인하고 신뢰할 수 있는 출처인지 검증해야 한다. 다른 출처의 데이터와 비교하여 일관성이 있는지 확인해야 한다. 특정 분야의 전문가에게 의견을 구하여 데이터를 검증하고 해석할 수 있어야 한다. 또한, 데이터의 대표성을 확인하고, 실제 사례를 통해 검증하는 과정을 거쳐야 한다. 마지막으로 팀장은 데이터의 출처와 정확성을 이해하고 실제 의사 결정 과정에 어떻게 영향을 줄 수 있는지를 파악하는 데 도움이 되는 몇 가지 질문을 팀원에게 해볼 수 있다. 이를 통해 다양한 관점을 고려하고 더 나은 결정을 내릴 수 있다.

사실 기반 의사 결정은 단순해 보이지만 실제로는 여러 가지 도전 과제가 있다. 팀장은 이러한 도전 과제를 인식하고, 다양한 전략을 통해 데이터를 신뢰할 수 있는 방식으로 검증하고 해석해야 한다. 이를 통해 더 합리적이고 객관적인 의사 결정을 내릴 수 있다.

〈팀원에게 해볼 수 있는 질문 예시〉

- 이 데이터의 출처는 어디인가?
- 다른 출처에서 동일한 데이터를 확인했는가?
- 이 데이터를 수집한 방법은 무엇인가?
- 이 데이터가 얼마나 신뢰할 수 있는지 설명할 수 있는가?
- 데이터를 수집한 시점은 언제이며, 최근 업데이트된 내용은 있는가?
- 이 데이터를 바탕으로 어떤 결론을 도출할 수 있는가?

이러한 질문을 통해 팀장은 데이터의 신뢰성을 확보하고, 이를 기반으로 보다 합리적이고 유연한 의사 결정을 내릴 수 있을 것이다. AI시대의 리더는 이러한 의사 결정 방식을 통해 업무 추진 과정에서의 비효율을 최소화하고 목적에 집중할 수 있는 환경을 조성할 수 있을 것이다.

데이터 신뢰성 평가, 왜 이렇게 중요할까?

앞서 제시한 팀원에게 해볼 수 있는 질문 예시는 데이터의 출처와 수집 방법부터 분석의 가정, 한계점, 그리고 실제 의사 결정에의 적용 가능성까지, 데이터의 신뢰성과 유용성을 평가하는 데 필수적인 요소들을 짚어주는 것이다. 이는 사실을 확인하는 과정과 의사 결정 과정 모두에 도움이 되어 팀장이 좀 더 명확한 근거에 기반하여 의사 결정을 할 수 있게 도와줄 것이다.

추가적으로 팀장이 의사 결정 과정에서 이러한 질문을 할 경우, 팀원은 데이터를 수집하고 분석하는 과정에서 해당 질문에 대비하여 더 깊이 있는 검토와 분석을 수행할 가능성이 높아지는 것이다. 또한, 보고의 목적과 중요성을 더 명확하게 인식하게 되고, 질문과 답변 과정에서 자신의 업무 접근 방식에 대한 피드백도 자연스럽게 받을 수 있어 업무 방식의 개선에도 도움이 되는 것이다.

이렇게 잘 실행되기 위해서는 단순하지만 의식적으로 반복하는 노력이 필요한 것이다. 먼저 팀장은 질문 예시들을 참고하여 본인 팀에 필요한 질문 리스트를 만들고 팀원들과 공유해야 한다. 다음으로 팀장은 본인이 항상 확인할 수 있는 곳에 질문 리스트를 붙이거나 놓아두어 참고해야 한다. 마지막으로 팀의 의사 결정 과정에서 항상 해당 질문들을 모두 적용해보는 것이다.

일정 기간 이러한 노력을 지속하면, 팀장과 팀원 모두 해당 질문들에 익숙해지고, 이는 자연스럽게 업무 습관의 변화, 의사 결정 방식의 변화로 이어질 것이다. 물론 처음에는 익숙하지 않아 시간이 많이 걸리고 비효율적으로 느껴질 수도 있다. 그러나 익숙해지면 의사 결정 과정에서 비효율적인 추가 검토가 줄어들고 의사 결정 속도가 빨라지는 것을 체감할 것이다. 최소한 의사 결정 과정에서 데이터의 출처, 수집 방법과 분석 과정을 확인하는 것을 습관적으로 꼭 해보기를 추천한다.

앞서 ChatGPT는 그럴싸하게 거짓말을 잘한다고 했다. 그렇기에 AI를 활용함에 있어 이러한 사실 기반의 의사 결정은 특히나 중요한 것이다. 최근 미국 법원은 재판에서 AI가 만들어낸 가짜 판례를 인용한 변호사에게 정직 1년의 처분을 내렸다고 한다. 이는 AI가 생성한 '환각 현상Hallucination'으로 인한 거짓 정보였음에도 불구하고, 해당 변호사에게는 여전히 사실 여부를 면밀히 검토할 책임이 있다고 법원은 판단한 것이다.

만약 해당 변호사가 다른 출처에서 교차 확인을 한번이라도 했다면 정직 처분은 면했을 것이다. 어쩌면 인지 편향으로 인해 AI가 제공한 그럴싸한 판례가 너무나 본인이 원했던 내용이어서 그것이 진짜라고 믿고 싶은 마음이 컸을 수도 있다. 그렇기에 우리가 AI의 장점을 잘 활용하기 위해서는 사실 기반의 의사 결정을 위한 노력이 필수적으로 동반되어야 하는 것이다.

팀장의 의사 결정 과정, AI로 어떻게 업그레이드할 수 있을까?

필자가 속한 팀의 명칭은 "People&Culture팀"이다. 직원들에게 적용되는 인사제도를 기획하고 운영하는 것을 넘어 현장에서 제대로 실행하여 조직의 일하는 문화로 자리 잡도록 역할을 해야 한다는 의미이다. 과거에는 제도를 기획해서 경영진의 의사 결정을 받으면 업무의 7할은 한 듯 생각했던 때가 있었다. 하지만 지금 나의 팀에게 기안 문서 승인 완료는 일의 시작을 의미한다. 취지대로 제대로 실행되게 하기 위해 계층별로 어떻게 소통하고, 어떻게 실행을 지원할지 등 좀 더 섬세한 접근방안들을 마련해야 하고, 실행 과정에서도 현장의 이슈나 의견 등을 반영하여 어떻게 운영을 더 업그레이드할지 계속 작업해야 한다.

팀장의 의사 결정 패턴: 팀장들은 각자의 의사 결정 패턴이 있다. 필자의 경우, 의사 결정을 할 때 그 일을 왜 해야 하는지와 실행 전후의 기대 변화를 확인한다. 팀원들이 자발적으로 일을 할 수 있도록 하지만, 그 일을 수행하기 위한 필요성과 기대 변화를 명확히 설명하는 것이 반드시 필요하다.

의사 결정의 명확성: 문제는 해당 주제들에 대해 팀장인 나도 생각이 명확하지 않을 때가 상당히 많다는 것이다. 심지어 일단 일은 하고 있지만 팀원과 함께 제자리를 뱅뱅 돌고 있는 느낌이 들 때도 있다. ChatGPT-4 활용이 익숙해진 요즘은 이런 이슈들을 접할 때 거의 본능적으로 ChatGPT-4와 대화를 한다.

실제 사례를 통한 AI 활용: 예시로 최근에 있었던 간단한 사례를 하나 소개해 보겠다. 필자가 다니는 회사에서는 7월이면 직원들의 성과 리뷰가 진행된다. 이때 직원들은 본인의 성과가 시장 기준 어느 정도 수준인지 진단해야 한다. 담당자인 나의 팀원은 작년에 직원들이 성과 리뷰 시점에 시장 기준을 확인하는데 어려움을 겪어 미리 준비하도록 소통이 필요하다고 판단했다. 하지만 나는 소통의 이유를 직원들 입장에서 공감할 수 없다고 판단해 망설여졌다.

AI를 통한 전문가 의견 수렴: 필자는 ChatGPT-4에게 "성과를 내는 과정에서 시장 기준을 파악하는 것과 평가 시즌이 되어서야 파악하는 것이 성과 관점에서 어떤 차이가 있는지" 전문가 관점에서 의견을 물었다. ChatGPT-4가 답변에서 제안해준 내용 중 "성과 개선의 기회 상실"을 추가적으로 질문해서 "성과 리뷰 시 시장 기준을 찾는다면, 이미 끝난 상황이기에 아쉽게도 성과 수준 향상 기회를 상실하게 된다"는 메시지를 찾을 수 있었다. 또한 "성과를 내는 과정에서 시장 기준을 파악한다면 어떤 부분을 개선하고 도전할지 판단하고 실행하는데 도움이 된다"는 메시지도 찾을 수 있었다. 이에 필자는 소통의 목적을 직원들이 평가 받기 전에 더 많은 성과를 낼 수 있도록 환경을 조성하는 것으로 정리했다. 나아가 소통 이후 변화의 필요성을 느낀 직원들이 시장 기준을 미리 확인하고 성과 개선 활동을 함으로써 더욱 인정받을 것이라 기대할 수 있었다. 이처럼 필자는 ChatGPT-4의 도움으로 전문가 관점의 다각도 검토를 신속하게 마치고 방향성을 결정할 수 있었다.

결론적으로, AI시대의 리더는 데이터에 기반한 의사 결정의 중요성을 인식하고, 이를 실천하기 위한 다양한 방법을 도입해야 한다. 사실 기반의 의사 결정을 위해 데이터의 출처와 신뢰성을 검증하고, 이를 바탕으로 합리적이고 유연하게 결정을 내리는 과정은 필수적이다. 이를 위해 팀장은 지속적으로 질문을 던지고, 데이터를 철저히 검토하며, 팀원들과 협력하여 더 나은 의사 결정을 할 수 있도록 노력해야 한다. 특히 ChatGPT-4와 같은 AI 도구를 활용하여 의사 결정 과정을 업그레이드하는 것은 팀장으로서의 역할을 더욱 효과적으로 수행하는 데 큰 도움이 될 것이다. AI의 장점을 최대한 활용하면서도, 사실 기반의 의사 결정 원칙을 준수하여 팀의 성과를 극대화할 수 있는 방향으로 나아가야 한다.

3

생성형 AI를 활용한 팀 관리 혁신 사례

ChatGPT 활용 실패, 팀장은 어떻게 대응해야 할까?

사내에서 필자가 담당하고 있는 팀은 ChatGPT-3.5가 출시되었을 때 팀 예산으로 유료 구독을 시작했다. 팀장으로서 팀원들에게 새로운 도구를 활용할 수 있는 환경을 만들어줬다고 생각했다. 하지만 앞서 언급했듯이 일하는 방식의 변화 없이 도구만 바꾼다고 해서 갑자기 생산성이 좋아질 수는 없었다.

첫째, 도구 활용의 실패. 우선 필자부터 ChatGPT를 잘 활용하지 않았다. 업무 중 ChatGPT를 언급하는 일이 거의 없었다. 팀원들은 생성형 AI에 대한 배경지식이 부족했고, 검색하듯이 ChatGPT를 활용해서 그다지 업무에 도움이 된다고 느끼지 못했던 것이다. 점심 식사 때나 팀원들에게 사용해보니 어떠냐고 물었을 때, 대부분은 멋쩍게 웃으며 사용은 해봤지만 아직 잘 모르겠다는 답변이 많았다.

둘째, 팀장의 이해 부족. ChatGPT-4가 출시되고 1-day AI 교육을 들으러 갔을 때, 필자는 생성형 AI에 대한 이해를 좀 더 갖게 되었다. 그리고 ChatGPT-4를 무료로 사용할 수 있는 뤼튼Wrtn도 알게 되었다. 트레이닝 과정에서 필자의 팀은 유료 구독을 취소하고 뤼튼Wrtn을 통해 ChatGPT-4를 활용하기로 결정했다. 이 과정에서 팀원들이 생성형 AI에 대한 이해를 높이는 교육을 듣게 하고 팀의 일하는 방식에도 변화를 주었다.

셋째, 팀원의 교육. 물론 팀원들이 생성형 AI를 이해한다고 해서 바로 활용 수준이 높아지지는 않았다. 실무에 바로 활용할 수 있는 콘텐츠로 구성된 교육 기회를 제공할 수록 팀원들이 AI 도구를 보다 효과적으로 사용할 수 있게 되었다.

넷째, 일하는 방식의 변화. 단순히 도구를 활용하는 것만으로는 충분하지 않다. 팀의 일하는 방식에도 변화를 주어야 한다. 새로운 도구를 효과적으로 활용하기 위해 업무 프로세스를 재설계하고, 팀원들이 AI 도구를 일상적으로 사용할 수 있도록 장려했다. 예를 들어, 일의 시작 단계에서 팀원들이 AI를 통해 얻은 결과와 의견을 보고하는 방식을 도입했다. 간단하게는 30분 동안 AI를 활용해보고 그 결과를 얘기해보는 것이다. 이러한 방식은 특히 아이디어 도출, 프로세스 디자인, 이슈 점검 등과 관련하여 팀원들이 빠르고 효율적으로 작업할 수 있게 도와주며, 시행착오가 줄어드는 효과도 확인할 수 있었다.

다섯째, 지속적인 피드백과 개선. 새로운 도구와 일하는 방식을 도입한 후에도 지속적으로 피드백을 수집하고 개선해 나갔다. 팀원들이 AI 도구를 어떻게 사용하고 있는지, 어떤 어려움을 겪고 있는지 지속적으로 파악하고 지원했다. 이 과정은 팀 회의 때 간단히 공유하고 서로 피드백 하는 정도로도 어렵지 않게 실행이 가능하다.

결론적으로, AI 도구를 도입했지만 제대로 활용하지 못했다면, 팀장은 다음과 같은 대응이 필요하다.

첫째, 교육을 통해 이해를 높이는 것이다. 팀원들이 AI 도구의 기능과 활용 방법을 제대로 이해할 수 있도록 교육을 제공해야 한다.

둘째, 일하는 방식을 변화시키는 것이다. 새로운 도구를 효과적으로 활용하기 위해 기존의 업무 프로세스를 재검토하고 개선해야 한다.

셋째, 지속적으로 피드백을 수집하고 개선하는 것이다. 팀원들의 의견을 적극적으로 수렴하고, 도구 활용 과정에서 발생하는 문제를 해결해 나가야 한다.

넷째, 팀장이 먼저 솔선수범하는 것이다. 팀장이 AI 도구를 적극적으로 활용하여 모범을 보이고, 팀원들에게 적극적인 사용을 독려해야 한다.

이러한 노력을 통해 팀은 새로운 도구를 효과적으로 활용할 수 있게 되고, 이는 결국 생산성 향상과 업무 효율성 증대로 이어질 것이다.

ChatGPT로 팀원에게 명확한 'Why'를 전달하는 방법은?

팀장의 ChatGPT를 활용한 업무 소통은 단순한 도구 공유를 넘어 의외의 효과를 가지고 있다. 팀원은 그 일의 목적과 팀장이 기대하는 결과물의 수준이 어느 정도인지, 그리고 어떤 방식으로 진행해야 할지를 빠르게 이해할 수 있게 되는 것이다. 이 작업에 투입되는 시간은 보통

10분 내외이다.

첫째, ChatGPT 대화를 활용해 'Why'를 설명하는 것이다. 팀장이 팀원에게 그 일을 왜 해야 하는지 설명하는 것이 힘들다면 ChatGPT를 활용해보기를 추천한다. 방법은 간단하다. 예를 들어 ChatGPT에게 "OOO 작업이 왜 필요하고 중요한지 설명 부탁해"와 같은 질문을 하면 몇 가지 항목으로 구성된 답변을 받을 수 있다. 그러면 "1번, 3번에 대해 좀 더 상세하게 설명 부탁해"와 같이 팀장이 의도한 내용에 해당하는 항목을 골라 더 상세한 설명을 요구하면 된다. 여기에 예시나 구체적인 방법 등을 추가로 요구할 수도 있다.

둘째, ChatGPT 대화를 공유해 명확한 설명을 제공하는 것이다. 팀장은 이렇게 받은 내용을 그대로 또는 발췌하여 팀원에게 공유하면 된다. 이를 통해 팀장은 바쁘더라도 팀원에게 충분히 상세한 이유를 설명할 수 있게 되는 것이다. 물론 약간의 시간을 들여 질문 앞에 목적과 상황 또는 일의 맥락 정보에 대한 구체적인 설명이 들어가면 ChatGPT가 팀장의 의도에 맞는 더 질 좋은 답변을 제공할 것이다.

셋째, 질문의 중요성을 인식하는 것이다. ChatGPT와 대화에서 원하는 결과를 얻고자 한다면 질문을 잘하는 것이 중요하다. AI에게 하는 질문을 전문 용어로 '프롬프트'라고 한다. 프롬프트 엔지니어라는 직업이 있을 정도로 질문은 중요하다. 팀원이 ChatGPT를 활용해도 제대로 된 결과를 얻지 못할 때 질문을 어떻게 했는지 확인하는 것도 도와주는 방법이다.

넷째, 구체적인 맥락 정보 제공이다. 질문에 ChatGPT가 알아야 하는 구체적인 맥락 정보가 빠져 있거나, 하나의 질문에 너무 많은 요구 사항이 들어 있는 경우가 있을 수 있다. 특히 ChatGPT는 여러 요구 사항을 한 번에 요청할 경우 제대로 답변하지 못할 수 있다. 이 경우 단계별로 쪼개서 추가 질문 방식으로 대화를 진행하면 된다. 또한 팀원이 어떻게 질문해야 할지 막막해하는 경우도 있을 수 있다. 이때는 ChatGPT에게 어떤 질문을 하면 좋을지 질문하는 것도 방법이다.

다섯째, 프롬프트 공유와 학습이다. ChatGPT를 활용한 지 1년이 지난 지금은 뜸하지만, 초기에는 팀 미팅에서 서로의 프롬프트를 자주 공유했다. 성공 사례뿐만 아니라 실패 사례도 공유했다. 이렇게 하면 되고 저렇게 하면 안 되는 것을 자연스럽게 학습했다. 이 또한 필자의 팀이 ChatGPT를 어느 정도 활용할 수 있게 된 데 도움이 된 방법이다.

결론적으로, 팀원에게 명확한 'Why'를 전달하는 것은 팀장의 중요한 역할이다. 이를 위해 팀장은 ChatGPT를 통해 다음과 같은 방법을 활용할 수 있다.

첫째, ChatGPT를 통해 'Why'를 설명하는 것이다. 팀장이 ChatGPT에게 작업의 필요성과 중요성을 물어보고, 받은 답변을 팀원에게 공유하는 것이다.

둘째, 명확하고 구체적인 설명을 제공하는 것이다. ChatGPT의 답변을 기반으로 팀원에게 작업의 목적과 기대 결과를 명확히 전달하는 것이다.

셋째, 질문의 중요성을 인식하고 잘 활용하는 것이다. 프롬프트를 효과적으로 작성하여 ChatGPT로부터 유용한 답변을 얻는 것이다.

넷째, 팀원들에게 질문의 중요성을 교육하는 것이다. 팀원들이 ChatGPT를 효과적으로 활용할 수 있도록 질문 방법을 교육하고 지원하는 것이다.

다섯째, 프롬프트를 공유하고 학습하는 것이다. 팀 내에서 프롬프트를 공유하고, 성공 사례와 실패 사례를 통해 서로 학습하는 것이다.

이러한 접근 방식을 통해 팀장은 ChatGPT를 효과적으로 활용하여 팀원에게 명확한 'Why'를 전달할 수 있고, 이는 팀의 업무 효율성과 성과를 높이는 데 큰 도움이 될 것이다.

과거에 시도하지 않았던 일에 도전하기, ChatGPT가 준 용기

필자의 팀은 ChatGPT를 1년 넘게 활용하고 있지만, 여전히 비효율적인 경험을 하고 있다. 그러나 사람이 한다면 창의력과 노동력이 상당히 필요한 일을 ChatGPT가 순식간에 해낼 수 있다는 것을 경험으로 알게 되었다. 그래서 나의 팀은 과거에는 감당하지 못할 것 같아서 시도하지 않았던 일들을 ChatGPT를 믿고 더 도전하게 되었다.

ChatGPT를 활용한 도전 예를 들어, 현재 직책자들의 코칭 대화를 돕기 위해 대화의 주제, 직원의 특성, 업무 상황 등을 고려한 코칭 대화 예시들을 만들어 공유하고 있다. 과거에는 코칭 대화 프로세스, 방법 등에 대한 가이드는 제공했지만, 예시까지 만들어 제공하지는 못했다. 시간 투입과 능력을 고려했을 때 성공 가능성을 높게 보지 않았던 것이나. 그러나 지금은 ChatGPT를 믿고 시도하고 있다.

새로운 도전과 팀원의 스트레스 이러한 새로운 도전과 시도는 분명 팀원들에게 스트레스를 준다. 팀장으로서 팀원의 스트레스를 없애 줄 수 있으면 좋겠지만, 그것은 어려운 것이다. 새로운 시도 자체가 주는 긴장감이 있기 때문이다. 하지만 최소한 그것에 집중할 수 있는 환경은 만들어 줄 수 있는 것이다.

우선순위 조정과 업무 정리 보통 팀원들이 하나의 업무만 하고 있는 경우는 드물다. 그래서 팀장으로서 우선순위를 조정하거나, 반드시 하지 않아도 되는 일들을 정리해 주는 것이다. 또한, 업무 특성에 따라 완성도가 높지 않아도 되는 일들이 있을 경우 빠르게 의사 결정하여 완료될 수 있도록 하는 것이다. 이는 팀원의 새로운 도전과 시도가 지속되게 하는 팀장의 중요한 역할 중 하나이다.

생성형 AI의 잠재력 인식 필자는 팀장들이 생성형 AI를 단순히 업무의 효율성을 높이는 도구로 접근하지 않기를 바란다. 생성형 AI는 우리의 창의력을 자극하고, 과거에는 생각지 못했던 도전을 해볼 용기를 줄 수 있는 것이다.

AI시대의 리더십은 이러한 기술의 잠재력을 인식하고, 팀원들이 이를 적극적으로 활용하여 자신의 역량을 넓혀나갈 수 있도록 격려하는 것에서부터 시작된다. 지금 바로 그 여정을 시작해 보기를 바란다.

포용적 리더십은 AI와 진정한 지능을 활용하여 팀원들의 다양성을 자원화하고, 자율적이고 협력적인 팀 운영을 통해 혁신을 이끌어야 한다. 팀장의 포용성과 특성을 바탕으로 한 조직문화 구축은 팀 프로세스를 통해 협력과 소통을 극대화하는 것이 핵심이다.

제3부

포용성

다양성을 기반으로 한 강력한 팀 구축

김대경 소장

포용적 리더십

1

인공지능 시대,
진정한 지능을 활용한 포용적 리더십

2022년 11월 ChatGPT의 등장과 함께 거대언어모형Large Language Model 기반의 서비스가 촉발한 인공지능Artificial Intelligence의 대중화는 산업현장에 빠르게 침투하며 디지털 전환Digital Transformation을 가속화하고 있다. 2020년 11월 한국개발연구원의 조사에서 국내 기업의 3.6%가 인공지능 기술과 솔루션을 도입했으나, 2024년 3월 한국경영자총협회의 조사에서는 국내 기업의 38%가 회사차원에서 인공지능 기술과 솔루션을 도입했다고 응답했다.[1][2]

인공지능 기술의 발전과 시장의 성장속도는 가히 기하급수적이다. 한국IDC는 2023년 4월에 발표한 '국내 인공지능 시장 전망'에서 2025년 국내 인공지능 시장 규모를 3조4천억원으로 예측했다. 이는 2021년

---

1 한국개발연구원(2020). AI(인공지능)에 대한 기업체 인식 및 실태조사.
2 한국경영자총협회(2024). 주요 기업 AI 도입 실태 및 인식 조사 결과.

9월에 발표한 1조9천억원보다 2배 가까이 신장한 전망이다.[3 4] 이토록 인공지능 서비스가 몰아치는 경영환경에서 팀장은 어떤 역할을 할 것이며, 무엇을 준비해야 하는지 막막하다.

팀장의 역할은 관리자인가, 리더인가? 조직에서 관리자와 리더가 같은 듯 보이지만 그 기능에는 엄연한 차이가 있다.[5] 관리자는 조직을 효율적으로 운영하면서 구성원들이 목표를 달성하고 성과를 예측 가능하게 하며 원활하게 평가 받도록 지원한다. 즉, 일터의 질서와 일관성을 유지하는 결정적인 역할을 한다.[6] 반면, 리더는 비전을 제시하여 조직을 더 발전시키고 변화를 일으키는데 집중함으로써 미래의 업무를 수행할 수 있도록 이끈다. 리더는 구성원이 목적을 향한 여정에 기여하도록 동기부여하고 영감을 불어넣기 때문에 영향력과 설득력이 핵심이다.[7]

관리업무는 '인공' 지능Artificial Intelligence이 주도할 수 있지만 리더십은 '진정한' 지능Authentic Intelligence이 주도해야 한다. 조직관리에서 인공지능의 역할이 점차 확대하는 시대에 팀장의 소양 중 하나로 진정성은 중요한 의미를 갖는다. 인간인 구성원이 포함된 조직은 어떤 결정을 내리든 기계적이거나 인위적이지 않은 인간의 관점에서 실재감을 전달

3 IDC(2021, September). Semiannual Artificial Intelligence Tracker.

4 IDC(2023, March). Semiannual artificial intelligence tracker.

5 Kotter, J.P.(2013, January), Management Is (Still) Not Leadership, *Harvard Business Review.*

6 Kotter, J. P. (2003). What leaders really do. In J. T. Wren (Ed.), *The leader's companion* (pp. 114–123). The Free Press. (Original work published 1995). 〈변화의 리더십〉, 21세기북스, 2003.

7 Yukl, G. (1998). Leadership in organizations. Upper Saddle River, NJ: Prentice Hall. 〈현대조직의 리더십 이론〉, 시그마프레스, 2013.

하는 메시지로부터 동기부여와 영감을 받는다. 그래서 프로세스나 의사 결정에서 자동화를 도입하거나 추진할 때는 '인공' 지능에 관해 논하지만, 인간이 주도하여 일을 처리하거나 의사 결정을 해야 할 때는 '진정한' 지능을 찾는 것이다.[8]

더불어, 팀장으로서 주목해야 할 사회문화적 변화의 키워드는 다양성Diversity이다. 보통은 공정성Equity, 포용성Inclusion을 긴밀히 연결하여 세 개의 개념을 종합한 약어인 'DEI'로 알려져 있다. 다양성은 인간관계와 상호작용에 영향을 미치는 실재하거나 인식된 차이이며, 성별, 연령, 출신지역, 학력, 종교, 장애, 성적 지향 등을 포괄한다. 공정성은 소수자가 성장하며 기여하고 발전할 수 있는 기회를 제공받는 원칙이다. 포용성은 모든 사람이 속할 곳을 찾고 존중받으며 참여할 수 있는 환경이다. 조직 차원에서 다양성은 현상이고, 공정성은 방법이며, 포용성은 결과로 이해할 수 있다.[9] 반면, 팀 차원에서는 다양성을 결과로, 공정성을 원칙으로, 포용성을 실천하도록 이끌어야 한다.

다양성을 도입하는 초기에는 비용만 소진하는 정책으로 외면 받기도 했다. 그러나 경영성과를 개선하는 주요한 개입활동으로 증명되면서 국내에서도 점차 확산하는 추세다. 보스턴컨설팅그룹Boston consulting group은 조직 내 다양성이 클수록 혁신은 많아지고 재무실적도 개선된다고 발표했다.[10] 다양성이 재무성과에 긍정적인 영향을 미친다는 증거

---

8 Cremer, D. (2020). *Leadership by algorithm*. Harriman House. 〈다음 팀장은 AI입니다〉, 위즈덤하우스, 2022.

9 정진호, 조이스박, 주수원, 최효석(2024), 〈DEI시작하기〉, 원앤온리

10 "리더십의 다양성은 어떻게 혁신을 강화하는가". 보스턴컨설팅그룹(2022. 8. 12.)

들은 축적되고 있다.

'다양성은 조직 단위에서 추진하지 않으면 팀 단위에서도 실천하기 어렵다'는 선입견을 가진 팀장에게도 희망이 있다. 국가보다 오랜시간을 꾸준히, 그리고 기하급수적으로 성장한 도시들의 성장 비결이 '다양성'이라는 점에 주목하자. 팀 단위의 조직관리에서도 존중의 전략과 패턴을 내재화하도록 시스템과 문화를 조성함으로써 생존과 성장의 확률을 높일 수 있다. 중앙집권적이고 관료주의적인 문화를 배태하고, 권한을 분산하여 상호작용이 활발하게 일어나도록 촉진하면 다양성을 비롯하여 역동성과 유연성이 작동하는 환경을 조성할 수 있다.[11]

팀장은 경영환경의 변화와 새로운 시대의 요구를 이해하고, 함께 일하는 팀원들과 어떻게 성과를 창출한 것인지 실행방안을 고민한다. 인공지능이 대체하지 못하는 인간적인 리더십의 영향력과 관리도구로서 인공지능의 영향력을 고려하여 팀 운영의 방향을 설정해보자. 다양성 관점에서 팀원들의 경험을 중심으로 상호작용이 일어나 혁신으로 이어지도록 촉진하는 것이 중요하다. 어떤 환경에서, 누구와, 어느 정도의 시간을, 어떤 도구를 활용하여, 어떤 결과를 빚어낼 것인지와 같은 질문에 답할 대비도 필요하다. 이러한 질문들을 현업에 적용할 때 참고할 수 있는 주요 실천사항을 제안한다.

---

11 이재형(2023). 지속가능성-퀀텀점프 비결은 '다양성': 느슨한 결속과 단순한 규칙이 핵심. 동아비즈니스리뷰, 364(3월호 Issue 1).

다양성 수준의 정량적 평가와 모니터링

성과 향상, 혁신 촉진, 경쟁력 강화의 중요한 열쇠인 조직 내 다양성 수준을 평가하고 모니터링하는 과정이 더 빠르고 용이해졌다. 지금까지 정량적 평가는 매우 어려웠지만 인공지능과 데이터 분석 도구의 활용이 편리해지면서 기술적 도입 장벽이 낮아졌다. 이제 데이터에 근거한 팀 운영이 가능해진 것이다. 리더로서 팀의 미래 모습을 구상하고 다양성을 관리하는 측면에서 준비할 사항을 함께 살펴본다.

정량적 평가를 하기 위해서는 다양성 지표 개발 및 수집, 자동화 분석, 데이터 시각화와 보고서 작성, 모니터링과 개선의 4단계 절차를 따른다. 팀 내 다양성 지표는 리더인 팀장이 결정할 사항이다. 경영 철학과 ESG 요건에 합치하도록 팀의 미래 모습을 설계하고 조직의 비전과 연계해야 하기 때문이다. 조직 내 검증된 지표가 있다면 팀에 바로 적용할 수 있으나, 만약 조직 내 다양성 지표가 없다면 외부에서 검증된 지표를 검토하여 채택하거나 조직의 요구에 맞게 개발할 수 있다.

대부분의 조직은 DEI를 도덕적 의무로 인정하고 수익에 도움이 된다고 인식했음에도 불구하고 아직 증거 기반이나 측정 기준을 채택하지 않고 있다. 이는 민감한 개인정보를 다루는 데서 기인하는 법률적 위험과 구성원들의 방어적 태도를 돌파하는 데 어려움을 겪기 때문이다. 따라서 DEI 관련 데이터는 관계법령을 준수하도록 관리규정을 미리 제정해야 한다. 이때 정보를 수집하는 범위와 접근 권한, 보존 정책을 마련하기를 권한다.[12]

---

12 Williams, J. C., & Dolkas, J. (2022). Data-driven diversity: To achieve your

측정하고 관리해야 할 다양성 수준의 지표는 보스턴컨설팅그룹이 제
안한 경영진의 다양성 인식 조사에 필요한 6개 항목인 성별, 나이, 출신
국가, 직업경로, 업계 경험, 학력을 우선 측정해볼 수 있다. 다양성 6개
항목은 모두 혁신과 상관관계가 있었다. 그중에서도 출신국가, 직업경
로, 남녀성비 균형, 경력을 변화시킬 때 가장 유의미한 혜택이 있었고,
나이와 학력은 상대적으로 영향이 미미했다.

팀 단위에서도 문화적 다양성이 높을수록 창의성과 정보 활용 능력
이 높아진다.[13] 성별 다양성이 높은 팀이 단일 성별 팀보다 더 나은 의
사 결정을 내리고, 여성 비율이 높을수록 팀 내 의사소통과 협력이 향
상된다.[14] 연령대가 다양한 팀이 특정 연령대로 편중된 팀보다 창의성
이 높고, 다양한 관점에서 통합하여 혁신적인 아이디어를 더 잘 만들
어낸다.[15]

모든 다양성 요소가 성과와 상관관계가 증명되었다는 점에 착안하여,
우선 6개 항목을 채택한 평가와 모니터링을 시작해보자. 아울러 소속
조직의 고유한 상황에 따라 측정할 항목에 대한 최적의 조합을 찾는 노
력을 병행하면 효율적인 데이터 관리에 편리할 것이다. 원대한 비전을

inclusion goals, use a metrics-based approach. *Harvard Business Review*, 100(2), 112-121.

13 Stahl, G. K., Maznevski, M. L., Voigt, A., & Jonsen, K. (2010). Unraveling the effects of cultural diversity in teams: A meta-analysis of research on multi-cultural work groups. *Academy of Management Journal*, 53(4), 690-709.

14 Hoogendoorn, S., Oosterbeek, H., & van Praag, M. (2013). The impact of gender diversity on the performance of business teams: Evidence from a field experiment. *Journal of Organizational Behavior*, 34(7), 1514-1528.

15 Rear, J. B., & Woolley, A. W. (2021). The aged diversity disruption hypothesis from the Harvard study of adult development. *Nature Human Behaviour*, 5(3), 345-352.

위한 큰 전진보다는 작은 변화를 위한 빠른 한 걸음을 내딛는 편이 유리하다. 파일럿 테스트를 통해 작은 집단을 대상으로 시작하면 개입 활동을 미세 조정하는데에도 도움이 된다.

설령 조직에서 다양성 수준을 측정하거나 모니터링하고 있지 않더라도 팀 단위에서는 위와 같은 6개 항목의 결과 지표를 포함하여 프로세스 지표를 함께 측정하고 모니터링할 수 있다. 프로세스 지표를 활용하면 채용, 평가, 승진 등 구성원 관리 프로세스의 문제를 정확히 찾아낼 수 있다. 프로세스 지표의 예시로는 출신 지역또는 출신 국가별 승진하는 속도, 비슷한 직무에 종사하는 남성과 여성의 급여 차이 등을 참고한다.[16]

프로세스 지표는 특정 그룹에게 능력에 대한 더 많은 증거를 요구하는 '재증명 편향'을 드러낼 수 있으며, 권위 있고 야심찬 행동에 대해 한쪽 그룹은 보상을 다른 쪽 그룹에는 불이익을 주는 '줄타기 편향'을 찾아낼 수도 있다. 특히, 채용의 맥락에서는 지원서 접수, 이력서 검토, 면접, 입사 제안 및 협상의 네 영역에서 다양성 이슈를 식별하고 해결방법을 찾는 데 유용하다.

다양성 수준을 평가할 수 있는 지표를 채택하고 문항을 개발하며, 데이터를 수집하고 분석하는 과정은 성실한 관리자인 인공지능을 활용하면 빠르게 결과물을 얻을 수 있다. 아래 '다양성 수준 평가를 위한 지표와 분석 기법(예시)'를 참고하여 실무에 적용할 수 있다. 아울러, 2024

---

16 "Diversity matters even more: The case for holistic impact". McKinsey & Company(December 5, 2023)

년 7월 기준 데이터 분석과 시각화에 주로 쓰이는 웹 기반의 도구 3개를
'대표적인 데이터 시각화 서비스'에 정리하였다. 직접 사용해보고 팀의
여건에 맞는 도구를 선택해보자.

〈다양성 수준 평가를 위한 지표와 분석 기법(예시)〉

측정방법	측정지표	지수 또는 척도	분석 기법
설문조사	개인 특성	성별, 연령, 국적, 종교, 학력, 경력, 전문성, 장애 유무, 성적 지향 등	머신러닝(빈도, 백분율, 상관, 회귀)
	조직 환경	조직 내 다양성 수준에 대한 인식, 편견 및 차별 경험, 조직 문화, 리더십 스타일, 팀워크 등	머신러닝(빈도, 백분율, 요인, 만족도), 감정분석
	개인 경험	조직 내 다양성 관련 교육 및 개발 프로그램 참여 여부, 다양성 관련 정책 및 절차에 대한 만족도, 조직 내 다양성 관련 문제 경험 등	머신러닝(빈도, 백분율, 만족도, 참여도), 감정분석
인사 시스템	채용 및 승진	채용 및 승진 과정의 다양성 고려 여부, 채용 및 승진 데이터 분석을 통한 다양성 실천 결과 등	머신러닝(빈도, 백분율, 상관, 회귀)
	급여 및 복지	성별, 연령, 국적 등에 따른 급여 및 복지 격차 분석	머신러닝(빈도, 백분율, 인과, 격차)
	교육 및 개발	다양성 관련 교육 및 개발 프로그램 참여 여부, 프로그램 만족도 등	머신러닝(빈도, 백분율, 만족도, ROI)

팀 프로젝트 데이터	팀 구성	팀 구성원의 성별, 연령, 국적, 전문성 등	머신러닝(빈도, 백분율, 교차, 상관), 네트워크 분석
	팀 성과	팀 프로젝트의 성공 여부, 혁신 수준, 고객 만족도 등	머신러닝(빈도, 백분율, 상관, 회귀)
	팀 의사소통	팀 회의록, 채팅 기록, 팀 내 의사소통 패턴, 갈등 수준, 협력 정도 등	네트워크 분석, 주제모델링, 감정분석

〈대표적인 데이터 시각화 서비스〉

서비스명	주요 기능	무료/유료	URL
Tableau	다양한 차트 종류, 데이터 처리 기능, 협업 기능	유료, 무료 버전 제공	https://www.tableau.com
Looker (Google Cloud)	Google 계정 연동, 다양한 차트 및 보고서 제작	무료	https://cloud.google.com/looker
Power BI	마이크로소프트 엑셀 연동, 데이터 시각화 및 분석 기능	유료	https://powerbi.microsoft.com

다양한 배경을 가진 팀원들의 의견 수렴 및 분석, 그리고 통합

다양성은 조직의 혁신, 더 나은 의사 결정, 더 강력한 조직 문화를 촉진하는 전략적 이점이 있다. 장기적인 비즈니스 성공을 달성하기 위해 다양하고 포용적인 조직을 구축하는 편이 유리하다. 이를 위해 구성원의 의견을 적극적으로 수용하는 시스템을 갖추어야 한다. 다양성을 갖춘 팀원들이 있어도 다양성을 실천할 수 있는 기반이 있어야만 팀원들의 견해와 시각을 최대한 활용할 수 있다.

다양한 배경을 가진 팀원들의 의견을 의사 결정에 반영하는데 가장 중요한 요인은 권한을 가진 팀장이 구성원의 신뢰를 얻고 있는지 여부이다. 다양성을 실천하려는 팀장은 구성원들의 의견을 경청하고 건의한 내용을 실행함으로써 구성원이 더 적극적으로 의견을 개진할 수 있는 풍토를 조성한다. 또한, 구성원의 참여를 촉진하고 지속적인 선순환이 유지되도록 인공지능 기술을 적용한 효과적인 시스템을 구축한다.

최근 선도 기업에서 활용하고 있는 인공지능 기술 기반의 서비스를 아래 '인공지능 기술 기반의 구성원 참여와 의사 결정 지원 서비스'에 소개한다. 의견을 수렴하여 분석하고, 통합된 인사이트를 제공하며, 구성원이 의사 결정에 참여할 수 있는 기능이 탑재된 시스템으로 현업에 즉시 적용할 수 있다.

〈인공지능 기술 기반의 구성원 참여와 의사 결정 지원 서비스〉

서비스	기능별 특징	팀 단위 활용	활용 기업
Microsoft Loop (사용자 1억 명 이상)	• 다양한 기능 통합: 문서, 메시지, 태스크, 화상 통화 • 실시간 협업: 문서 동시 편집, 메시지 즉각 전송 • 빠른 의사소통: 댓글, 멘션, 첨부파일 공유 • 효율적인 정보 공유: 태스크 관리, 검색 기능 제공	• 의견 수렴 및 분석: 댓글, 멘션, 첨부파일 공유 • 통합: 여러 기능 통합, 의견 수렴, 분석, 통합, 의사 결정 지원 • 의사 결정 지원: 의견 분석 도구, 태스크 관리 • 구성원 참여 기능: 다양한 기능, 실시간 협업	삼성전자, SKT, 현대카드, KB금융그룹, CJ그룹

Miro (사용자 3천 만 명 이상)	• 시각적 협업: 다양한 도구, 템플릿, 스티커 활용 • 브레인스토밍 지원: 아이디어 자유롭게 표현, 연결, 구성 가능 • 프로젝트 플래닝: 로드맵, 칸반 보드, 타임라인 제작 • 팀워크 강화: 공동 작업, 의견 공유, 의사 결정 지원	• 의견 수렴 및 분석: 템플릿, 도구 활용, 댓글, 스티커 • 통합: 다양한 도구 활용, 아이디어 연결, 구성, 통합 • 의사 결정 지원: AI 기반 분석 도구, 투표 기능 • 구성원 참여 기능: 다양한 도구, 시각적 협업	Spotify, Airbnb, Netflix, IBM, NASA
IdeaScale (사용자 1천 만 명 이상)	• 아이디어 수집 및 관리: 다양한 채널 통해 아이디어 수집, 관리 • 토론 및 투표: 아이디어에 대한 토론 및 투표 지원 • 우선순위 결정: 투표 결과 기반 우선순위 결정 • 분석 및 보고서: 아이디어 분석 및 보고서 제공	• 의견 수렴 및 분석: 다양한 채널 활용, 아이디어 수집, 관리 • 통합: 아이디어 관리, 토론, 투표, 분석 기능 통합 • 의사 결정 지원: 투표 결과 기반 우선순위 결정, 분석 및 보고서 • 구성원 참여 기능: 다양한 채널, 토론, 투표 지원	Google, Intel, Salesforce, PepsiCo, Siemens

도구는 시작하는 두려움을 극복하고, 계속 시도하는 동력을 유지하는데 도움이 될 뿐 효과적인 실행을 담보하지 못한다. 91%의 조직에서 다양성 관련 프로그램을 마련하고 있었지만, 실제 도움이 됐다는 응답이 27%에 불과했다는 연구 결과를 참조해야 한다.[17] 다양성을 더욱 촉진하고, 다양한 배경을 가진 팀원들이 혁신 노력을 재구성하는데 도움을 주는 지원요인은 다음과 같다.

• 동일 직무에 동일 임금을 지급하는 것과 같은 공정한 고용 관행
• 서로 다른 의견을 경청하고 존중받는 참여적 리더십
• 팀장이 주도하는 다양성에 대한 전략 집중

---

17 "Getting the Most from Your Diversity Dollars". Boston Consulting Group(June

- 개방적이고 빈번한 커뮤니케이션
- 새로운 아이디어에 대해 개방적인 문화

팀장이 도구에만 의존하고 그 뒤에 숨어 있어서는 구성원의 의견을 온전히 들을 수 없다. 강한 의지를 가지고 수시로 구성원의 의견을 청취하는 자리를 마련해야 한다. 정기적인 1대1 면담, 팀 단위의 정례 운영 협의회, 팀장에 대한 360도 다면 피드백, 정례 고충처리 간담회, 일하는 방식에 대한 레드팀 운영, 팀 이벤트에 대한 수시 설문조사 등 다채로운 매체와 방법을 활용하여 구성원의 의견을 끌어내려 노력해야 할 것이다.

인공지능을 활용하여 편향 없는 채용·승진 과정을 설계하고 실행

만약 정교하게 프로그램한 인공지능의 평가만으로 승진 평가의 결과가 부적격이라고 판정되었다면 팀장인 당신은 평가 대상인 구성원에게 자신 있게 결과를 통보할 수 있는가? 만약 당신이 인공지능의 인사평가 결과에서 최하점을 받았다면 수용할 수 있는가? 반대로 권한이나 권위 있는 사람이 개입하거나 의사 결정한 평가의 결과라면 어떤가? 알고리즘 기반의 인공지능을 활용한 실험 연구에 따르면 사람들은 인공지능의 조언을 사람의 조언보다 더 선호하는 것으로 밝혀졌다.[18] 이 실험은 인

21, 2017)

18 Jennifer M., Julia A. M., & Don A. M.(2019). Algorithm appreciation: People prefer algorithmic to human judgment, Organizational Behavior and Human

공지능의 결정에 대한 수용도를 가늠하는 데 참고할 만하다.

인공지능은 상황과 맥락에 대해 주어진 정보를 바탕으로 학습하고 작동한다. 반면, 인간은 특정 행동이 일어나는 맥락을 파악하며 그 너머까지 추론할 수 있다.[19] 인공지능과 인간에게 적합한 업무가 다르다는 점을 인지하고 그에 적합한 역할을 담당하도록 편성해야 더 효과적이다.

그럼에도 불구하고 인간은 합리적인 관리의 책임을 오롯이 지고 있다. 인간이 인공지능을 피상적으로 관리하고 일상적인 감시에 주의를 기울이지 않으면 기술의 역풍을 맞을지 모른다. 생성형 인공지능이 인종 차별을 감지하지 못하고 오히려 고도화하는 현상에 경각심을 가지고 대응해야 한다.[20] 기술을 우선시하고 맹신하려는 태도를 경계할 필요가 있다. 조직에서는 위험을 회피하기 위해 인공지능 기술을 제한적으로 사용하고, 인공지능의 사용에 관한 규정과 지침을 마련하여 미연의 사고를 방지해야 할 것이다.

인공지능 기반 채용 도구는 직무 기술서와 채용 자료를 분석하여 무의식적인 편견을 식별하고 제거하므로 더 광범위하고 다양한 지원자 풀을 확보할 수 있다. 또한, 이러한 도구는 이력서에서 인구통계학적 정보를 수정하여 후보자가 자신의 기술과 자격에 대해서만 평가할 수 있도록 하여 블라인드 채용 프로세스를 지원할 수도 있다.

인재 관리에서 인공지능 시스템은 직장 내 상호 작용과 피드백을 모

Decision Processes

19 Mitchell, M. (2019). *Artificial intelligence: A guide for thinking humans.* Farrar, Straus and Giroux.

20 "AI의 인종차별은 사람보다 더 은밀하고 견고하다". 한겨레(2024. 4. 29)

니터링하여 잠재적인 편견이나 차별 영역을 정확히 찾아낸다. 그리고 팀장에게 보다 포용적인 환경을 조성하기 위한 통찰력을 제공한다. 공통 관심사 또는 경력 목표를 기반으로 다양한 배경의 직원을 연결하고 포용하면서 협업하는 문화를 조성함으로써 멘토링과 네트워킹 기회를 촉진할 수 있다.[21]

기업들 사이에서 인공지능 기술을 활용한 승진 평가 시스템이 주목받고 있다. 인공지능을 활용하여 공정한 승진 과정을 실현하며, 객관성과 투명성을 높일 수 있기 때문이다. 이 시스템은 객관적이고 투명한 평가를 통해 편견 없는 승진 과정을 구현할 수 있다는 점에서 높은 관심을 받는다.

인공지능 기반 승진 평가 시스템의 도입을 위해서는 먼저 명확한 평가 기준과 지표를 설정해야 한다. 이를 위해 업무 성과, 리더십 역량, 혁신성 등 다양한 요소를 고려한 평가 모델을 구축할 수 있다. 딜로이트 Deloitte는 최신 인적자원 트렌드 보고서에서 "인공지능 시스템을 활용한 기업들은 승진 과정에서 35% 더 높은 객관성을 달성했으며, 이는 과거 승진 사례와 성과 데이터를 인공지능에 학습시켜 평가 기준을 마련한 결과"라고 밝혔다.[22]

또한 인공지능 시스템은 구성원들의 일상적인 업무 수행 과정에서 발생하는 다양한 데이터를 수집·분석하여 지속적인 평가를 진행한다. 이를 통해 특정 시점의 실적이나 상사의 개인적 견해에 좌우되지 않는 종

21 "How AI Can Be Leveraged For Diversity And Inclusion". Forbes(November 19, 2023)
22 Deloitte(2024). *Global Human Capital Trends 2024*. Deloitte Insights.

합적인 평가가 가능해진다. 그러나 인공지능 시스템 도입에 앞서 윤리적 고려 사항도 간과해서는 안 된다. 채용 과정에서 대두되는 문제와 같이, 알고리즘의 편향성을 지속적으로 모니터링하고, 필요시 인간 전문가의 검토 과정을 거치는 등의 보완책이 필수적임을 상기해야 한다.[23]

국제노동기구ILO, International Labor Organization는 알고리즘이 포착하지 못하는 인간적인 요소들이 있을 수 있으며, 인공지능 평가와 인간 평가의 적절한 조화가 필요하다고 강조한다. 즉, 인공지능 시스템은 인간 평가자를 완전히 대체하는 것이 아니라 보조하는 도구로 활용되어야 하며, 최종 의사 결정은 여전히 인간의 몫으로 남을 것이다. 인공지능 기반 승진 평가 시스템의 성공적인 도입을 위해서는 구성원들의 이해와 동의가 필수적이다. 기업들은 시스템의 투명성을 높이고, 구성원들과의 지속적인 소통을 통해 신뢰를 쌓아가는 노력을 기울이고 있다.

인공지능 기술을 활용한 승진 과정의 혁신은 단순히 기술 도입의 문제가 아니다. 조직 문화와 인사 철학의 변화를 수반하는 과제다. 더불어 공정성과 효율성, 인간성의 조화를 어떻게 이뤄낼지가 앞으로의 과제로 남아 있다.

인공지능이 관리자의 역할을 수행하고 팀장이 리더십 역할에 충실할 때, 인공지능이 과연 인간이 수행하는 관리자의 모든 업무를 대체할 수 있을까? 인공지능 관리자의 많은 역할을 수행하고 팀장이 리더십에 집중하더라도, 가까운 미래에 인공지능이 인간의 모든 일을 완전히 대체

---

23 Johnson, A. (2023). Ethical considerations in AI-driven HR processes. *MIT Technology Review*, 126(4), 45-52.

하기는 어려울 것으로 보인다. 대신, 인공지능과 인간이 각자의 강점을 살려 협력하는 모델이 더욱 현실적이고 효과적일 것이다. 조직은 이러한 변화에 적응하며, 인공지능의 장점을 최대한 활용하면서도 인간 고유의 가치를 유지하는 균형을 찾아야 할 것이다.

2

팀장 없는 조직의
포용적 팀 운영 방법

선도기업들이 애자일Agile 경영방식을 도입하면서 전통적인 팀제를 대신하여 변화에 적응하는데 유리하고 보다 유연한 조직체계로 일하는 방식이 확산했다. 그래서 현대 조직에서 '팀장 없는 조직'이라는 개념은 점점 더 주목받고 있다. 팀장 없는 조직을 이해하기 위해 지휘Command, 팀의 지휘Command of Teams, 그리고 팀의 팀Team of Teams의 리더십 모델을 살펴보자.

'지휘'는 전통적인 리더십의 가장 기본적인 형태로, 리더가 중심이 되어 지시와 결정을 내리고 구성원들은 이를 수행한다. 이 접근법은 명확한 지휘 체계와 엄격한 계층 구조를 갖춘 조직에서 자주 볼 수 있다. 예를 들어, 군대는 생사가 걸린 극한 상황에서 명령이 곧 생명줄과 같기 때문에 명령 중심의 리더십이 절대적으로 필요하다.

'팀의 지휘'는 여러 팀이 하나의 지휘관 아래에서 작동하는 구조를 말한다. 각 팀은 특정한 목표를 달성하기 위해 지휘관의 지시에 따라 움직인다. 이 방식은 여전히 중앙 집중적인 결정 구조를 가지고 있으며, 각 팀은 상위 리더의 명령에 의존한다. 대기업의 전통적인 사업부 구조가 이에 해당한다.

'팀의 팀'은 스탠리 맥크리스탈Stanley A. McChrystal 장군이 자신의 책 〈팀 오브 팀스〉에서 소개한 현대적인 리더십 모델이다. 조직은 서로 연결된 팀의 네트워크로 구성되며, 각 팀은 상당한 자율성을 가진다. 이 모델은 빠르게 변화하는 환경과 복잡한 문제에 더 효과적으로 대응할 수 있도록 설계되었다. 예를 들어, IT 회사들은 이러한 모델을 도입하여 빠른 기술 변화와 시장의 요구에 신속하게 대응하고 있다.

〈팀의 조직 구조〉

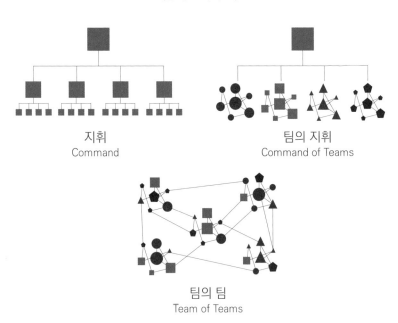

지휘
Command

팀의 지휘
Command of Teams

팀의 팀
Team of Teams

팀장 없는 조직의 리더십 모델은 팀의 팀을 기반으로 하면서도, 각 구성원의 자율성과 창의성을 극대화하는 데 중점을 둔다. 홀라크라시 Holacracy와 같은 관리 체계에서 영감을 받았으며, 구성원 각자가 리더의 역할을 수행하며, 팀 전체의 목표 달성을 위해 협력한다.

인구 구조의 변화, 글로벌화, 그리고 팀장 없는 조직과 같은 경영 환경의 변화는 조직 내 구성원의 다양성을 증대시키는 압력으로 작용한다. 여기에 포용적 리더십을 발휘하면 조직의 다양성은 더욱 커질 것이다. 그리고 다양성의 확장이 조직의 성과 향상으로 이어질 것으로 기대된다.

보스턴컨설팅그룹은 디지털 기술을 더 강조하는 기업들의 경우 다양성과 혁신 사이에 훨씬 더 큰 상관관계가 있음을 발견했다. 특히, 이 연구에서는 기업들이 영업비 대비 디지털 기술에 어느 정도 비중으로 투자하는지 살펴봤다. 그 결과를 낮은 투자5%, 중간 투자50%, 높은 투자 95%의 세 가지 카테고리로 분류했다. 디지털 투자에서 가장 높은 비율에 속한 기업들은 다양성과 혁신수익 사이의 상관관계가 가장 강력했다.[24]

인공지능 혁명의 물결로 인해 기업 환경에서 수평적 조직 구조와 포용적 팀 운영은 더 이상 선택이 아닌 필수이다. 급변하는 시장 환경에 대응하고 혁신을 추구하기 위해 전통적인 수직적 구조에서 벗어나 새로운 조직 문화로의 변모를 요구한다.[25]

---

24 보스턴컨설팅그룹(2018). 리더십의 다양성은 어떻게 혁신을 강화하는가.

25 김태희(2021). 조직의 다양성과 성과의 관계: 포용적 리더십의 조절효과. 한국조직학회보, 18(3), 1-34.

과거의 위계적이고 권위적인 조직 구조는 더 이상 효과적이지 않다. 팀장 없는 조직, 즉 팀원 모두가 리더 역할을 수행하는 조직 구조가 주목받고 있다. 팀장 없는 조직은 팀원들의 참여도와 창의력을 높이고, 의사 결정 속도를 빠르게 하며, 조직 전체의 혁신을 촉진하는 것으로 알려져 있다. 하지만 팀장 없는 조직을 성공적으로 운영하기 위해서는 신중한 준비와 노력이 필요하다. 팀장 없는 조직을 효과적으로 운영하는 세 가지 핵심 전략을 중심으로 실제 현업에서 실천했던 구체적인 사례를 소개한다.

책임을 분산하는 '수평적 조직' 전환

팀원들에게 의사 결정, 문제 해결, 프로젝트 관리 등의 권한을 과감하게 부여하는 용기가 필요하다. 한국노동연구원의 조사에 따르면, 중견기업의 73%가 수평적 조직 구조로의 전환을 고려하고 있으나, 실제 실행에 옮긴 기업은 18%에 불과하다.[26] 이는 변화의 필요성은 인지하고 있지만, 구체적인 실행 방안을 마련하는 데 어려움을 겪고 있음을 보여준다.

권한 부여를 받은 팀원들은 책임감을 강하게 느끼고, 능동적인 행동을 보인다. 따라서 팀장은 없으나 지원 조직 또는 스폰서로 임원가 업무 지원이나 후원을 제공해야 한다. 성과 기반으로 평가하고 보상받는다는 믿음을 주는 것도 중요하다.

---

26 한국노동연구원(2023). 중견기업의 조직구조 변화에 관한 조사.

무엇보다 팀원들에게 필요한 지식과 기술을 습득할 수 있도록 다양한 교육 및 훈련 프로그램을 제공하는 것이 전제되어야 한다. 팀 내 모든 정보가 투명하게 공개되는 업무 환경을 조성하며, 누구라도 원하는 정보에 실시간으로 접근하도록 업무시스템을 구축해야 한다. 실무를 처리할 역량이 부족한 상태에서, 업무 지원이나 후원마저 없이, 정보에 접근조차 할 수 없는, 그야말로 조직에 방임된 팀원은 빠르게 무력감을 느끼고 조직을 이탈할 수 있으니 각별히 주의해야 한다.

조직 구조를 수평적으로 전환할 때, 포용적 리더십의 중요성은 더욱 강조된다. 포용적 리더십은 다양성을 존중하고, 개개인의 의견을 경청하며, 모든 구성원이 참여할 수 있는 환경을 조성하는 것을 목표로 한다. 이는 팀원들이 자신의 역량을 최대한 발휘할 수 있도록 돕는 동시에, 조직 전체의 혁신과 성장을 촉진한다.

팀장 없는 조직의 성공적인 운영을 위해서는, 조직 문화의 변화뿐만 아니라, 팀원들의 역량 강화와 지속적인 지원이 필수적이다. 이는 조직의 지속 가능한 성장과 경쟁력 강화에 기여할 것이다.

구성원의 의견을 수렴하는 '의사 결정 참여'

팀원들의 의견을 수렴하고, 이를 적극적으로 의사결정에 반영해야 한다. 한국경영자총협회의 2023년 보고서에 따르면, 중견기업 구성원의 62%가 자신의 의견이 회사 의사 결정에 반영되지 않는다고 느끼는 것으로 나타났다.[27] 팀원들이 모두 심리적 안전감을 기초로 자신의 의견이 충분히 받아들여지도록 리더십과 제도를 정비할 필요가 있다. 나아가 수렴한 의견이 정책과 상품에 반영될 수 있다는 기대감을 갖도록 충분한 피드백을 주어야 한다.

사업부나 팀에 배정된 복리후생 관련 예산을 어떻게 집행할지 의사 결정에 참여하는 기회를 제공해보자. 이렇게 작고 사소하지만 결과를 바로 확인할 수 있는 업무의 의사 결정부터 시작해보기를 권한다. 작은 단위의 일이기 때문에 조직 차원에서 실행하는 비용과 위험을 최소화할 수 있는 장점이 있다.

또한, 팀원이 익명으로 의사 결정에 참여하게 하면 심리적 부담을 줄여 참여를 촉진할 수 있다. 의사 결정의 참여가 많아지고 운영 방식이 성숙하면, 조직 전체의 이벤트, 제도, 보상 방안 등에 의견을 개진할 수 있는 기회를 제공한다. 절차와 예상 결과를 미리 알려 예측이 가능하도록 운영하면 더 적극적인 참여를 유도할 수 있다.

온라인 투표 시스템이나 조사 웹페이지를 적극 활용하면 효율적으로 의견을 수렴하여 운영의 묘를 살릴 수 있다. 신속한 분석과 보고까지 챙길 수 있는 장점도 있다. 이와 같은 실천은 추후 합의 기반의 의사 결정 모델이 작동하는 조직문화를 구축하는데 밑거름이 될 것이다.

---

27 한국경영자총협회(2023). 2023년 중견기업 조직문화 실태조사.

구성원의 역량이 돋보이는 '성과 공유 플랫폼'

팀원들이 서로 협력하고, 지식을 공유할 수 있도록 지원하는 시스템을 마련해야 한다. 딜로이트는 2024년 글로벌 인적자원 트렌드 보고서에서 팀원들의 고유한 강점을 활용하는 대한민국 기업은 30%에 불과하다고 밝혔다. 이는 기업 안에서 팀원들이 마음껏 자신의 능력을 펼칠 수 있는 장이 마련되지 않았음을 보여준다.

가장 먼저 팀원 모두가 어떤 기술과 경험을 가지고 있는지 알 수 있도록 공개하는 공간과 기회를 제공한다. 팀원들이 기술과 경험에 대해 소개하는 발표를 하도록 이벤트를 추진할 수 있고, 즉시 열람할 수 있는 목록을 만들수도 있다. 수집한 목록과 발표 자료와 같은 결과물을 공유 드라이브, 클라우드 저장소, 웹 기반 협업 게시판에 업로드한다. 이때 개인정보의 이슈가 없도록 주의하고, 필요하다면 사전 동의서를 받아야 한다.

이렇게 되면 조직 내 프로젝트를 추진할 때 자연스럽게 함께 일할 팀원들의 역량을 고려하여 팀을 스스로 꾸리고 협업을 제안하고 받을 수 있다. 특히, 팀이나 사업의 구분으로 불필요하게 생성된 경계에 관계 없이 누구나 아이디어나 사업을 제안하도록 독려하는 경영진의 리더십까지 더해진다면 기대 이상의 결과를 만날 수 있을 것이다. 프로젝트의 성과를 공유하는 것도 잊지 말자. 시작과 끝을 함께 하는 공동의 경험은 팀의 결속력을 강하게 할뿐만 아니라 소속감을 높이는데에도 기여하기 때문이다.

나아가 팀원들의 기술과 경험을 조직의 자산으로 축적하게 된다. 지식 공유를 통해 전체 팀의 역량을 강화하는 효과도 기대할 수 있다. 이는 팀원들이 조직 내에서 자원을 찾고 활용하는데 자신감을 갖도록 촉진함으로써 팀원들의 자원감을 확대할 것이다.

팀장 없는 조직의 포용적 운영은 단순히 조직도를 평평하게 만드는 것이 아니라, 모든 구성원의 잠재력을 최대한 끌어내는 것에서 시작한다. 위에서 제시한 방법들은 현업에서 즉시 실천할 수 있는 구체적인 방안들이다. 이러한 변화는 단기간에 이루어질 수 없으며, 지속적인 노력과 조정이 필요하다. 그러나 이를 통해 얻을 수 있는 혁신과 성장의 잠재력은 그 어떤 투자보다도 값진 결과를 가져올 것이다.

팀장 없는 조직이란 결국 모든 구성원이 리더가 되는 조직을 의미한다. 이는 단순한 구조의 변화가 아닌, 기업 문화와 가치관의 근본적인 전환을 요구하는 과정이다. 이러한 변화야말로 조직이 미래의 불확실성에 대응하고, 지속 가능한 성장을 이룰 수 있는 핵심 전략이 될 것이다.

3

다양성을 자원화하는
포용성 실천 사례

조직은 다양한 배경을 가진 구성원들의 지식과 경험을 조직의 자산으로 활용하여 경쟁력을 강화하고자 한다. 하지만 단순히 다양한 인재를 채용하는 것만으로는 충분하지 않다. 다양성을 진정으로 포용하고 이를 조직의 핵심 자산으로 만드는 것이 중요하다. 이러한 새로운 패러다임의 핵심은 바로 다양성을 자원화하는 포용성 실천이다.

다양성을 자원화하는 포용성 실천은 조직 내 구성원들의 다양한 문화적 배경, 전문 지식, 가치관 등을 존중하고 활용함으로써 혁신을 촉진하고, 경쟁력을 강화하며, 지속가능한 성장을 이뤄낼 수 있도록 하는 전략이다. 딜로이트의 보고서에 따르면, 다양한 팀은 혁신적 사고를 촉진하며, 다양한 관점의 결합으로 더 나은 문제 해결을 가능하게 한다.[28] 또한, 카탈리스트Catalyst의 연구에서는 포용적인 리더십이 구성원들의

---

28 Bourke, J., & Dillon, B. (2016). The six signature traits of inclusive leadership: Thriving in a diverse new world. *Deloitte Insights*.

참여도를 높이고, 조직 내 긍정적인 문화를 형성하는 데 중요한 역할을 한다고 강조하고 있다.[29]

한국의 중소기업들도 이러한 글로벌 트렌드를 따르고 있다. 특히, 다양한 배경을 가진 인재들이 모여 일하는 환경을 조성하고, 이를 통해 경쟁력을 강화하려는 노력이 두드러진다. 예를 들어, IT 기업인 비트나인 Bitnine은 다문화 배경을 가진 구성원들을 적극 채용하고, 이들의 경험과 지식을 바탕으로 혁신적인 프로젝트를 진행하고 있다. 이는 단순히 숫자로만 채운 인력 다양성을 넘어서, 조직의 성장과 발전에 기여하는 핵심 요소로 작용하고 있다.

다양성을 자원으로 활용하기 위해서는 조직 내 모든 구성원이 서로의 차이를 존중하고, 이러한 차이가 조직의 성공에 어떻게 기여할 수 있는지를 이해하는 것이 중요하다. 이를 위해 정기적인 교육과 워크숍을 통해 구성원이 서로의 차이와 공통점을 이해하도록 증진하는 개입 활동이 필수적이다.

다양성과 포용성을 조직의 핵심 자산으로 활용할 때, 기업의 경쟁력을 강화하는데 더욱 유리하다. 이를 위해 체계적인 프로그램 개발, 정기적인 워크숍과 팀 빌딩 활동, 그리고 정책과 프로세스의 도입을 적극적으로 고려할 필요가 있다. 궁극적으로, 다양성과 포용성을 통해 조직은 더 혁신적이고 경쟁력 있는 기업으로 성장할 수 있을 것이다.

---

29 Prime, J., & Salib, E. (2014). *Inclusive leadership: The view from six countries.* Catalyst.

다양한 문화적 배경과 전문 지식을
조직의 자산으로 활용하는 프로그램 개발

다양한 배경을 가진 구성원들의 지식과 경험을 조직의 자산으로 활용하기 위해서는 체계적인 프로그램이 필요하다. 예를 들어, 삼성전자는 다양한 문화적 배경을 가진 구성원들이 자신의 문화를 공유할 수 있는 '문화의 날'을 매달 개최하고 있다. 이 프로그램은 구성원들 간의 이해를 높이고, 다양한 시각을 업무에 반영할 수 있는 기회를 제공한다. 또한, 기업 내 전문가들이 자신의 전문 지식을 공유하는 세미나를 정기적으로 개최하여, 전체 조직의 역량을 강화하고 있다.

이러한 프로그램은 조직 내에서 다양성이 단순한 개념이 아닌 실질적인 자산으로 작용할 수 있도록 돕는다. 특히, 다문화 팀이 협업하는 프로젝트에서는 다양한 시각이 결합되어 혁신적인 아이디어가 도출될 가능성이 높다.

또한, 이러한 프로그램을 통해 구성원들은 서로의 배경과 경험을 존중하고 이해하는 문화를 형성할 수 있다. 이는 조직 내에서 신뢰와 협력의 분위기를 조성하는 데 중요한 역할을 한다. 결국, 다양성을 자산으로 활용하는 프로그램은 조직의 장기적인 성장과 성공에 기여할 것이다. 다음에 제시하는 프로그램을 우선 고려해보자.

첫째, 팀 내 프로그램으로 구성원의 배경에 대한 이해를 높이고, 구성원의 문화적 차이를 효과적으로 소통하고 협력하는 방법을 개발한다. 이러한 프로그램은 교육, 워크샵, 밋업 등의 방식으로 운영할 수 있다. 팀 구성원의 전문성을 바탕으로 주 또는 월단위로 지식 나눔 세션을 운영하거나, 연 단위의 기념식이나 워크샵, 정기 행사를 다양한 구성원이 준비하게 하면 세대, 성별, 지식과 경험의 다양한 배경을 팀 내에서도 경험할 수 있다.

둘째, 일 경험 프로그램으로 다른 지역에 위치한 지사에서 근무하거나, 해외 프로젝트에 참여하는 등의 경험을 통해 조직 내 다양한 업무 환경과 요구 사항을 파악할 수 있도록 지원한다. 이러한 프로그램은 참여자들이 다양한 문화와 비즈니스 환경에 대해 배우며, 더 넓은 네트워크를 구축하는 기회를 제공한다. 다만, 한국의 상황에서는 다양성이 글로벌 이슈이기 보다는 세대와 부서간 협업의 이슈가 많은 점을 염두에 두어 프로그램을 설계한다.

셋째, 다양성 멘토링 프로그램은 다양한 문화적 배경이나 전문성을 가진 구성원들이 멘토링을 통해 경험과 지식을 공유하고, 서로에게 배우는 프로그램이다. 이러한 프로그램은 조직 내 다양성을 증진하고, 구성원들의 역량을 개발하며, 조직 문화를 개선하는 데 효과적인 방법이다. 멘토링 프로그램은 유형에 따라 1:1 멘토링, 그룹 멘토링, 온라인 멘토링, 리버스 멘토링, 크로스 멘토링으로 구분한다. 이 중 시니어 구성원이 젊은 구성원에게 멘토링을 받는 방식인 리버스 멘토링과 서로 다른 부서나 직급의 구성원들이 멘토링을 제공하는 크로스 멘토링에 주목해보자. 멘토링 프로그램은 참여한 구성원의 역량과 리더십을 개발하는데 효과적이며, 동시에 개인의 다양성 수용과 조직의 다양성 문화를 증진하는데 기여한다.

대한민국의 조직은 동질성과 집단주의에 바탕을 둔 인사 관행에서 민주화와 개방, 다양성이 증가하는 환경으로 전환하고 있다. 무엇보다 여성 임원의 비율이 낮고, 리더가 동질적인 집단으로 구성되어 질적 다양성이 부족한 현실이다. 또한, 성별 갈등과 세대 갈등이 다른 다양성의 문제보다 크게 부각되어 조직 차원에서 학습과 통합을 주도하면서 전략적 변화를 이끌어야 한다.

다양성과 포용성을 강화하는 제도와 실천

인사관리 방식은 다양성을 확대하면서도 차이에 대한 감수성을 높이고 존중해야 한다. 평등한 기회를 제공하고 포용함으로써 개인의 역량 발휘와 조직 차원의 상호 협동이 가능하도록 다양성에 친화적인 방식으로 변화해야 한다. 차이에 대한 편견을 제거하고, 공정하고 열린 자세로 차이를 환영하며, 다양한 인력이 자존감과 효능감을 갖고 과업 수행과 대인관계를 유지하고, 조직 목표를 공유하고 상호협동과 조정이 원활하게 이뤄지는 분위기 형성이 긴요하다. 다양성 관리가 성공적으로 이뤄지기 위해서는 최고경영진의 역할, 다양성 관리 책임자 활용 등 변화를 주도할 새로운 리더십이 필요하다.[30] '다양성 친화형 제도'에서 제시한 다양성 관리에 효과적인 인사제도를 참고하여 팀 단위에서 시행할 다양성 친화형 제도를 구상해보자.

---

30 성상현(2022). 한국 기업의 다양성관리 현황과 발전 방향. *인사조직연구, 30*(3), 79-106.

〈다양성 친화형 제도〉

구분	인사제도
채용	• 리크루터와 면접위원에 대한 차별 방지 및 다양성 관련 교육 정도 • 리크루터와 면접위원 구성의 다양성 정도 • 지원자 인력 구성 대비 선발된 인력 구성의 편중 여부 • 다양한 배경의 인력을 채용하려는 노력 정도(예: 이공계 여성 인력 채용)
교육훈련	• 교육 투자(비용 및 시간) 배분의 형평성 • 다양성 인식 교육(예: 성인지 교육. 장애 인식 개선 교육) • 이문화에 대한 이해와 적응 및 이문화간 의사소통 교육 • 소수 인력 및 비동질적 집단을 위한 맞춤형 프로그램 및 경력 개발 • 포용적 리더십 개발
배치 및 승진	• 인력 구성 비율 대비 관리자(고위직) 승진 비율(유리천장) • 직종별 종사자의 특정 집단 배제 또는 쏠림 여부(유리벽) • 다양한 인력의 직무 수행 가능성을 높이는 직무 설계
평가	• 평가 기준 기술 방식의 편견 제거 정도(예: 성인지 감수성 반영) • 소수 집단을 고려한 평가 운영
보상	• 집단 간 임금격차의 타당성(예: 성별 임금격차. 외국인 임금수준) • 직무. 역량. 성과와 무관한 차이로 인한 차별적 대우 정도 • 집단성과급제(성과에 대한 공동 책임과 보상)
근무방식	• 근무 시간과 장소의 유연성(예: 성별. 연령대별 선호도 차이 반영 가능) • 소수집단의 유연근무제 사용 정도

△ 출처 - 성상현(2022). 한국 기업의 다양성관리 현황과 발전 방향. 인사조식연구, 30(3) 92-93.

아울러, 다양성 풍토diversity climate를 형성하기 위해 조직의 현재 수준을 진단하고 향후 정책과 프로세스를 개발하는 출발점을 설정할 수 있다. 이를 위해 조직 구성원들에게 '다양성 풍토 진단 문항'의 질문들을 던져 볼 수 있다. 최신 연구와 설문조사를 바탕으로 한 이 질문들은 조직의 다양성 풍토를 평가하는 데 유용하다.

〈다양성 풍토 진단 문항〉

번호	문항	평가 요소
1	조직 내 다양한 배경을 가진 사람들(예: 성별, 인종, 연령, 성적 지향 등)이 존중받고 있다고 생각하십니까?	다양성에 대한 인식
2	팀 회의나 프로젝트에서 다양한 의견이 충분히 반영된다고 느끼십니까?	포용성에 대한 경험
3	조직 내에서 승진이나 중요한 프로젝트 참여 기회가 공정하게 제공된다고 생각하십니까?	공정한 기회 제공
4	조직에서 다양성과 포용성을 증진하기 위한 교육 프로그램에 참여한 적이 있습니까?	교육과 훈련 프로그램
5	조직의 리더들은 다양성과 포용성을 적극적으로 지지하고 있습니까?	리더십의 역할
6	다양성과 포용성에 관한 의견이나 제안을 조직에 제출한 적이 있으며, 그에 대한 피드백을 받은 적이 있습니까?	피드백과 개선 과정
7	최근 몇 년 동안 조직 내 다양성과 포용성에 대한 인식이나 행동이 변화했다고 느끼십니까?	조직 문화의 변화

8	조직의 리더십 팀에는 다양한 배경을 가진 사람들이 포함되어 있습니까?	다양한 배경을 가진 리더십
9	조직은 다양한 배경을 가진 구성원들이 자신의 업무를 효과적으로 수행할 수 있도록 지원하고 있습니까?	업무 환경과 지원
10	조직의 정책과 절차는 다양성과 포용성을 촉진하는 방향으로 설계되어 있습니까?	조직의 정책과 절차

조직의 다양성 풍토를 진단하는 것은 다양성과 포용성을 강화하기 위한 첫 단추이다. 위의 질문들을 통해 조직 내 다양한 측면을 평가하고, 이를 바탕으로 구체적인 개선 방안을 마련할 수 있다.

다양성과 포용성을 제도화하고 문화로 정착시킨 성공적인 사례로 CJ제일제당의 경험을 살펴보자. 지난 10년 동안의 조직문화 개선의 경험을 바탕으로 새로운 세대 구성원 유치와 글로벌 경쟁력 강화를 위해 새로운 방향으로 변화해야 할 필요성을 감지하여 추진한 사례이다. 아울러, 세대 갈등과 성별 갈등을 해소할 단서를 발견해볼 수 있다.

CJ제일제당은 최근 다양성을 존중하고 포용하는 기업문화 조성을 위해 과감한 조직 문화 변화를 추진하고 있다. 이 변화는 단순히 일하는 방식의 변화가 아닌, 근본적인 가치관과 사고방식의 전환하고자 문화를 바꾸는 제도와 실천을 포함한다.

CJ는 2000년 국내 대기업 최초로 '님' 호칭을 도입했다. 수평적 호칭 '님' 도입을 통해 직급에 따른 위계적 관계를 해소하고, 구성원 간의 자유롭고 평등한 소통을 촉진한다. 또한, 일상적인 말, 몸짓, 행동에서 드러나는 위계적인 표현이 남아 있는 미시적 문화micro culture까지 개선하기 위해 노력하고 있다.

나아가 개방적이고 협력적인 조직문화 조성에 박차를 가하고 있다. 상하관계보다는 협력관계를 강조하며, 구성원들의 의견을 적극적으로 수렴하고 참여를 유도한다. 최고경영진 역시 파워 시그널power signal을 지양하고, 수평적 커뮤니케이션을 통해 조직 문화 변화를 주도하고 있다.

CJ의 사례에서 발견했듯, 변화는 작은 행동에서 시작한다. 즉 팀의 문화는 팀장의 주도로 바꿀 수 있다는 자신감이 무엇보다 필요하다. 팀장에게 주어진 권한과 예산 안에서 팀의 다양성을 높이고 포용적인 문화를 만드는 제도와 실천에 대한 아이디어를 찾아보자. 다양성은 팀장 혼자만의 과제가 아닌 팀원 모두의 과제임을 천명해야 한다. 그리고 팀구성원 모두가 주도적으로 기여하고 적극적으로 참여하도록 요청하자.

리더가 주도하는 포용성과 구성원이 참여하는 다양성이 어우러지는 일터에 대한 시대적 요구에 응답할 때이다. 첫 시도에서 얻을 작은 성취감이 다음 시도를 견인하고, 반복적인 시도는 기록이 되며, 기록이 쌓여 증명할 수 있다. 팀원의 참여와 지지를 바탕으로 팀 구성원 모두의 역량을 집약하는 강한 팀으로 이끌어 가길 바란다.

조원규 부사장

팀 문화의 포용성 증진

1

팀장의 포용성과 조직문화

팀장에게 포용성이 필요한 이유

팀장에게 왜 포용성이 요구되는지, 포용성이 조직에 미치는 영향, 그리고 포용성을 활용한 팀 활성화를 통해 어떻게 팀 목표를 달성해야 하는지에 다루고자 한다. 또한 일할 맛 나는 조직문화를 구축하는 방법에 대하여 포괄적으로 접근해 보고자 한다.

일정 기간 팀원으로 근무한 후 팀장을 맡다가 이제는 팀장들을 세우는 입장이 되었다. 이제는 팀장들에게 과업을 부여하고, 동기부여하며, 육성하는 역할을 맡게 된 것이다. 팀장에게 반드시 요구되는 것은 무엇인지 고민해 보게 되었다.

팀원의 입장에서도 경영자의 입장에서도 팀장에게 요구되는 것은 성과 창출이다. 그것도 일회성에 그치지 않고 지속적이고 점진적으로 상향되는 성과 창출을 바란다. 팀장 입장에서는 숨막히는 일이 아닐 수 없다. 그럼에도 불구하고 수많은 팀장들이 조직을 평정하며 시대를 주름잡는 신화를 만들어왔다. 필자는 이를 팀장의 전성시대라 표현하고 싶다.

5년 전 〈조직문화가 전략을 살린다〉를 쓰면서 오랜시간 조직에 대해 연구한 결과, 성공적인 팀장의 핵심 요인 중 하나가 포용성이었다. 서로 다른 준거집단과 개인적 다양성을 가진 팀 구성원을 받아들여 업무목표를 부여하고, 가치와 신념을 통해 사고체계와 프로세스를 만들어 지속적인 성과를 만들어 내는 데 있어 팀장의 포용성에서 발현된 리더십이 큰 역할을 했기 때문이다.

포용성은 팀장이 갖추어야 할 필수 역량이다. VUCAVolatility 변동성, Uncertainty 불확실성, Complexity 복잡성, Ambiguity 모호성 시대를 지나며 팀장에게 부과된 과업에서 성과를 창출하기 위해서는 팀원들의 다양성을 기반으로 한 강력한 팀을 구축하는 것이 중요하며, 이때 팀장의 포용성이 큰 힘을 발휘하기 때문이다.

현대는 팀원의 도움 없이 팀장 개인의 역량만으로는 버틸 수 없는 시대가 되었다. 불확실성과 변동성이 높은 시대가 된 것이다. 오히려 성과를 다투는 경쟁자는 동원 가능한 모든 것을 활용하여 승자만이 살아남는 경쟁이 고도화 된 시대가 되었다.

팀장의 포용성은 조직구성원의 다양성을 존중함으로 시작된다. 특히 개인의 시대를 넘어 개개인의 시대가 된 지금 구성원 개개인의 다양성을 인정하고 틀림이 아닌 다름의 개념을 근간으로 한 포용성은 팀장이 반드시 갖추어야 할 필수 역량이다.

팀장은 팀 구성원의 긍정적 특이성Positive Deviants이 발현되도록 포용해야 한다. 팀 구성원 개개인의 특성과 가능성을 극대화하기 위해 그들에게 영감을 주어야 하고, 적시 적소에 팀 구성원의 사고를 자극하여 스스로 성과를 창출하게 만들어야 한다.

흑사병이 신본神本 중심 사회에서 인본人本 중심 사회로 변하게 하였다면, 코로나19는 조직 중심 사회에서 개인 중심 사회로 변하게 하였다. 또 MZ세대의 출현으로 HRHuman Resources의 개념도 조직 가치 중심에서 구성원 개인 가치를 우선하는 시대로의 변화를 가속화하게 하였다.

이런 사회적 변화는 자연스럽게 팀의 일하는 문화를 변화시켰다. 이는 조직문화의 단위가 회사 단위에서 팀 단위로 귀결되었기 때문이다. 팀은 조직의 공동목적을 효과적으로 달성하기 위해 상호작용을 통해 만들어진 일하는 체계로 그 조직의 기본적인 문화를 형성하게 된다. 여기서 핵심인 상호작용이란 단어를 그냥 흘려서는 안된다. 조직생활에 있어 포용성이 없으면 생존할 수 없는 시대가 된 것이다.

팀장의 포용성과 조직문화

팀은 일반적인 조직의 상호작용과는 더 긴밀한 의존성을 갖고 있어야 한다. 상호작용은 팀의 성과와 관련한 과업 수행에 집중되어 있어야 하며, 정보와 자료의 공유는 물론 그 과업을 해결하는 대안들을 공유해야 한다.

팀 단위의 조직은 요즘 시대 가장 보편화되고 확대된 형태의 단위 조직이다. 단순작업의 수행뿐만 아니라 고도의 연구 조직도 팀으로 운영

된다. 팀이 이렇게 확대된 이유는 첫째, 조직과 개인이 수행해야 할 과업이 점점 더 복잡해지고 있기 때문이다. 둘째, 구성원 간의 상호작용이 더 긴밀해야 하고 더 중요한 역할을 하기 때문이다. 셋째, 팀을 구성하여 대응함이 더 효율적이기 때문이다.

따라서 팀장은 다양한 배경을 가진 팀 구성원들을 통합하고, 팀 구성원이 지닌 강점을 극대화하며 장점을 살리는 리더십 전략과 이를 현업에서 활용할 수 있는 접근 방법을 찾아야 하는 과제를 갖게 되었다. 이는 팀장의 포용성이 조직에 필요한 이유가 된 것이다.

이번 장에서는 팀장의 포용성이 발현될 수 있도록 하는 방법을 다루고자 한다. 팀장의 포용성이 상황과 팀의 특성에 따라 다르게 구현되어야 하며, 이를 위해 팀의 일하는 프로세스에 포용성이 녹아들어야 한다. 이는 곧 팀의 조직문화를 구축해야 한다는 의미이다.

팀장의 포용성 증진 방안

팀장의 포용성은 구성원과의 소통을 통해 이루어진다. 의사소통의 노하우는 한순간에 터득할 수 있는 것도 있지만, 많은 경험을 통해 쌓이는 것이다. 팀장은 팀 구성원의 의도와 시도를 소중하게 여겨야 한다는 지론이 있다. 팀원의 의도와 생각은 처음 들을 때는 영롱하지만 시간이 지나면 쉽게 사라지고 만다. 팀장의 포용성은 이러한 이슬 같은 생각들을 담아내는 수고를 요구한다.

먼저, 팀장은 팀 내에 다양성이 존재함을 인지해야 한다. 이를 깊고 지속적으로 유지해야 한다. 많은 팀장이 팀원들과 오랜 시간 지내다 보면 이를 망각하기 쉽다. 그로 인해 조직에 손실이 발생할 수 있다. 마치 건물이 처음 지어졌을 때는 틈새 없이 아름답지만, 시간이 지나면 틈새가 생기고 하자 보수가 필요해지는 것처럼, 팀도 하자 보수가 필요함을 인지하는 팀장은 드물다.

최근 글로벌 기업과 대기업에서는 다양성과 포용성Diversity & Inclusion에 관심을 두고 있다. 일부 기업은 별도의 D&I 부서를 두고 이를 전략적으로 접근하고 있다. 예를 들어, 구글코리아는 성별, 학력, 가족 상황, 혼인 여부 등을 포함한 차별 요소를 없애기 위한 다양성 가이드라인을 제작하여 공유하고 있다. 로지텍은 다양한 리더를 발굴하여 구성원 존중과 지원, 그리고 가치를 느낄 수 있는 환경을 조성하여 협업과 혁신을 추구하고 있다.

또한, 회사 내 행사로 각종 기념일 행사, 동호인 모임, 멘토링 프로그램 등을 통해 구성원의 개발과 협업을 촉진하고 있다. 예를 들어, 산도스는 글로벌 다양성과 포용협의회를 운영하여 다양한 인재를 영입하고 포용적인 문화를 구축하고 있다. 외적으로는 치료 기회를 제공받지 못하는 환자를 찾아내어 지원하는 프로그램을 운영하여 기업 이미지를 제고하고 있다. 존슨앤존슨은 사이버 대학 과정을 통해 전사적으로 포용성 교육을 실시하고 있다.

이들의 사례를 종합해 보면, 포용의 대상이 사회적 범주연령, 성별, 인종 등에서 시작하여 정보의 다양성기능, 지식, 배경 등과 가치의 다양성신념과 사고, 업무의 가치 등으로 확대되고 있음을 알 수 있다.

팀장의 포성성 향상을 위한 4가지 관계 스킬

- 상사와의 관계 스킬: 상사의 목표를 정확히 이해하고, 자신에게 요구되는 과업을 명확히 하고 집중하는 능력이다. 수용적인 태도를 가지되, 상사의 목표를 달성하는 데 집중해야 한다.

- 자신과의 관계 스킬: 스스로의 생산성을 높이기 위한 역량이다. 시간을 관리하고 우선순위를 정하여 기한 내에 일을 마무리하는 능력이다. 부족한 부분은 배우고 채워야 한다.

- 팀 운영 스킬: 팀의 목표를 명확히 하고 이를 구성원에게 인지시켜 달성하도록 하는 능력이다. 특히 필요한 역량이 커뮤니케이션 스킬이다. 전달하고 이해시키며 목표를 달성하도록 하는 능력이다.

- 팀원 육성 스킬: 팀원의 상황을 파악하고, 부족한 역량을 향상할 수 있도록 지원하는 능력이다. 팀원을 동기부여할 수 있는 방법을 알아야 한다. 이 모든 역량의 핵심은 포용성에서 기인한다.

팀장의 포용성 향상을 위한 실천

포용성은 납득함으로 시작된다. 팀 구성원을 납득시키기 위해서는 분명하게 전달해야 한다. 팀장은 팀원과의 상호작용 속에서 특히 '왜Why'에 대한 것을 분명히 전달해야 한다. 과업의 맥락을 명확히 제공해야 한다. 그리고 분명한 '왜'는 '무엇What'과 '어떻게How'를 명확히 한다. 과업을 수행하며 지향하는 목표와 일정, 기대치를 명확히 하면 구성원은 점점 더 좋은 성과를 낼 것이다.

특히, 팀의 성과 달성을 위해 팀 구성원 간에 상호협력하는 모습을 기대한다면, 팀장의 분명한 목표 제시를 기반으로 한 포용성은 큰 힘을 발휘할 것이다. 팀원의 이야기를 듣고 공감하며, 구성원의 성격과 경향을 고려한 명확한 소통으로 구성원에게 다가가면 기대 이상의 성과로 보답받을 것이다.

교육을 통한 포용성 향상

팀장은 구성원에게 명확히 가르쳐야 한다. 과업의 수준과 기대치를 명확히 설정하고, 구성원이 집중할 수 있도록 상세히 설명하고 교육해야 한다. 일반적인 교육보다는 대화와 질의를 통한 포용적 접근이 필요하다. 일대일 소통을 넘어 멘토링과 코칭을 통해 구성원의 역량을 강화해야 한다.

- 명확한 목표 설정: 팀장은 과업의 목표와 기대치를 명확히 설정하여 구성원들이 이를 이해하고 따라올 수 있도록 해야 한다. 목표와 일정, 그리고 기대치를 명확히 하면 구성원은 자신의 역할을 분명히 이해하고 이를 충실히 수행할 것이다.
- 대화와 질 중심의 교육: 단순한 일방적인 지시가 아닌 대화와 질의를 통해 구성원의 이해도를 높여야 한다. 이는 구성원이 적극적으로 참여하고 자신의 생각을 표현할 수 있도록 장려하는 방식이다.
- 포용적 접근: 구성원의 다양성을 존중하며, 각각의 구성원에게 맞춘 교육 방법을 적용해야 한다. 개개인의 강점과 약점을 파악하여 이를 극복할 수 있는

맞춤형 교육을 제공하는 것이 중요하다.

멘토링과 코칭을 통한 포용성 향상

- 일대일 멘토링: 구성원 개개인과 일대일로 소통하며, 그들의 목표와 과제를 명확히 설정하고 지원하는 역할을 해야 한다. 멘토링을 통해 구성원들이 스스로 성장할 수 있도록 도와야 한다.
- 코칭을 통한 성장 지원: 구성원이 자신의 잠재력을 최대한 발휘할 수 있도록 코칭을 제공해야 한다. 이는 구성원이 자발적으로 문제를 해결하고 성과를 창출할 수 있도록 돕는 과정이다.
- 지속적인 피드백: 구성원에게 지속적으로 피드백을 제공하여 그들이 현재 하고 있는 일에 대한 성과를 평가하고, 필요한 개선 사항을 안내해야 한다. 이는 구성원의 성장을 촉진하고 동기부여를 강화하는 데 필수적이다.

팀장의 포용성은 구성원의 다양성을 존중하고, 명확한 소통과 지속적인 교육, 멘토링을 통해 증진될 수 있다. 이는 팀의 성과를 극대화하고 조직문화를 개선하는 데 필수적이다.

- 구성원의 다양성 존중: 구성원의 다양한 배경과 의견을 존중하며, 이를 팀의 강점으로 활용해야 한다. 구성원이 각자의 개성과 역량을 최대한 발휘할 수 있도록 환경을 조성하는 것이 중요하다.
- 명확한 소통: 팀장은 항상 명확하고 일관된 소통을 통해 구성원들에게 목표와 기대치를 전달해야 한다. 이는 팀원들이 자신의 역할을 명확히 이해하고

목표 달성을 위해 노력하게 만든다.

- 지속적인 교육과 멘토링: 팀장은 지속적으로 구성원의 역량을 강화하기 위해 교육과 멘토링을 제공해야 한다. 이는 구성원이 계속해서 성장하고 발전할 수 있도록 도와준다.

결론적으로, 팀장의 포용성은 구성원의 다양성을 존중하고, 명확한 소통과 지속적인 교육, 멘토링을 통해 증진될 수 있다. 이는 팀의 성과를 극대화하고 조직문화를 개선하는 데 중요한 역할을 할 것이다.

2

팀의 특성을 활용한
포용적 조직 문화 구축

팀의 특성과 팀장의 유형

현재는 팀장의 전성시대이다. 전성시대의 사전적 의미는 형세나 세력 따위가 한창 왕성한 시대를 말한다. 조직의 가장 기초적 단위의 장이 바로 팀장이다. 조직의 유형이 공공이든 민간이든, 해외이든 국내이든, 생산이든 영업이든, 관리이든 다양한 조직 유형 속에서 팀장은 존재하고 있으며, 심지어 팀원이 없어도 일정한 경력이 있는 구성원에게 팀장 직함을 부여하기도 한다.

과거에는 계장, 과장, 부장으로 불리던 체계가 직급 단순화로 인해 팀장으로 통일되기도 했다. 방대한 그룹에서는 팀장을 임원이 맡는 경우도 있다. 이렇게 다양한 팀의 존재는 다양한 유형의 팀장을 만들어냈다. 조직을 보다 효과적이면서 효율적으로 재구성하고, 구성원의 재능을 이끌어내기 위해 팀제를 시행하는 목적을 밝힌다. 팀제로 전환하는 이유는 환경 변화에 신속하게 대응하기 쉽고, 기존 조직보다 배치, 조정, 운영이 용이하며, 수직적 구조에서 수평적 구조로 전환되어 구성원 간 의사소통과 의사 결정이 용이하기 때문이다.

팀제의 도입은 작업 집단이 수직적이고 획일적인 형태에서 작업 팀으로 전환됨에 따라 개인 역량 중심에서 집단 역량 중심으로, 제한적 지식에서 집단지성으로, 임의적인 접근 방식에서 보완적 접근 방식으로 전환되는 시너지 효과를 기대한다. 그로 인해 다양한 유형의 팀제와 팀장의 유형이 나타난다.

먼저 팀의 유형을 이해하는 것이 중요하다. 팀의 가장 일반적 유형은 일상적인 업무 수행을 위한 작업 중심의 팀이 있다. 예를 들어, 상품의 생산이나 서비스, 생산 관리 등 일상적 조직의 비교적 단순한 업무를 수행할 목적으로 구성된 팀이 있다. 또한, 다른 팀은 일시적으로 발생한 문제를 해결하기 위해 구성되었다가 문제 해결 후 소멸되는 팀도 있다. 공통적인 관심사는 팀에 주어진 성과를 어떻게 달성할 것이냐는 점이다. 많은 팀장들이 팀의 조직문화, 즉 팀원과 일하는 방식을 통하여 이를 달성하려는 시도를 하고 있다.

포용적 조직 문화 구축

팀의 특성과 팀장의 유형에 따라 포용적 조직 문화를 구축하는 방법은 다양하다. 다음은 팀의 특성을 활용한 포용적 조직 문화를 구축하기 위한 주요 요소들이다.

- 다양성 인식과 존중: 팀장은 팀 내에 존재하는 다양성을 인식하고 존중해야

한다. 구성원의 다양한 배경과 의견을 존중하며 이를 팀의 강점으로 활용해야 한다.

- 명확한 목표 설정과 소통: 팀장은 명확한 목표와 기대치를 설정하고 이를 구성원들과 명확히 소통해야 한다. 분명한 목표와 일정, 기대치를 제공함으로써 구성원이 자신의 역할을 명확히 이해하고 이를 충실히 수행할 수 있도록 해야 한다.

- 협력과 상호작용 강화: 팀장은 구성원 간의 협력과 상호작용을 촉진해야 한다. 수평적 구조를 통해 구성원들이 자유롭게 의견을 나누고 협력할 수 있는 환경을 조성해야 한다.

- 지속적인 교육과 멘토링: 팀장은 구성원의 역량을 지속적으로 강화하기 위해 교육과 멘토링을 제공해야 한다. 이를 통해 구성원이 성장하고 발전할 수 있도록 지원해야 한다.

- 포용적 리더십 발휘: 팀장은 포용적 리더십을 발휘하여 구성원의 다양성을 존중하고, 개개인의 잠재력을 최대한 발휘할 수 있도록 도와야 한다. 이를 통해 팀의 성과를 극대화하고 조직문화를 개선할 수 있다.

- 문제 해결과 피드백: 팀장은 문제 해결 과정에서 구성원의 의견을 적극적으로 반영하고, 지속적으로 피드백을 제공하여 구성원의 성장을 촉진해야 한다. 이는 팀의 문제 해결 능력을 향상시키고, 구성원이 더 나은 성과를 창출할 수 있도록 돕는다.

팀의 특성과 팀장의 유형에 따라 포용적 조직 문화를 구축하는 방법은 다를 수 있다. 그러나 공통적으로 팀장은 팀 구성원의 다양성을 존중하고, 명확한 소통과 지속적인 교육과 멘토링을 통해 구성원의 역량을 강화해야 한다. 이를 통해 팀의 성과를 극대화하고 조직문화를 개선하는데 중요한 역할을 할 수 있다. 〈팀의 유형에 따른 특성〉을 참고하여 자신이 속한 팀의 유형을 분석해 보고, 그에 따른 팀의 일하는 문화를 구축함에 기초 자료로 활용할 수 있을 것이다.

〈팀의 유형에 따른 특성〉

팀유형	목적 및 활동	지속성	팀원 수 / 관계력	유형사례
작업중심	상품을 만들거나 서비스제공	장기간 지속	4~8명(분대유형) 높은 팀워크	생산팀, 판매팀 유지보수팀
관리중심	작업 또는 기능 부서 지원	장기간 지속	7~15명 중간수준 팀워크	경영기획팀, 경영관리팀
자문중심	권고안 제시 및 이슈의 해결	다양함	3~5명 낮은 팀워크	품질팀 자문위원회
해결중심	일회성 결과도출 및 문제해결	비교적 단기	다양함	제품설계팀 연구팀, 기획팀
실행중심	가시적인 과업 및 도전적 상황의 복합적인 과업	다양함	다양함	수술팀, 탐사팀 뮤지컬팀 스포츠팀

또 다른 형태로 팀의 유형을 나눈다면 강한 리더십을 지닌 팀장이 이끄는 리더 중심의 팀과 팀 구성원 개개인이 스스로 운영하는 자율 관리

팀의 유형도 있으며, 전문성을 기반으로 하는 단순 기능 팀과 다양한 전문성을 요구하는 다기능 팀 등 크게 6가지로 분류할 수 있다.

첫째, 특정한 기능이나 업무를 수행하기 위해 구성된 기능형 팀Functional Team의 유형이 있다. 예를 들어, 마케팅 팀, 영업 팀, 개발 팀 등이 그 예이다. 이 팀은 해당 분야의 전문가들이 모여 업무를 수행하며, 업무의 전문성을 높이는 데 중점을 둔다.

둘째, 특정한 프로젝트를 수행하기 위해 구성된 프로젝트 팀Project Team이다. 이 팀은 프로젝트의 목표를 달성하기 위해 일정한 기간 동안 함께 일하며, 프로젝트의 성공을 위해 노력한다. 프로젝트 팀은 프로젝트의 성격에 따라 다양한 형태로 구성될 수 있으며, 팀 이름도 그 프로젝트의 이름을 사용하기도 한다.

셋째, 업무의 효율적 수행을 위해 여러 기능이나 분야의 전문가들이 모여 구성된 통합 기능 팀Cross-functional Team이 있다. 다양한 분야의 전문가들이 함께 일함으로써, 서로의 지식과 경험을 공유하고, 새로운 아이디어를 창출할 수 있다.

넷째, 자율형 팀Self-directed Team이다. 팀 구성원들이 스스로 업무를 계획하고 수행하는 팀이다. 이 팀은 팀원들이 자율적으로 업무를 수행함으로써, 업무의 효율성을 높이고, 팀원들의 역량을 향상시키는 데 중점을 둔다. 자율형 팀은 팀원들의 자율성을 보장하고, 팀원들의 역량을 향상시키는 데 초점을 맞춘다.

다섯째, 태스크포스 팀Task Force Team이다. 특정한 문제나 과제를 해결하기 위해 구성된 팀이다. 이 팀은 문제나 과제를 해결하기 위해 일정한 기간 동안 함께 일하며, 문제나 과제를 해결하는 데 필요한 전문가들이 모여 구성된다.

여섯째, 가상 팀Virtual Team이다. 가상 팀은 주로 온라인으로 업무를 수행하기 때문에, 시간과 장소에 얽매이지 않고 업무를 수행할 수 있다. 지리적으로 떨어져 있는 팀원들이 온라인으로 업무를 수행하기 때문에, 팀원들 간의 소통과 협업이 중요하다.

경쟁가치모델로 알려진 Cameron과 Quinn의 모델을 포용적 조직문화 구축을 위한 활용방안으로 참조하는 것도 좋을 것 같다.

우리 팀이 내향적Introversion인지, 외향적Extraversion인지 그리고 일하

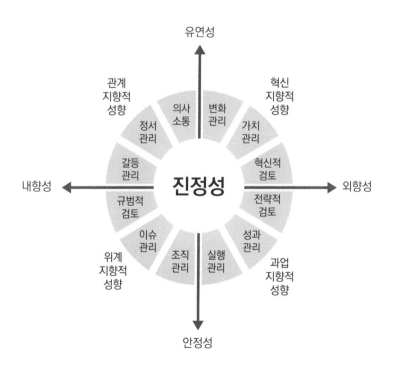

는 방식이 유연한지, 안정적인 것을 추구하는지 분석하여 조직의 일하는 방식을 팀원들과 논의하여 정할 수 있을 것이다. 팀의 구성원들이 팀의 목표 달성을 위해 매진하도록 주어진 권한과 영향력을 행사하는 존재가 바로 팀장이다. 팀장에게 주어진 권력과 영향력의 행사는 과업에 임하는 팀 구성원의 태도와 자세, 과업 수행을 위한 조직화, 팀장이 제시한 핵심 목표에 대한 몰입, 그리고 팀 구성원 간의 관계 및 협업 방법 등에 지대한 영향을 미친다.

팀장의 역할은 팀 구성원과의 관계에서 역할 수용Role taking 단계에서 기본적으로 형성되고, 역할 형성Role making 단계를 거치며 보완된다. 시간이 지남에 따라 지속되는 역할 수용과 형성 과정을 거치며 그 유형이 발전하게 된다. 이때 내향성을 지향하는지 아니면 외향성을 지향하는지, 안정성을 지향하는지 아니면 유연하게 대처하는지에 따라 팀장과 팀 구성원 간의 관계가 다르게 형성된다. 이와 같은 유형은 어느 것이 더 좋고 나쁨이 아닌, 어느 유형이 그 조직의 특징과 특성에 적합한지에 따라 다르게 나타난다는 점을 인식해야 한다.

우리 팀의 특성과 팀장의 유형을 분류한 이유는 이를 기반으로 우리 팀에 적합한 조직문화를 구축하기 위함이다. 이를 고려하지 않고 서번트 리더십이 최고의 리더십이라 소개되던 시절이 있었으며, 팀장들에게 이를 교육하고 적용하도록 강요하기도 했다. 또한, 신뢰, 자부심, 재미가 키워드인 GWPGreat Work Place가 조직문화 구축의 시금석이 되어 유행하던 때도 있었다. 물론 이를 통해 각 조직의 리더십 교육이 활성화되고, 조직문화에 대한 접근이나 시도를 하지 못했던 조직에 도전하고 한번 해보는 긍정적인 역할을 하기도 했다.

팀장이 바라는 포용적 조직문화

포용의 사전적 의미는 상대를 너그럽게 감싸주거나 받아주는 것이다. 비슷한 말로 포섭은 상대를 자기편으로 감싸 끌어들이는 것이다. 우리는 종종 포섭을 하면서 상대에게는 포용한다고 표현하는 경우가 있다. 포용은 도량이 넓어, 상대를 이해하고 덮어줄 수 있어야 한다. 내 편으로 만드는 것에서 더 나아가 너그럽게 받아줄 수 있어야 한다. 먼저 '다름'을 마음으로 너그럽게 받아주고 이를 몸과 말로 표현하며 실천하는 것이다. 이렇게 해야 세상을 변화시키는 동력을 얻게 된다.

포용력이란 자신의 성향과 전혀 다른 관점이나 행동을 긍정적으로 받아들이는 것이다. 이는 쉽지 않지만 긍정적으로 발휘되면 그 가운데 창의성이 발현되기도 한다. 이는 단순히 자신과 다른 것을 품어내는 것이 아니라 새로운 진전을 창출해내는 터닝 포인트가 될 수도 있음을 알아야 한다.

팀장이 되면 내 팀이 한마음 한 뜻으로 상위 조직인 본부나 그룹, 사업 부서의 목표 달성에 기여하는 팀으로 자리매김하길 바란다. 지속 가능한 팀을 넘어 점진적으로 성장하고 발전하는 팀이 되길 바란다. 하지만 현실은 그렇지 못하다. 팀 구성원은 내 마음 같지 않고, 조금만 강하게 업무 강도와 속도를 높이면 직장 내 괴롭힘으로 되돌아온다. 또한, 회의가 많고 일을 떠넘기는 사람이 많아 하루하루가 전쟁터 같다.

지원 부서와 고참 팀장은 팀의 조직문화와 팀 구성원의 육성, 팀 혁신을 이야기하지만, 매일 주어진 일을 처리하기도 바빠 그런 일을 할 시간이 없다고 느낀다. 그런 시간에 쌓여 있는 과업과 예정된 보고와 회의에 더 집중하는 것이 합리적이라고 생각한다. 하루속히 팀장 시절을 마치고 임원이 되어 일터의 여유를 느끼고 싶은데 그날은 언제 올지 모른다.

팀장으로서의 성찰

팀장 시절 구성원 중 한 명이 나에게 "팀장님, 말씀하실 때 호흡 한 번만 하고 말씀해 주셨으면 좋겠습니다. 그렇게 해주시면 팀장님이 더 좋아질 것 같습니다."라고 요청한 적이 있다. 일 중심의 성향인 나에게 3초의 여유를 갖게 한 계기가 되었고, 덕분에 그 구성원과는 오랜 시간 같이 일할 수 있었다. 그 구성원을 볼 때면 일부러 호흡하는 시늉을 하면 그는 나를 향해 밝게 웃어주었다.

처음의 어떤 시도는 어색할 수밖에 없다. 그러나 이를 따르면 여유와 즐거움이 찾아온다. 이는 조직의 경우도 동일하다고 생각한다. 어색하지만 구성원과 반나절을 투자하여 조직의 이야기를 나누는 시간을 갖기를 권한다. 그때 나눌 화두는 우리 팀의 존재가치Mission에 대하여 재인식 하는 시간을 갖는 것이다.

모여 앉아 포스트잇에 우리 조직의 존재 가치에 대한 한 줄 정의를 쓰고 이를 브레인스토밍Brain storming 방식으로 자유롭게 이야기해보는 것이다. 그 과정에서 생각지도 못한 구성원들의 생각을 들을 수 있을 것이다. 그리고 다시 한 번 포스트잇에 우리 조직의 존재 가치를 한 줄로 쓰게 하고 이를 정리하여 최종 한 줄로 만드는 과정을 거쳐 보자.

이어서 각자가 하는 일에 대한 우선순위와 가치판단 기준이라고 할 수 있는 키워드 3~5개를 포스트잇에 작성하게 하고, 왜 그렇게 생각하는지 설명하는 시간을 가져야 한다. 조직 구성원들의 이야기를 가만히 듣다 보면 자연스럽게 수렴되는 단어들을 모두 모아 집계할 수 있을 것이다.

그리고 앞서 정리된 우리 조직의 한 줄 존재 가치를 실현하기 위해 꼭 필요한 키워드 3~5개를 그 수렴된 단어군에서 찾아 다시 포스트잇에 작성하게 하고, 이에 대해 이야기하는 시간을 가져야 한다. 이렇게 선정된 키워드의 순위를 정해 리스트를 만들고, 최종적으로 우리 조직의 핵심 가치 3~5개를 도출해야 한다. 이렇게 도출한 핵심 가치를 앞으로 우리가 하는 일의 가치 판단 기준으로 사용하자고 결의해야 한다.

마무리로, 우리 조직이 향후 어떤 조직이 되었으면 좋겠다는 각자의 이야기를 듣는 시간을 가져야 한다. 조직장은 그날 있었던 일을 정리하여 한 장으로 만들고, 이를 구성원들에게 나누어 주며, 이러한 조직을 만들어보자고 권고하고 스스로 솔선하여 이를 실현하는 데 앞장서야 한다.

핵심은 이 과정에서 팀장의 포용성이 절대적으로 필요하다는 점이다. 팀장의 의지와 위로부터의 지시가 있더라도, 먼저 구성원의 의견을 포용하고 담아내는 노력을 통해 구성원과 대화하고, 수렴하며, 반영하는 '소통하는 조직'을 만들어야 한다.

3

팀 프로세스 구축을 통한
조직문화 만들기

팀은 팀 과업의 달성을 위해 일정 기간 동안 상호 의존적으로 일하는 두 명 이상의 구성원으로 조직된다. 팀은 조직의 기본 단위로 존재하며, 성과를 창출하고 평가하며 재편되는 기본 단위 이기도 하다.

팀에 영향을 미치는 환경과 변화, 그리고 그 가운데 작동되는 역학 관계인 경쟁과 협력이 이루어지는 가운데, 이에 대응하는 가장 최적화된 기본 단위 조직이 팀이다. 따라서 팀을 움직이게 하는 절차와 방법이 자연스럽게 구성원 간에 유무형으로 공유되고 만들어진다.

팀 프로세스는 팀 구성원 간 정해진 절차와 일하는 패턴에 의해 만들어진다. 이는 팀의 공통적인 업무 수행에 꼭 필요한 요소이기도 하다. 팀 프로세스를 통해 팀원 간에 에너지를 주고받으며 때로는 서로 의존하고 함께 성과를 창출하면서 자연스럽게 팀워크를 형성해 간다. 그 과정에서 팀만의 언어적, 행동적 특징과 습관이 만들어지고, 이것이 발전하여 팀의 조직문화로 나타나게 된다.

따라서 팀장의 역할이 중요하며, 팀의 성과 창출에 대한 관심이 집중되면서 팀 활동의 핵심인 팀 프로세스에 대한 연구가 여러 학자들에 의해 활발하게 이어지고 있다. 한양대학교 윤주용 박사도 "팀 프로세스가 조직 몰입에 미치는 영향"이라는 연구를 통해 이에 대한 논문을 발표한 바 있다.

팀 프로세스를 통한 시너지 효과 만들기

팀의 성과를 검토하다 보면 어느 한 구성원의 뛰어난 역량과 세련된 기술로 인해 현혹 효과가 발생하는 경우가 있다. 그로 인해 주목받은 선수는 스타 플레이어가 되고, 스타 플레이어가 없는 팀에서는 스타 플레이어를 영입하기 위해 안간힘을 쓰게 된다.

미국프로농구NBA, National Basketball Association에서 있었던 유명한 사례가 있다. 마이애미 히트Miami Heat는 르브론 제임스LeBron James, 드웨인 웨이드Dwyane Wade, 그리고 크리스 보쉬Chris Bosh를 한 팀으로 모아 뛰게 하여 이 팀이 무조건 우승할 것이라고 예상했다. 그러나 시즌이 진행된 결과, 그들의 승률은 5할에 불과했다. 학자들은 이를 '프로세스 손실Process loss'이라고 정의했다. 오히려 좋은 성과를 낸 팀은 스타 플레이어 개인의 역량과 기술보다 팀 프로세스를 통해 만들어 내는 것이다. 조직학자들은 이를 팀의 '시너지 효Synergy Effect'라고 정의한다.

필자는 이것을 '강물의 흐름 효과'라고 표현하고 싶다. 작은 시냇물이 흘러흘러 일정 시기와 양이 쌓이면 기존 시냇물이 가진 속성과 힘, 에너지가 더해져 큰 강물이 되는 것처럼, 팀 프로세스를 통해 구성원의 개별적 역량이 상호작용하여 더 큰 결과를 만들어내는 것이다. 팀의 에너지와 조직 역량으로 그리고 성과로 나타나게 된다.

팀 프로세스의 시작은 팀 구성원 간 과업 공유로부터

그러면 팀장은 팀의 프로세스 손실을 최소화하기 위해 어떻게 해야 할까?

첫째, 팀장은 팀 구성원들의 성과가 어떻게 만들어지는지에 대한 명확한 이해를 바탕으로 팀의 프로세스를 관리해야 한다. 즉 팀장은 인터페이스 관리Interface Management를 하여야 한다. 팀 구성원들은 각자에게 부과된 과업의 완수도 중요하지만, 자신의 과업과 팀 구성원의 과업이 상호작용하여 어떻게 팀의 성과가 만들어지는지 알아야 한다.

팀의 과업 수행은 이어달리기와 같다. 한 주자만 잘 뛰어서는 안 된다. 이기는 경기를 하려면 전략도 필요하고, 전술도 짜야 하며, 각 선수가 경기에 참여하는 요령도 서로 알고 있어야 한다. 경기 중 미스매치Mismatch가 발생하면 다음 경기에도 영향을 미친다. 유능한 팀장은 팀원들이 서로 상호작용하며 페이스Pace를 조정하고, 의사소통Communication 하며 트랙을 잘 마치도록 이끌어야 한다.

동기부여 손실Motivation loss 최소화

두 번째 방법은 '동기부여 손실Motivation loss'을 최소화하는 것이다. 동기부여 손실은 나는 열심히 하는데 다른 팀원은 최선을 다하지 않는 것 같을 때 발생한다. 이는 팀원 간 업무 과정이 공유되지 않을 때 발생한다. 팀장은 팀원들이 이룬 성과를 명확히 알려 주고, 일대일 대화와 코칭을 통해 팀원들의 사회적 태만Social loafing이 발생하지 않도록 지원하여야 한다.

　팀장은 팀원들의 역할에 대한 공유가 제대로 이루어지도록 하고, 각 팀원의 성과를 명확히 알려야 한다. 동일한 직급이라도 근무 시간과 성과에 대한 공정한 평가가 요구된다. 팀장은 성과를 잘 내는 사람뿐만 아니라, 성과 창출에서 멀어지려는 팀원들에게도 관심을 기울여야 한다. 팀원들의 동기부여를 유지하기 위해 팀원들과의 대화와 코칭을 통한 리더십을 발휘해야 하는 것이다.

태스크워크 프로세스 만들기

　태스크워크 프로세스Taskwork process는 팀의 비효율성을 줄이고 시너지 효과를 높이기 위한 관리 방법이다. 이는 팀장이 팀원과 과업을 수행하는 과정과 팀원 스스로 과업을 수행하는 과정 모두에서 나타난다. 태스크워크는 세 가지 주요 활동, 즉 창의적 행동Creative action, 의사 결정 Decision making, 경계 탐색Boundary Spanning으로 구성된다.

- 창의적 행동: 창의적 행동은 팀 과업 수행에 있어 새롭고 유용한 아이디어 혹은 해결방안 도출에 초점을 맞춘 활동이다. 이는 팀 구성원이 혼자 수행하는 과업을 팀 차원으로 확대하여 접근하는 방식이다. 주로 사용하는 도구로는 브레인스토밍과 명목집단 기법(Nominal group technique)이 있다. 이 방법은 무제한 토의 후 개별적으로 해결 방안을 계획하고, 다시 전체적

으로 모여 각자의 해결 방안을 발표하여 가장 호응이 좋은 방안을 채택하는 방식이다.

- 의사 결정: 팀 구성원 간의 상호작용을 통해 의사 결정을 하는 과정이다. 이는 팀 구성원들이 해결해야 할 이슈와 과업에 대한 정보를 공유하고, 최종 해결방안에 대해 합의를 통해 의견 일치를 이끌어내는 것이다. 이때 팀장은 배심원제와 같은 제도를 참고하여 팀에 적합한 의사 결정 프로세스를 정립해야 하며, 소수 의견도 반드시 청취 해야 한다. 의사 결정 프로세스를 정립할 때 고려할 요소로는 팀의 정보력 극대화, 팀 구성원의 조직 유효성 향상, 우선순위 선택역량 등이 있다. 팀장은 팀의 다양한 업무 중 우선해야 할 업무를 정하여 팀원들이 집중할 수 있도록 해야 한다. 이러한 요소들은 팀의 의사소통, 의사 결정, 성과 창출에 지대한 영향을 미칠 것이다.

- 경계 탐색: 태스크워크 프로세스 구축을 위해서는 경계 탐색이 필수적이다. 포용성은 관심과 위로와 지지를 통해 나타난다. 더하여 적당한 경계를 설정하는 접근이 필요하다. 이는 팀 구성원 간의 신뢰를 향상하고 조화로운 관계를 유지하는 데 중요하다. 경계는 팀과 팀 외를 구분하는 역할을 하며, 이는 신뢰와 존중을 바탕으로 한 관계를 구축한다. 경계 탐색 활동에는 특사Ambassador activity, 과업 조정 활동Task coordinator activities, 인력 확보 Scout activities 등이 포함된다. 팀장은 팀 구성원을 보호하고 지지하도록 상사와 다른 사람을 설득하고, 필요한 자원을 확보하며, 다른 부서 및 팀과의 과업 관련 문제를 조정해야 한다. 또한, 팀의 활성화를 위해 인력 확보 활동 등을 전개하여야 한다.

태스크워크 프로세스는 팀의 비효율성을 줄이고 시너지 효과를 높이기 위한 중요한 관리 방법이다. 이는 창의적 행동, 의사 결정, 경계 탐색의 세 가지 활동으로 구성되며, 각 활동은 팀의 성과와 효과성을 높이는 데 기여한다. 팀장은 이러한 프로세스를 통해 팀을 효과적으로 이끌고 조직의 목표를 달성할 수 있도록 이끌어야 한다.

팀워크 프로세스 만들기

팀워크 프로세스의 구축은 팀 프로세스 손실을 최소화하고 이점을 극대화하는 유용한 방식이다. 이는 과업 수행의 원활한 활동을 보장할 뿐만 아니라 팀 구성원 개개인의 과업 수행 시에도 작동하는 프로세스이다. 팀워크 프로세스는 실행 프로세스와 전환 프로세스로 이루어진다.

- 전환 프로세스: 전환 프로세스는 다음 과업의 성공적인 수행을 위해 초점을 맞춘 팀워크 활동이다. 이는 미션 분석Mission analysis을 통해 과업의 방향성과 목표를 분명히 하고, 자원을 근거로 전략 수립Strategy formulation을 하여 구성원의 구체적인 행동 요령과 수행 계획을 수립하며, 환경 변화에 맞추어 조정해 나가는 것을 포함한다.

- 실행 프로세스: 실행 프로세스는 과업을 실행하는 과정이 제대로 진행되도록 하는 프로세스이다. 실행 프로세스에는 모니터링 프로세스가 포함되어 있어 경로 이탈을 방지하고 과업 수행에 필요한 일들을 지속적으로 추적한다. 또한, 그 과정에서 발견되는 요소에 대한 대응 방안으로 지원 시스템을 통해 팀원들이 다른 구성원을 도울 수 있도록 한다. 이 일련의 활동에서 팀장은 팀의

조정Coordination 역할을 수행해야 한다.

- 정성定性 프로세스: 팀워크 프로세스 중 가장 정교하게 작동해야 하는 프로세스는 정성 프로세스이다. 이는 과업 이전, 수행 중, 그리고 수행 후 동일하게 작동해야 한다. 첫째 유형은 동기부여와 신뢰 구축 프로세스이다. 팀원들이 주어진 과업을 열심히 수행하도록 동기부여하는 일이 중요하다. 둘째 유형은 감정 관리Affect management로 구성원의 감정적 균형감과 일체성을 높이는 행동을 의미한다. 세 번째 유형은 갈등 관리Conflict management로 업무 수행 과정에서 발생하는 갈등을 해결하기 위해 팀에서 의도적으로 기획하는 활동이다. 갈등은 팀원 간의 의견 불일치 또는 개인적인 가치관의 불일치로 발생하는 관계 갈등과 과업을 인식하고 수행하는 방식의 불일치로 나타나는 과업 갈등이 있다.

갈등관리

하버드 경영대에서는 팀장의 핵심 실천 과제를 발표하면서 갈등 관리의 중요성을 강조한 바 있다. 팀장은 다음의 실천 과제를 명확히 이해하고 수행해야 한다.

- 팀장 역할에 대한 명확한 이해
- 팀원들과의 강한 신뢰 관계 구축
- 팀원들이 성과를 창출할 수 있도록 적극적으로 지원
- 회의 시간 및 시간 관리의 효율적 활용
- 팀 운영 프로세스 확립
- 집단 역학Group dynamics 관리

- 팀 내 갈등의 성공적 관리
- 필요한 인재를 팀원으로 충원
- 성공적인 업무 성과 달성을 위한 지원적 업무 환경 제공

　과업 갈등은 팀의 효율성 저하로 이어질 수 있다. 팀장은 갈등 관리를 통해 구성원들이 팀의 존재 이유에 집중할 수 있도록 하여야 하며, 과업에도 집중하도록 해야 한다. 갈등이 과열될 경우 팀의 성과보다는 개인의 이익이 우선하는 현상이 발생할 수 있으며, 이는 팀장이 풀어야 할 과제이다. 팀워크 프로세스의 효율적 활용을 통해 이러한 문제를 극복할 수 있다.

　팀워크 프로세스는 팀의 성과와 효율성을 극대화하는 데 필수적이다. 전환 프로세스와 실행 프로세스를 통해 과업의 방향성을 명확히 하고, 동기부여와 신뢰 구축, 감정 관리, 갈등 관리를 통해 팀의 결속력을 강화할 수 있다. 팀장은 이러한 프로세스를 통해 팀을 효과적으로 이끌고, 조직의 목표를 달성할 수 있도록 해야 한다.

일하기 좋은 팀 만들기

　일하기 좋은 팀을 만드는 것은 팀장의 중요한 과제이다. 팀장이 일하기 좋은 팀을 만들기 위해 고려해야 할 여러 가지 요소가 있다. 이는 팀원들이 만족스럽고 효율적으로 일할 수 있는 환경을 조성하는 데 도움이 된다. 다음은 일하기 좋은 팀을 만드는 방법에 대한 구체적인 방안이다.

팀 목표와 전략 정립

첫째, 팀 목표와 과업은 상사와 회사가 나아가려는 방향과 일치해야 한다. 정기적으로 팀 목표와 전략을 점검하고, 상사의 회사 전략 이해도를 파악하며, 차상위자의 견해도 알아야 한다. CEO의 연설문, 사업 보고서, 기타 관련 문서를 참고하여 팀의 전략 방향을 일치시키는 작업을 수행해야 한다.

팀 간 네트워킹 및 협력 체계 구축

둘째, 동료 팀과의 네트워킹 및 협력 체계를 구축해야 한다. 이는 팀 업무 수행에 필요한 자원과 지원을 더 쉽게 확보할 수 있는 루트를 마련하는 것이다. 팀장 간의 활발한 교류는 팀원들에게 더 큰 에너지를 공급하며, 포용성을 확대하여 지원과 협력을 이끌어 낼 수 있다. 정기적인 점심식사나 협력 회의를 통해 네트워크를 강화하고, 중요한 협력 사항에 대해서는 경영진의 명확한 승인을 받아 책임을 명확히 해야 한다.

리더십 역량 개발

셋째, 리더십 역량을 지속적으로 개발해야 한다. 팀장으로서 스스로를 되돌아보고 부족한 역량을 향상시키기 위한 방안을 적극적으로 찾아야 한다. 다음과 같은 질문을 통해 자신을 점검할 필요가 있다:

- 나는 팀 구성원과 일하는 것이 얼마나 즐거운가?
- 우리 팀은 나와 같이 일하는 것에 얼마나 만족하고 있는가?
- 나는 맡은 일에 열과 성의를 다하고 있는가?

- 나는 팀을 위하여 얼마나 솔선수범하고 있는가?
- 나는 우리 팀의 존재 가치와 지향하는 방향에 대해 구성원과 공감하고 있는가?
- 나는 팀 운영 방침에 대해 구성원에게 설명하고 동의를 구했는가?
- 나는 상사와 정기적으로 팀 운영 관련 이야기를 나누고 있는가?
- 나는 회사와 상사가 지향하는 목표에 대해 얼마나 자주 이야기하고 있는가?
- 나는 상사와 경영진에게 팀원들에 대한 칭찬을 얼마나 하고 있는가?
- 나는 구성원들과 1대1로 소통하는 것을 정기적으로 하고 있는가?
- 나는 팀 구성원들에게 할 칭찬거리를 모아 전하고 있는가?
- 나는 팀 구성원과 일하는 방식에 대해 협의하고, 기준을 같이 만들고 있는가?
- 나는 과업 지시를 할 때 무엇을, 왜, 언제까지, 어느 수준으로 할지 제시하고 있는가?
- 나는 팀 구성원 개개인의 애로사항에 대해 관심 갖고 알고 있는가?
- 나는 팀 분위기 활성화를 위해 정기적인 활동을 하고 있는가?
- 나는 구성원들이 팀장에게 바라는 것에 대해 얼마나 듣고 알고 있는가?
- 나는 팀 운영과 관련하여 누군가에게 코칭을 받고 있는가?
- 나는 구성원들의 성공에 대해 관심을 가지고 있는가?
- 나는 구성원들이 성장 발전하려는 방향을 알고 지원하고 있는가?
- 나는 나의 일하는 방식에 대해 구성원과 상시 이야기하고 있는가?
- 나는 팀 구성원과 감성적 교류를 정기적으로 하고 있는가?
- 우리 팀원들은 다른 사람들과 협력해서 일하는 것을 좋아하는가?
- 나는 나의 스트레스를 잘 극복하고 있는가?
- 나는 팀 구성원들의 스트레스 해소를 위해 얼마나 노력하고 있는가?

• 나는 팀장으로서 얼마나 행복한가?

이러한 질문을 통해 팀장으로서의 역할을 점검하고, 팀원들과의 소통과 협력을 강화하며, 팀 운영 방침과 방향성을 명확히 할 수 있다.

팀장이 일하기 좋은 팀을 만들기 위해서는 목표와 전략의 일치, 팀 간 네트워킹과 협력 체계 구축, 그리고 리더십 역량 개발이 중요하다. 팀장이 구성원들의 만족과 효율성을 높이기 위해 지속적으로 노력할 때, 팀원들은 더 행복하고 생산적으로 일할 수 있을 것이다. 행복한 동료와 함께 일하는 것은 일상의 큰 행복이며, 이는 팀장의 주도적인 노력과 관심으로 이루어질 수 있다.

리얼타임 성과 관리와 코칭을 통해 어떻게 성과를 극대화할 것인가? 시대와 세대 변화에 맞춘 코치형 리더십과 통합적 팀 리더십을 통해 개인 중심의 한계를 극복하고, 조직의 역량을 강화하여 팀 성과를 최대로 끌어올려야 한다.

제4부

리더십 혁신

팀 성과를 최대화하는 전략

김현주 대표

리얼타임 성과 관리와 코칭

1

리얼타임 성과관리가
무엇이고 왜 필요할까?

　최근 성과관리의 가장 두드러진 특징을 한마디로 말하면 '리얼타임 성과관리real-time performance management'라 할 수 있다. 이는 성과목표를 세우고 달성방안을 고안하고 실행해가는 과정의 설정과 조정이 언제든지 가능하며 성과에 대한 기여도를 언제든 적시에 평가하고 피드백하는 성과관리 방식을 말한다. 기존의 성과관리에서 리얼타임 성과관리로 발전하는 데에는 고객 요구의 다양화와 경쟁의 심화와 같은 많은 변화 요인들이 영향을 주었다. 이런 요인들은 수십 년 전에도 있었고 성과관리의 고도화에 많은 영향을 주어 왔다. 그런데 왜 리얼타임, 즉 실시간이라는 수식어가 새롭게 붙었을까? '실시간'으로 성과관리가 이루어지려면 업무 요소는 물론이고 인적 요소나 관계 요소만으로도 충분치 않다. 기존에도 그런 요소들로 고도로 발달된 성과관리를 할 수는 있었기 때문이다.

〈연간 성과관리 vs. 리얼타임 성과관리〉

구분	연간 성과관리	리얼타임 성과관리
목표	연간 조직·개인 목표	과제별, 기간별 목표
평가	실적 및 달성율 위주	전략+과정+결과를 종합
면담	중간, 최종 공식 면담	과제별 지속적 피드백
기록	연간·분기 단위 기록	연간·분기, 월간·주간, 일간
권한	책임 위임, 권한 통제	권한 위임, 책임 위임

실시간, 리얼타임으로 성과관리를 할 수 있게 된 결정적인 요인은 디지털 전환DX, Digital Transformation에 있다. 2020년에서 2022년초까지 전세계를 휩쓸고 지나간 코비드-19 펜데믹은 비대면 원격근무를 일반화시켰고, 성과관리의 디지털화를 가속시켰다. 그동안 소프트웨어 개발 분야를 중심으로 활용되던 온라인 협업툴과 인터넷 화상회의도 사용해보지 않은 임직원이 없을 정도로 일반화되었다. AIartificial intelligence와 Big Data를 중심으로 전혀 새로운 차원의 DX가 일상과 업무 속에 급속히 퍼지게 되면서, 과연 어떤 성과물을 볼 때, 사람이 만든 것인지 AI의 도움을 받은 것인지, AI가 만든 그대로인지를 리더가 간파해내지 않으면 성과관리를 효과적으로 하고 평가를 공정하게 하기가 점점 어려워지고 있다.

기존에 오프라인 성과관리, 전통적 성과관리에 익숙한 리더들은 '리얼타임 성과관리'라는 용어만 들어도 부담감을 느낄 수가 있다. 리얼타임 성과관리가 고도의 디지털 정보기술 활용 능력을 필요로 하는 것이라고 오해하기 때문이다. 하지만 리얼타임 성과관리는 단순히 디지털 정보기술이나 시스템만으로 이루어질 수 있는 것이 아니다. 디지털 전환이 리얼타임 성과관리로 혁신하는 데에 있어서 기반과 촉진제가 되었지만 리얼타임 성과관리의 본질이 디지털 정보기술의 활용에 있는 것은 아니라는 말이다. 그것보다는 오히려 성과관리의 기본 원리와 본질에 더욱 충실하기 위해 디지털 정보기술과 시스템이 많은 도움과 편리함을 준다고 보는 것이 적절하다. 그렇다면 성과관리의 기본 원리와 본질은 무엇일까? 이것을 파악하려면 성과관리의 개념과 방법이 어떠한 역사적인 과정 속에서 정립되고 발전해왔는지부터 이해하는 것이 출발점이다.

성과관리의 역사에서 성과관리의 본질을 보다

임직원에 대한 공식적인 평가 제도는 1910년대로 거슬러 올라간다. 대체로, 임직원간의 업무수행에 관련된 개개인의 능력과 특성의 차이를 평가하는 Taylor식 평가를 기원으로 본다. 1950년에는 업무수행에서 형성되는 인간관계가 강조되면서 업무관계에 적합한 성격 특성으로 임직원을 평가하는 제도가 퍼지기도 했지만 많은 호응을 받지는 못했다. 1960년대에는 업무 실적을 저해하는 행동을 개인별로 기록하여 평가하는 ACRannual confidential reports이 등장했다. ESRemployee service records라고도 불리던 ACR은 비록 부정적 행동이 나타난 만큼 감점식 평가를 하는 데에 초점이 있긴 했지만 평가의 기준을 개인의 능력이나 성격에서 행동으로 옮겼다는 데에 의의가 있다. 1970년대는 '목표의 지향점goal'이나 '목표의 구조와 내용objective'을 정의하고, 이 목표를 달성하기 위한 계획을 세워서 실행하는 기간을 지나 실제 달성된 결과물에 따라 평가하는 방식이 등장했다. 이 새롭고 체계적인 평가 방식을 '목표에 의한 관리MBO, management by objectives'라고 불렀다.

〈성과관리의 발전단계와 리얼타임 성과관리〉

1기
판단
Judgement

1930년대 업무 수행 관련 개인별 특성을 비교 평가, 1950년대 확산 후 성격/태도/능력 평가로 차별화

2기
측정
Measurement

1960년대 정부 기관을 중심으로 개인별 업적평가 제도 등장, 민간 기업은 조직 및 개인 목표관리 제도 (MBO) 확산

3기
정렬
Alignment

1980년대 MBO 세계적 표준으로 정착, 1990년대 BSC 및 KPI 통해 조직과 개인 성과 관리 연계성 강화, 360도 피드백 등장

4기
관리
Management

2000년대 업적 및 역량 평가 체계로 양립, 연간 성과 관리가 널리 채택, 2010년대 OKR 등 기간별 수시 성과 관리와 및 피드백 기법 확산

5기
밀접
Enablement

2020년대 이후 코로나 펜데믹과 디지털 전환 촉발, 비대면 협업 도구 보급, 애자일 조직 및 유연근무 결합, 리얼타임 성과 관리 본격화

Management Study Guide(2024). Engagedly(2023) 등을 참고해 필자가 정리

1980년대부터는 목표에 대비한 결과물이나 실적만을 평가하는 방식에서 벗어나기 시작했다. 성과에 관련된 행동 특성을 분석하여 사전에 정의한 후, 업무 수행 과정에서 이런 행동이 얼마나 나타났는지를 평가하는 소위 역량평가가 등장한 것이다. 성과를 실적이나 결과물만으로 설명하기에는 충분치 않았기 때문이다. 최선을 다해 유효한 노력을 했음에도 불구하고 실적이나 결과는 통제하기 어려운 외부 요인으로 인해 좋지 않을 수 있다. 그래서 목표 대비 결과와 함께 유효한 성과 행동을 했는지를 함께 평가하는 방식이 동기부여에 유리한 것으로 받아들여졌다. 성과를 창출하는 행동과 양상은 상위리더가 보는 측면도 있지만 동료나 고객이나 협력자가 볼 수 있는 다양한 측면이 있다. 이에 따라, 다면평가360 degree feedback가 1990년대부터 확산되었다. 이 시기에 괄목할 만한 또다른 변화는 균형성과체계BSC, balanced sore card와 핵심성과지표KPI, key performance index를 통해 조직의 목표와 개인의 목표가 연계되기 시작했다는 점이다.

2000년대는 '평가 = 업적평가 + 역량평가'라는 공식으로 표현되는 연간성과관리APR, annual performance review, 즉 인사평가evaluation 방식이 스탠다드로 자리잡은 시기다. 업적은 대표적인 성과물을, 역량은 그런 성과물을 내는 데에 필요한 성공적인 행동을 의미한다. GE의 '9-Block 평가'가 대표적인데, 업적의 수준을 상중하로 나누고 역량의 수준을 또다시 상중하로 나누어 곱하기식으로 결합하면 9가지3x3 블록이 나온다. 개개인을 연간 단위로 산정되는 업적점수와 역량점수로 9-Block에 점으로 표시하면 모든 구성원의 평가 분포 현황을 한 눈에 볼 수 있다. 이 방식은 수치에 근거해 상위 10~20%는 핵심인재로, 하위 10%는 저성과자 식으로 분류할 수 있기 때문에 강력한 평가도구로서 널리 쓰이게 되었다. 2010년대에는 성과관리라는 용어가 인사평가를 흡수하고 대체하며 널리 쓰이기 시작했다. 연초 목표수립, 연중 계획실행, 연말 성과평가의 3단계 인사평가 방식에서 벗어나, 반기, 분기, 월 단위의 수시 평가와 피드백 절차로 세분화되었다. OKRObjectives and Key Results 기법이 실리콘밸리를 넘어 전세계로 보급된 것도 이 시기다.

　성과관리의 발전 쾌적은 2020년대로 들어서자마자 펜데믹과 디지털 전환이 동시에 촉발되면서 또다른 차원의 변혁을 맞이하고 있다. 인터넷 화상회의와 웹기반 협업도구가 필수품처럼 단기간에 전세계로 보급되었고, 개개인이 여러가지 과업과 과제를 여러 팀에 속하여 동시에 수행하는 애자일 조직agile organization이 확산되었다. 원격 비대면 근무, 유연 근무는 이제 어디에서나 흔히 보게 된다. 연간 성과관리나 분기별, 월별로 시행하던 '수시, 정기' 성과관리는, 리더나 구성원이 필요할 때마다 언제나 자율적으로 이루어지는 '상시, 연중' 성과관리로 바뀌었다. 상시 성과관리를 실시간으로 지원하는 디지털 시스템이 개발되면서, 시점의 구분없이 언제 어디서나 목표를 세우고 과정을 점검하고 피드백하고 평가하는 '리얼타임 성과관리' 방식이 빠르게 확산되고 있다.

　성과관리의 역사를 전체적으로 보면 앞 단계의 문제의식이 다음 단계의 개선점으로 연결되면서 발전되어 왔다는 것을 알게 된다. 처음엔 성과에 관련된 구성원의 개인적 특성을 관리자가 주관적으로 '판단'하는 데에서 시작했다1기: Judgement. 다음으로 성과의 목표치를 수립하고 목표치 대비 실적을 중심으로 측정하는 단계가 되었다2기: Measurement.

그 다음엔 성과 측정 기법이 발달하면서 조직과 개인의 목표와 성과

가 연계되었다3기: Alignment. 그리고 성과관리는 연중 상시로 이루어지

는 경영관리 분야의 하나로 자리잡았다4기: Management. 오늘날에는 업

무 수행의 전과정에서 밀접하게 연동되어 성과창출을 지원하고 있다

5기: Enablement.

2

리얼타임 성과관리의
핵심 작동 원리: 4C

성과관리는 이제 단순히 제도나 절차가 아니라 일하는 과정 속에서 자연스럽게 이루어지는 습관적인 활동이자 일하는 방식의 핵심요소가 되었다. 어떤 회사의 리더와 구성원은, AI와 정보시스템의 지원을 받으며 리얼타임으로 성과관리를 하면서, 일의 목표와 전략을 함께 세우고 상황에 따라 조정하며 수직적인 협업을 한다고 하자. 또다른 어떤 회사는 전통적인 오프라인 성과관리 방식에 따라 연간 목표 수립과 반기별 또는 분기별 평가 면담을 하고 최종 평가는 연말에 모아서 한다고 하자. 업무가 이루어질 때 적시에 소통하고 성과를 관리하는 방식과 그렇지 않은 방식 사이에는 시간적인 간극gap이 생기게 된다. 일하는 시점과 관리하는 시점이 얼마나 밀접하게 이루어지는지에 있어서 차이가 생긴다는 말이다. 모든 조건이 동일하다고 했을 때, 이 두 회사들 중에서 과연 어떤 회사가 경쟁력을 강화해가며 승자가 되어 갈 것인지는 자명한 물음일 것이다.

리얼타임 성과관리는 단지 연간성과관리APR에 중간 점검이나 평가와 피드백의 횟수만 늘린 방식이 아니다. 리얼타임 성과관리는 핵심과제 도출, 성과목표 설정, 성과목표 달성전략 수립, 기간별 아웃풋과 협업 관리, 성과평가와 피드백에 이르는 성과관리의 단계들이, 핵심과제에 따라 '실시간으로' 이루어지는 성과관리를 말한다. 과제가 도출되면 과제를 통해 도달하고자 하는 목표가 설정되고 그 목표를 달성하는 방법과 계획이 수립된다. 그 이후부터는 실행단계에 들어간다. 실행단계는 과제의 특성과 내용에 따라 분기별, 월별, 주간, 일일 단위로 진척도 관리와 협업이 이루어진다. 성과평가와 피드백은 기간별로 중간중간에 있기도 하고 매일 이루어지기도 하고 하루에 몇 번씩 대화의 형태로 발생하기도 한다.

요즘은 콜센터에 전화가 오면 AI가 해당 고객의 유형과 특성을 고려해 챗봇이나 적합한 숙련도와 경험을 갖춘 콜센터 요원에게 연결한다. 문의전화별로 고객에 대한 기대되는 응대 목표가 실시간으로 자동 설정되고 대응 시간과 처리 결과에 대한 고객 평가와 의견의 확인 및 피드백이 곧바로 이루어진다. 어떤 요원에게서 고객과의 갈등 상황이나 대응 지연이 일정한 기준 이상으로 반복되면 여러가지 리스크 시그널이 센터장에게 전달된다. 센터장은 데이터에 근거하여 고객 문의전화의 분배 옵션을 변경할 수 있고, 필요시 특이사항이 발생한 요원과 잠시 원온원one on one 면담을 통해 심리적 안전감을 갖고 회복하도록 코칭해줄 수 있다.

과거에는 이런 식의 성과관리는 고도의 전산처리 시스템이 갖추어진 경우에 가능하였다. 하지만 지금은 클라우드 방식의 각종 협업툴을 통해 리얼타임 성과관리가 어떤 회사에서나 누구에게나 가능해지게 되었다. 협업툴은 과업·과제별로 대화와 데이터와 자료가 쌓여가는 메신저형이 가장 기초적이다. 과업·과제 단위로 담당자와 진행일정 확인, 자료 공유와 의견 교환, 진척도 점검, 성과평가와 피드백이 언제든지 가능한 프로젝트관리형도 더욱 일반화되고 있다. 클라우드 기반의 공동문서작업은 이제 아주 기본적인 협업툴이 되었다. 최근에는 소프트웨어 협업 코딩, 웹사이트 공동 개발, 그림이나 동영상과 음악 콘텐츠의 합동 작업에 특화된 소위 창작형 협업툴도 다양하게 활용되고 있다.

이런 식으로 개인 독립 업무와 협업이 동시다발로 이루어지는 업무가 일상화되고 있다. 과거와 같이 과업이나 과제 하나하나를 리더에게 보

〈리얼타임 성과관리와 코칭의 4C〉

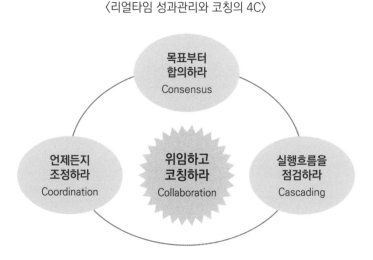

고하고 매일 모든 멤버들이 모여서 몇 시간씩 회의하고 승인을 받아 다음 단계로 넘어가는 식의 업무처리방식이 설 땅이 빠르게 줄어들고 있는 것이다. 이제는 과제가 정의되고 목표가 구체화되고 추진 방법이 어느 정도 잡히면 수행자는 자기주도적으로 리더와 소통하고 민첩하게 합의에 도달해야 한다. 모든 리더도 자신의 상위리더가 있기 때문에 역지사지의 입장에서 구성원과 공감하고 합의하는 노력을 해주어야 한다. 구성원의 입장에서 팀장과 합의를 한다는 것은 목표와 그 목표의 달성을 위해 끝까지 책임까지 진다는 의미다. 그렇다면 리얼타임 성과관리에서는 왜 리더와 구성원 간의 합의와 위임이 중요한 것일까? 일단, 과제도출과 목표설정의 단계를 넘어가서 실행으로 들어가게 되면 더이상 리더가 관여하고 간섭하고 개입하고 '한수 가르쳐 주는' 마이크로 매니지먼트가 불가능할 만큼 변화가 빠른 내외부 환경과 여건에서 일하고 있기 때문이다.

지금까지 이야기를 종합해보면 리얼타임 성과관리에는 네 가지 정도의 핵심적인 기준이 있음을 알 수 있다. 핵심기준을 충족할수록 리얼타임 성과관리를 하고 있다는 것이고, 그렇지 않을수록 전통적인 연간성과관리에 그치고 있거나 그것보다 더욱 과거의 실적관리 방식에 답보되어 있음을 의미한다.

첫번째 기준은, 과제도출과 성과목표의 설정과 성과목표 달성전략에 대한 사전합의가 미리 이루어지고 있는지이다Consensus. 과제의 도출과 선정만 리더와 함께 하고 목표설정과 달성전략에 대한 사전합의가 사실상 없다면 첫번째 기준을 충족하지 못한 것이다.

두번째 기준은, 과제를 실행하는 과정에 대한 점검이 개인별로 기간과 흐름에 따라 실시간으로 이루어지고 있는지이다Cascading. 연간 성과목표의 경우에 분기별 점검, 월단위 점검, 주단위 점검, 일일 점검 등이 적시에 이어지고 있는지를 말한다. 이는 리얼타임 성과관리 방식이 정기, 수시 성과관리와 결정적으로 다른 점이다.

세번째 기준은, 조직 내부의 상황과 외부 환경의 변화에 따라 성과목표와 실행과정이 언제든지 조정될 수 있는지이다Coordination. 연초에 잘못 예측해 설정된 목표, 상황 변화가 반영되지 않은 전략이나 투입될 경영자원은 언제든 필요할 때마다 상위리더의 주도로 조정될 수 있어야 한다.

네번째 기준은, 권한위임을 전제하거나 그것를 목적으로 상호적이고 양방향의 코칭이 상하좌우 간에 이루어지고 있는지이다Collaboration. 과제도출, 성과목표 설정과 달성전략 수립에 대한 합의가 이루어지고 나면, 실행 행위에 관한 권한과 책임까지 수행자에게 위임되지만, 리더와 구성원, 구성원과 구성원 간에 코칭과 지원이 '수행자의 요청에 의해 지속적으로' 이루어짐을 의미한다.

그렇다면 리더들은 어떤 역할을 어떻게 실천해야 할까? 위에서 언급한 리얼타임 성과관리의 네 가지 핵심기준별로 자세히 이야기해보도록 하자. 다음부터 논의하는 내용은 필자가 최근 5년간 대기업에서 스타트업까지 다양한 선도적인 기업과 기관을 컨설팅하고 코칭하고 교류하고 조사하는 과정에서 파악된 내용들에 의거했음을 밝혀 둔다. 단, 특정 기업이나 기관에 편중되지 않도록 상호 공통적인 측면에 초점을 두어 서술하였다. 이를 통해 리더들이 리얼타임 성과관리를 소속 조직과 업의 특성에 맞게 적용하고 리딩하는 데에 필요한 아이디어와 실천 포인트를 나누고자 한다.

3

Consensus,
목표부터 합의하라

핵심 실천 포인트

- 모든 팀원이 목표에 대해 의견을 제시하고 합의하는 목표 설정 프로세스를 구축한다.
- 투명한 의사소통으로 모든 팀원이 성과목표의 취지와 내용을 공유하도록 보장한다.
- 성과목표 설정 과정에서 발생하는 이견과 갈등을 해결하는 조정자 역할을 강화한다.
- 성과목표 설정을 통해 팀원들 개개인이 명확한 역할과 책임을 인식하도록 촉진한다.

대부분의 기업이나 기관에서는, 연말연초에 임원인사와 조직개편이 있고 나면 팀장과 팀원에 대한 승진과 부서 배치가 이루어진다. 많은 회사들은 연말 임원 인사가 이루어지기 전부터 중장기 전략과 연간 경영전략과 업무계획을 수립한다. 전략적 방향성을 기준으로 전사 조직개편과 임원인사가 이루어지는 것이 순서에도 맞기 때문이다. 임원의 직책과 자리가 정해지면 가장 먼저 하는 일이 그 임원이 담당하는 본부사업이나 조직의 중기 및 연간 운영 전략과 계획을 구체화하는 것이다. 그 결과로 임원이 책임지는 중장기 전략과 과제, 연간 전략과 과제가 도출된다. 이어지는 직원 인사에서 팀장과 팀원이 소속 팀으로 배치가 될 무렵에는 본부의 과제 목록에 관한 초안이 어느 정도 마련되어 있다. 팀장은 상위조직인 본부의 과제와 목표를 리뷰한 후 팀차원의 과제 도출과 목표 수립을 하게 된다. 각 팀에서 검토한 팀 운영 전략과 과제가 본부로 수렴되는 과정에서 본부의 전략과 과제의 세부적인 조정이 이루어지기도 한다. 이처럼, 상위조직의 과제와 목표가 하위조직들의 과제와 목표의 공통 요소이자 근거, 기반이 되는 것을 목표의 조직적인 정렬이라고 한다262쪽 그림 참조.

팀장은 본부의 업무 과제와 목표를 고려해 팀이 담당하는 업무 분야의 중장기 방향과 운영 원칙을 구상해 팀원들과 함께 공유한다. 팀원들은 그런 팀의 비전과 운영 원칙을 고려해 본인이 담당하는 업무의 중장기적 모습과 수행 방법에 대해 생각해본다. 이를 위해 팀장은 팀차원에서 기간별 성과 목표와 과제를 도출하기 위한 '연간 성과기획 워크숍'을 개최하면 좋다. 팀장이 구상하는 내용과 팀원 개개인이 생각하는 내용을 미리 팀게시판이나 협업툴, 이메일이나 메모로 나눌 수 있을 것이다. 팀장은 팀차원의 과제, 팀원별 과제와 함께 팀장이 직접 담당자로서 수행하는 '팀장 고유 과제'에 대해 미리 구상한 내용을 정리해서 써보고 워크숍에 임해야 한다. 그래야 단순히 워크숍을 주관하고 감독하는 사람이 아니라 촉진하고 도와주는 사람으로서 구성원의 참여와 의견 수렴을 자연스럽게 이끌어 낼 수 있다.

　이때 잊지 말아야 할 점은, 본부장의 입장에서 보면 팀장은 하위리더이기 때문에 팀의 연간 성과기획 워크숍을 준비하는 단계에서 본부장께 워크숍에서 다룰 주요 내용과 방향에 대한 조언이나 코칭을 요청하는 것이 좋다. 또한 워크숍의 주요 결과와 요지도 본부장께 공유하면서 추가적인 코칭을 자연스럽게 요청할 수도 있겠다. 본부장의 피드백 내용을 팀원들과 나누게 되면 팀원들도 더욱 확신을 갖고 실행에 들어갈 수 있다. 만일 본부장이 성과코치로서 마인드와 역할 인식이 분명한 분이라면, 팀별 연간 성과기획 워크숍 결과를 적극 참고해 목표에 대한 합의와 실행에 관한 권한과 책임의 위임도 자연스럽게 이루어지게 된다.

〈조직과 개인 목표의 정렬〉

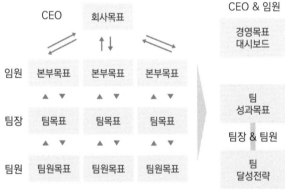

▼ Top-Down: 지시·하달　▲ Bottom-Up: 보고·수합

Middle-Up-Down:
회사목표 = 사업부목표 = 팀목표 = 팀원목표

연간 성과기획 워크숍을 통해 팀이 중장기적으로 수행할 선행과제전략과제, 금년도에 중점적으로 수행할 당기과제현안과제, 반복되는 문제해결을 위한 개선과제혁신과제, 다른 유관 부서들과의 협업과제공동과제를 도출해 리스트업한다. 다음 순서는 업무와 과제를 수행하는 주체를 분명히 하는 것이다. 팀원들이 각자와 서로의 역할과 책임을 명확히 인식하도록 하려면, 각 과제별로 개인별 역할과 책임을 매우 구체적으로 미리 설정해야 한다. 특히, 누가 과제의 담당자이고responsible, 승인자이고accountable, 협조자이고informed, 지원자인지consulted를, 나중에 조정을 하더라도, 가급적 미리 정하고 들어가는 것이 중요하다. 이런 식으로 구체적인 역할과 책임을 정해주지 않으면 과제가 시작된 이후에 역할의 모호성이나 잠재적인 갈등 소지가 지속될 가능성이 더욱 높아진다.

만약 담당자가 두 명 이상이면 주담당자를 한 명으로 정한 후에 다른 이들을 부담당자①, 부담당자② 등으로 나누어 역할을 분담하면 된다. 담당자와 승인자가 동일인이라면 권한과 책임이 한 사람에게 온전히 위임delegation된 경우가 된다. 온전한 위임이야말로 한국 기업들이 미숙한 사항이자 중점적으로 개선할 과제이다. 담당자에게 업무와 역할을 부여empowerment해서 책임responsibility은 주었지만 권한accountability은 주지 않는 경우가 많기 때문이다. 가급적이면 권한과 책임이 함께 가도록 하는 온전한 위임이야말로 구성원 각자가 자기주도적이고 자기완결형으로 일하도록 촉진하기 위한 관건이라 하겠다.

주담당자가 위임을 확실히 받았다고 해도 독단적으로 일을 진행하기보다는 부담당자, 협조자, 지원자의 의견을 주도적으로 수렴하여, 해당 과제의 성과목표와 달성방안에 대한 팀장의 코칭을 요청해야 한다. 과제의 성과목표와 달성방안이 일의 수요자인 상위리더가 기대하는 결과물에 관한 내용을 구체적으로 담고 있을수록, 과제의 실행 과정도 팀장의 조언과 지원 속에서 더욱 원활하게 이루어지게 된다. 반대로, 성과목표가 추상적이고 모호하고 상위리더와의 공감대나 합의가 부족할수록 실행 과정에 대한 지원과 기간별 진척도 점검도 주먹구구식으로 이루어지게 되고, 결국, 본의든 아니든 리더의 개입과 간섭도 점점 잦아지게 된다. 리얼타임 성과관리의 4C 중에서 Consensus가 가장 중요한 이유는 Consensus가 잘 이루어진 만큼 그 이후의 나머지 단계들이 더욱 효율적으로 이루어질 수 있기 때문이다. 이제 실행의 단계로 넘어가보자.

4

Cascading,
실행의 흐름을 관리하라

핵심 실천 포인트

- 모든 팀원이 담당 업무의 성과목표와 달성방안을 스스로 설정하도록 코칭한다.
- 목표와 전략을 합의한 후부터 실행 방법의 선택 권한과 실행 행위를 위임한다.
- 팀의 월단위 성과기획과 성과리뷰를 통해 팀 과업과 과제의 진척도를 점검한다.
- 월단위 실행흐름 관리를 통해 팀원이 주단위, 일일단위로 관리하도록 유도한다.

회사 차원의 성과관리는 중장기적 전략성과와 연간 전략성과에 초점이 있다. 전사적으로 설정하는 균형성과체계BSC의 영역별 핵심성과지표KPI는 회사가 '지향하는 목표goal'를 수치의 형태로 명료하게 제시하기에 유용한 방법이다. 본부에서 팀으로, 팀에서 개인별로 세분화될수록 목표는 고객이 기대하는 결과물이 이루어진 상태를 마치 건물의 조

감도와 같이 실감나게 설명이 가능한 디테일 수준으로 구체화되어 간다. 이런 '상태적인 목표objective'가 설정되고 나면, 성과목표의 구조와 내용에 의거해 성과목표의 달성 전략과 방안을 수립할 수 있다. 이런 성과목표에 달성전략을 기간별로 실행하면 고객이 원하는 결과물인 성과가 실현될 가능성도 더욱 높아지게 된다. 이런 의미에서 인과적 실행 causal execution이 가능해진다고 말할 수 있는 것이다. 즉, '지향적인 목표'만 갖고 일을 시작하고 실행할 때보다, 성과목표와 결과물인 성과의 관계를 구체적으로 설정한 '상태적인 목표'를 설정해서 일을 시작하고 실행할 때가 더욱 인과적인 실행이 이루어지는 경우가 된다.

팀장은 팀원들이 담당한 과제의 성과를 구상해보고, 성과를 달성하는 기준인 목표를 상태적인 수준으로 스스로 구체화하도록 코칭해주어야 한다. 상태적인 목표가 잘 수립되어야 인과적인 실행이 이루어지게 되고 그만큼 팀원에게 권한과 책임을 위임해줄 수 있기 때문이다. 팀원은 상태적인 성과목표와 성과목표의 달성방안에 대해 팀장이 코칭을 해줄 때까지 기다리지 말고, 본인이 주도적으로 먼저 구상해서 초안을 수립해보고, 가급적이면 초기 단계에서부터 팀장에게 코칭을 의뢰하는 것이 좋다. 팀원 본인이 생각하는 완성본을 팀장에게 들고 가도, 팀장이 당초에 구상했던 고객의 아웃풋 이미지와 상이하거나 고객의 기대치에 미치지 못하는 경우가 흔히 있기 때문이다. 그래서 구상 단계에서부터 팀원은 코칭을 요청하고 팀장은 코칭 대화에 응해주는 과정이 시작되고 지속되어야, 적시에 즉 리얼타임으로 업무 실행 과정에 대한 지원도 이루어질 수 있게 된다.

성과목표 설정과 달성방안에 관한 사전 합의로 권한위임이 시작되면, 실행 단계에서는 하위리더나 구성원에게 실행 방법과 행위에 대한 선택의 권한과 책임을 실질적으로 위임하는 방식으로 '업무의 흐름workflow'을 이어갈 수 있게 된다. 많은 기업들에서 말이나 의지로는 위임을 한다고 하면서도 실제로는 위임이 잘 되지 않고 실행 과정 내내 상위리더의 개입과 간섭이 이어지는 경우가 많다. 이런 현상이 있는 것은 상위리더 개인의 자질과 성향의 문제일 수도 있지만, 대부분의 경우는 실행 단계까지 위임이 지속될 수 있는 사전 조건이 충족되지 않았기 때문이다. 따라서, 리더들에게 위임을 하라고 강조만 하기보다는, 성과 관리와 코칭의 원리에 충실하면서도 자사 상황에 적합한 세부 기준을 조직 차원에서 마련해서 지켜지도록 지원하는 구조적인 대책이 더욱 중요하다.

〈기간별 성과기획과 성과리뷰의 흐름〉

연간 성과기획	분기·월 성과기획	주간 성과기획	일일 성과기획
연간 성과리뷰	월·분기 성과리뷰	주간 성과리뷰	일일 성과리뷰

업무와 과제가 실행되는 흐름은 기간별 성과기획과 성과리뷰 프로세스를 체인처럼 연결함으로써 기본적인 틀을 갖추게 된다. CEO는 중장기와 연간 사이클에, 임원과 본부장은 연간과 분기 사이클에, 팀장은 분

기와 월간 사이클에, 팀원은 주간과 일일 사이클에 저마다의 초점을 두는 방식으로 역할을 분담하는 것이 효율적이다. 이렇게 하면, 회사는 중장기2~3년 및 연간 성과의 창출에 주안점을 두고, 각 본부장에게 연간 및 분기 단위 성과창출을 위임하고, 본부장은 팀장에게 분기 및 월간 단위 성과창출을 위임하며, 팀장은 팀원에게 주간 빛 일일 성과창출을 온전히 위임할 수 있게 된다. 무늬만 위임이 아니라 물이 흐르듯이 자연스러운 캐스케이딩cascading 방식의 위임이 가능해지는 것이다. 이 과정에서 허리와 같은 구실을 하는 사이클이 팀장이 주도하는 월간 사이클이다. 사실 분기는 월간 사이클이 세번 모인 것이고, 주간이 네번 모이면 월간이 된다. 중간 리더인 모든 팀장들이 업무 분야별로 월간 사이클을 충실히 운영하면 연간 사이클도 자연스럽게 축적되고, 주간 사이클도 자연스럽게 촉진되는 것이다.

우리가 대표이사나 본부장이라고 많이 부르는 경영진 또는 임원급 계층은 실제로 직속으로는 많은 인원을 두지 않는다. CEO는 회장실이나 사장실이 직속 부서이고 본부장이 매일 수시로 소통하는 부서는 본부의 선임 기획부서 정도이다. 실제로 일을 맡고 수행하고 성과를 맺는 대부분의 인원은 일선 팀들에 속해 있다. 이에 따라 팀장이 주도하는 월간 성과기획과 성과리뷰는 팀이나 본부뿐만 아니라 회사 전체의 성과관리를 위해 중추적인middle-up-down 역할을 하게 되는 것이다. '월간 성과기획'과 '월간 성과리뷰'는 실무적으로 보면 같은 시기에 하게 된다. 보통 매월 마지막 주의 후반부나 차월 첫번째 주의 초반부에 걸쳐서 이루어진다. 어떤 회사나 회계를 담당하는 팀은 매월 회계결산을 한다. 그런

데 왜 다른 팀들은 결산을 하지 않아도 되는가? 재무와 회계를 맡지 않았다고 결산을 하지 않아도 되는 것인가? 그렇지 않다. 모든 팀들은 각 팀이 맡은 일에 대한 '업무결산'을 매월 해야 하는 것이다. 회계팀이 하는 결산은 회계팀의 업무결산인 것이다.

월간 성과기획과 성과리뷰에서 모든 업무를 다 다룰 필요는 없다. 일상적이고 반복적이고 정형화되어 있는 루틴routine 업무보다는 변동 사항, 특이 사항, 이슈가 많이 있는 일에 우선순위를 두는 것이 좋다. 물론 루틴 업무가 주된 팀의 경우에는 루틴 업무 중에서도 상대적으로 문제해결이 더욱 필요한 과업과 과제에 초점을 두면 된다. 월간 성과기획 워크숍에서는 핵심과제별로 다음 달에 완수할 성과물의 내역과 진척시킬 일정과 소요 기간, 고정적인 변수와 변동적인 변수에 대한 대응 방안, 투입될 자원, 개인별 역할 및 권한과 책임에 관한 사항을 다루면 된다. 월간 성과리뷰 워크숍에서는 지난 달에 했던 월간 성과기획 워크숍에 기획하고 계획한 사항이 제대로 이루어졌는지를 확인하고 대책을 마련한다. 즉, 성과목표가 어느 정도 진척이 되었는지, 기대한 성과목표와 실현된 성과 간의 간극gap의 내역은 어떤 것이며 그런 간극이 발생하게 된 원인은 무엇인지, 그리고 다음 달에 개선하고 보완할 사항은 무엇인지 등이 주제가 된다.

팀별로 목표설정과 자원배분, 업무조정이 이루어지는 월간 성과기획과 성과리뷰가 엄밀하게 이루어진다면, 팀원들은 이 워크숍에 제대로 참여해야 담당 업무를 더욱 효과적으로 위임받아 실행을 할 수 있게 된다. 만일 어떤 팀원이 이번 달 말일에 팀의 월간 성과기획 및 성과리뷰

워크숍이 있다고 해서 워크숍 직전에 급히 검토하는 수준으로 급조해서는 제대로 워크숍에 참여하기도 어렵고 팀장과 동료의 구체적인 지원을 받기도 어렵다. 만약 다른 어떤 동료 팀원들은 매주 팀장에게 진척 상황을 공유하면서 코칭을 요청하며 상호 소통하고 지원을 받아 오면서 각자 주단위로 성과를 기획하고 리뷰했다고 하자. 그들에 비해 급조한 팀원은 월간 워크숍이 시작되기도 전에 팀장이나 동료들과의 공감대에 있어서 격차가 있게 되고 이런 격차는 매월 쌓여가게 된다. 어떤 팀원이 업무 실행과 결과에 있어서 더 유리하겠는가? 자명한 질문이 아닐 수 없다.

5

Coordination,
언제든지 조정하라

핵심 실천 포인트

- 업무 진척 상황을 적시에 공유, 지원, 조정하여 문제를 예방하고 해결한다.
- 팀장뿐 아니라 팀 내외부의 동료 및 협업자와 기간별 진척 상황을 공유한다.
- 데이터와 사실 정보를 분석해 성과를 트래킹tracking하고, 목표와 과정의 갭을 파악한다.
- 과제의 내용, 목표, 전략이 상황 변화에 따라 실효성을 유지하도록 조정해 간다.

성과목표를 달성하는 전략을 수립할 때에는 기존의 익숙한 방법대로 수행할 수 있는 고정적인 사항고정변수과 새로운 시도와 고안이 필요하고 예측하기 어려운 요소가 있는 변동적인 사항변동변수로 구분해서 검토하는 것이 좋다. 고정변수가 많은 업무나 과제는 해당 업무를 수행한지 얼마되지 않은 주니어 팀원 또는 비숙련 팀원이 담당하거나 참여하게 하는 것이 좋다. 변동변수가 많은 과업과 과제는 숙련되고 경험이 많은 전문가급 팀원에게 맡기는 것이 좋고, 필요하다면 팀장이 직접 담당자를 맡아도 된다. 물론 팀장이 그 분야의 전문가인 경우에 말이다.

그런데 실제로 과제가 진행되면서 처음에는 고정변수라고 생각했던 사항들이 변동변수로 드러나는 경우도 있고 그 반대의 경우도 있다. 전자는 예컨대, 목표설정 단계에서는 원료와 자재의 조달 가격이 예년 수준으로 당연히 확보될 것으로 예상되었지만 공급 부족으로 가격이 크게 올라가버린 경우다. 후자는 예컨대, 유통채널 확보에 난항이 예상되었지만 유통채널 자체를 손쉽게 아웃소싱할 수 있게 된 경우다. 이 두 가지 예시 모두, 연초에 설정한 목표치에 비해 연말에 실현된 결과치가 얼마나 되었는지를 달성률로 계산해 평가한다면 실효성 있는 평가라고 보기 어려워진다. 과제별로 합리적인 예측을 벗어난 상황 변화까지 고려해서 평가되는 경우는 고도의 성과관리를 하는 조직이 아니라면 찾아보기가 어렵다.

생각보다 많은 회사에서, 당초 목표와 상황의 변화가 평가 결과에 반영되지 않는 비합리적인 현상이 나타나고 있다. 만일, 이런 문제를 방치한다면 일을 수행하는 사람의 동기와 의욕이 저하되는 심각한 문제를 유발한다. 아무리 열심히 노력해도 결국 좋은 평가가 나올 수 없는 상황에서 공정한 평가가 이루어질 것이라고 기대하기는 어렵기 때문이다. 굳이 평가와 연관을 짓지 않더라도, 성과목표의 실효성이 떨어지거나 상실된 상태에서, 성과목표를 향해 일을 진척해가는 것 자체가 무의미해지거나, 과제 수행 행위 자체가 형식적으로 흐를 수도 있다.

리얼타임 성과관리의 세번째 핵심 특징은 바로 이런 문제를 최소화하는 것이다. 즉, 성과목표와 달성방안에 관련된 내외부 상황의 유의미한 변화가 발생한 경우에는, 그것을 성과목표나 달성방안의 세부 내용에 적시에 반영하는 것이다. 또한 이렇게 하기 위해 팀 내부와 외부에 걸쳐 과제 관련 역할과 책임이나 자원분배에 관한 협의와 조정도 하는 것이다. 성과목표의 조정은 대개의 경우 평가와 연계되어 있기 때문에 상위

〈팀장의 월단위 성과관리 대시보드(예시)〉

월별	김○○	이○○	박○○	민○○	최○○	홍○○	한○○
1월							
2월							
3월 (1분기)							
4월							
5월							
6월 (상반기)							
7월							
8월							
9월 (3분기)							
10월							
11월							
12월 (연말)							

1월	주요 업무와 과제 수행 내용	주요성과
당기과제	• 책임자로서…	• 진척도는… • 완수사항은… • 그밖의…
선행과제	• 수행자로서…	• 진척도는… • 완수사항은… • 그밖의…
루틴업무	• 지원자로서…	• 진척도는… • 완수사항은…
부서 공통업무	• 협업자로… • 수행자로서…	• 진척도는… • 완수사항은… • 그밖의…
역량 관찰·기록	• 업무 측면에서.... • 업무 외 측면에서....	
종합의견	• 성과목표1은… 성과목표2는… 성과목표3은….. • 역량 및 자기 개발은… 공통역량은… 직무역량은… 미래역량은…	

리더의 승인이 필요할 수 있다. 달성방안의 경우에는 팀원이 팀장에게 코칭을 요청하여 공감대를 형성함으로써 수행 방법과 일정의 조정, 가용 자원의 재배분 등이 더욱 유연하게 이루어질 수 있다.

리얼타임으로 조정하고 관리하기 위해, 팀장은 팀내의 업무와 과제별로 발생하고 변화하는 수많은 성과관리 정보를 기억에 의존하지 말고, 글로 쓰고 기록하여 대시보드 형태로 종합해서 관리해야 한다. 앞서 설명한 월간 성과기획과 성과리뷰의 내용을 매월 관리하여 '팀의 성과관리 대시보드' 형태로 관리할 수 있다273쪽 그림 참조. 예를 들어, 과업이나 과제를 시작할 때에는 상공정에서 불량이 발생할 것으로 예상되었지만, 실제로는 중공정이나 하공정에서 불량발생을 경고하는 데이터 분석 결과가 나왔다면, 우선적으로 긴급한 조치를 취해야 한다. 그리고 상당한 기간 동안 이런 현상이 지속적으로 발생한다면 중공정과 하공정의 불량 문제 해결에 주안점을 두어 품질관리 관련 성과목표의 세부 내역을 조정해야 한다.

어떤 팀에서나 팀원이 단독으로 일을 수행하는 경우도 있지만, 여러 팀원들이나 다른 팀의 팀원과 함께 협업을 해야 하는 경우도 있다. 협업을 할 때 차질이 생기거나 무임승차 현상과 같은 도덕적 해이가 발생하는 많은 원인은, 협업의 대상인 과업과 과제의 진행 현황과 이슈에 관한 정보가 적시에 공유되지 않는 데에 있다. 팀장 입장에서 보면, 팀원들의 개인별 역할과 책임, 담당하는 과제별 진척도와 상황 정보를 한눈에 적시에 파악할 수 있어야 코칭과 권한위임도 제때 이루어질 수 있다. 그래서 팀장은 평소에 팀의 월단위 성과관리 대시보드를 통해 팀의 주요 업무 상황이 전체적으로 한눈에 파악되도록 관리하는 것이 좋다. 단, 대시보드의 형태 자체는 그리 중요하지 않다. 회사에서 운영하는 공식적인 정보시스템일수도 있고, 외부 클라우드 업체에서 제공하는 성과관리 협업툴일수도 있고, 엑셀이나 워드 같은 앱일수도 있다. 심지어 업무 일지나 수첩에 수기로 기록하고 관리하는 방식으로도 가능하다.

리얼타임 성과관리가 조직 전체로 확대되는 경우에는 또다른 도전이 기다리고 있다. 예를 들어, 상품기획에서부터 신제품 설계, 시제품 제작, 양산체계 설계, 시범생산, 본생산으로 이어지는 프로세스가 있다고 하자. 만약에 시범생산 단계에서 결정적인 결함이 발생된 경우에는 이를 신제품 설계 담당자에게 적시에 피드백을 해주는 것이 마땅하다. 신제품 설계 담당자는 다시 상품기획팀에 이 사실을 미리 알려줌으로써, 회사나 본부 차원에서 선제적인 대응조치가 이루어지도록 해야 한다. 이러한 실시간 모니터링과 조정 활동이 가능해지기 위해서는 팀장의 월간 성과관리 대시보드 운영만으로는 한계가 있기 때문에, 조직 전체 차원에서 주요 성과 지표별 데이터가 수집되어 분석된 결과를 적시에 보여주는 온라인 대시보드를 개발하여 운영하는 것이 필요해질 수 있다.

6

Coaching,
위임하고 코칭하라

핵심 실천 포인트

- 성과코칭의 목적과 본질이 다른 유사 활동과 어떻게 다른지 명확히 이해한다.
- 팀원이 스스로 문제를 해결하고 책임지며 성장하도록 성과코칭을 통해 돕는다.
- 성과창출과 역량향상을 위해 팀장과 팀원이 서로 성과코칭을 요청하고 지원한다.
- 과업과 과제의 성과관리 단계별로 팀장과 팀원의 성과코칭 역할을 실천한다.

기업과 기관에서의 코칭이 빠르게 확산되고 있지만, 그만큼 직장내 코칭의 개념과 본질에 대한 오해와 혼란도 적지 않은 것 같다. 역할만 부여되고 권한위임이 동시에 이루어지지 않는 코칭은 명칭만 코칭일뿐 가르침이나 간섭과 다름이 없는 경우가 많다. 팀장이 팀원을 코칭한다는 것은, 팀장의 지식과 스킬, 개인적으로 경험한 시행착오 노하우와 주

관적인 교훈을 알려주는 가르침teaching이 아니다. 또한 팀장의 코칭은 차세대 인재를 육성하고 경력개발을 이끌어주는 멘토링mentoring도 아니다. 그렇다고, 팀원들 개개인의 고민과 고충을 들어주며 조언하는 카운셀링counselling도 아니다. 솔루션을 개발하거나 해답을 특정해서 제시하는 컨설팅도 아니다. 팀원의 인생 비전과 목적을 파악하고 자아실현을 돕는 라이프코칭life coaching도 아니다. 직장에서 코칭이란, 상위리더가 하위리더나 구성원이 스스로 자신의 업무 목표를 세우고 실행 방법을 도출하고 실행하여, 고객이 기대하는 결과물인 성과를 주도적으로 창출하도록 돕는 일상적인 대화와 지원 행위이다그림 참조.

〈리얼타임 성과 관리와 코칭 프로세스〉

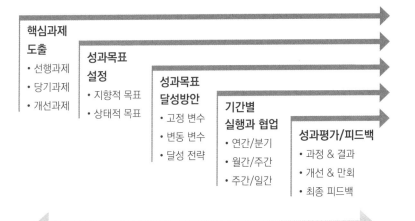

류랑도·김현주(2023), 〈PXR 성과관리 실전노트〉, 수정 인용

코칭에 대한 또다른 오인은 코칭이 온전히 리더만의 책임 활동이라고 생각하는 경향이 있다는 것이다. 그렇지 않다. 코칭은 상호적인 것이다. 코칭 대화와 활동을 이끌어주는 상위리더코치, coach의 역할도 중요하지만 코칭을 요청하고 의뢰하고 참여하고 적용하는 하위리더나 구성원코치이, coachee의 역할도 그에 못지 않게 중요하다. 예를 들어, 코칭에 대해 제대로 훈련받은 팀장이 아무리 코칭 대화를 시도해도 팀원이 이를 피하려고만 하거나, 코칭을 받을 때에 방어적이고 소극적인 태도로 일관한다면, 코칭의 효과는 반감될뿐만 아니라 오히려 역효과도 생길 수 있다. 반면에 팀원이 자신의 담당한 업무와 과제에 대해 기본적인 검토와 구상을 정리해서 적어 보고, 개별 과제나무보다 팀 전체 업무숲을 더 잘 보는 팀장에게 성과관리 단계별로 코칭을 요청하고, 팀장코치도 일정한 기준에 입각해 검증하고, 조언하고, 위임하고, 지지해준다면 성과코칭을 통한 성과창출 및 역량개발 효과는 배가될 수 있다.

성과코칭은 성과관리의 모든 단계에서 적시에 상시로 이루어질수록 좋다. 예컨데, 매달 특정일을 정해서 팀원 인당 30분씩 팀장과 일대일 면담을 하는 방식으로 대화하는 것은 제도화된 면담 절차이지, 진정한 성과코칭이 아니다. 성과코칭은 팀원들 스스로 일을 할 수 있도록 개개인의 입장에서 맞춤형으로 접근하는 것이다. 팀원마다 맡은 과업과 과제가 다르고 내용도 타이밍도 다르다. 과제가 다르므로 성과목표도 다르다. 수치 목표는 비슷하거나 겹칠 수 있지만 성과목표의 세부 내역은 팀원마다 과제마다 다르다. 성과목표를 달성하는 전략과 방안에서는 더욱 많은 차이가 나타나게 된다. 기간별 실행과 협업의 단계로 갈수록 팀장이 팀원들과 성과코칭을 통해 나누는 생각, 함께 쓰고 읽고 보고 듣는 내용, 기준에 입각한 질문과 검증의 결과도 팀원마다 특화되어간다. 이런 과정을 거쳐서 최종적인 성과평가가 이루어지고 개선과제와 만회대책에 관한 피드백으로 마무리하게 된다.

이상에서, 리얼타임 성과관리가 팀 수준에서 어떤 방식으로 이루어질 수 있고 어떻게 실천해야 효과적인지에 대해 이야기해 보았다. 요약하면, 첫째, 성과관리는 오랜 역사적 발전 과정을 거쳐 모든 임직원이 자기주도적으로 일을 할 수 있도록 적시에 돕는 '리얼타임 성과관리' 방식으로 발전하고 있다. 둘째, 일을 시작하고 실행하기 전에는, 그 일을 통해 고객이 기대하는 성과의 목표를 구체적으로 설정하고 그에 대해 팀장과 팀원이 사전에 공감대와 합의점을 도출하는 데에 중점을 둔다.셋째, 팀장과 팀원이 담당한 업무와 과제가 실행되는 단계에서는 실행 방법의 선택 권한과 실행 행위 자체를 팀원에게 위임하고, 기간별로 아웃풋과 협업 이슈를 점검하고 코칭하며 지원한다. 넷째, 내부 여건이나 외부 상황의 유의미한 변화로 인해, 과제의 내용이나 성과목표, 달성전략의 유효성을 확보하기 위한 조치가 필요할 때에는 언제든지 상위리더에게 코칭을 요청하여 조정해서 대응해가도록 한다. 마지막으로, 팀장은 성과 코치coach로서 팀원은 성과 코치이coachee로서의 상호적인 역할을 명확히 인식하고, 성과관리 단계별 기준에 입각해 성과코칭을 통한 소통과 협업이 리얼타임으로 이루어지도록 함께 노력한다.

하경태 부장

팀 리더십 혁신:
코치형 리더

1
코치형 리더의 필요성:
"시대와 세대"의 변화

현대 기업과 조직은 급변하는 시장 환경에 대응하기 위해 실시간으로 의사 결정을 내려야 하며, 이에 따라 조직은 점차 수평적이고 슬림화되고 있다. 또한, 인력 충원 방식이 대규모 공개 채용에서 소규모 수시 채용으로 전환되고 있으며 그 규모는 지속적으로 축소되고 있다인쿠르트, 2023. 이로 인해 조직은 현재 구성원의 역량을 개발하고 강화하여 목표를 달성해야 하는 상황에 직면하고 있으며, 업무의 경계가 모호한 영역에서 다양한 협업이 이루어지고 있어 리더의 코칭/피드백 역량이 무엇보다 중요해지고 있다.

우리는 과거의 정답이 있는 시대에서 벗어나 해답을 만들어가는 시대를 살고 있다. 따라서 풍부한 경험을 지닌 리더조차 경험해보지 못한 일이 빈번히 발생하며, 구성원과 함께 집단지성의 힘으로 조직이 직면한 문제를 해결하고 성장을 이끌어야 하는 공동의 노력이 필요하다.

"2022년 경제활동 인구조사" 보고서통계청에 따르면, 기업 내 MZ 세대 구성원의 비중이 평균 57.9%에 달하며, 일부 기업에서는 MZ 세대 구성원의 비중이 60~80%에 이르고 있다. 리더에게는 현장 최접점에서 고객을 마주하는 구성원의 의견과 목소리를 경청하고 이에 대해 적절한 코칭/피드백을 제공하는 역할이 요구된다.

여기서 리더들은 "MZ 세대 구성원들이 과연 코칭/피드백을 얼마나 원하는지? 그리고 어느 정도의 주기로 해줘야 하는지?"에 대한 의문을 가질 수 있다. 이에 대한 답으로 아래 연구조사 결과를 참고해 볼 수 있다.

글로벌 IT컨설팅 회사 SAP Success Factors의 조사에 따르면, 밀레

〈구성원이 희망하는 피드백 빈도〉

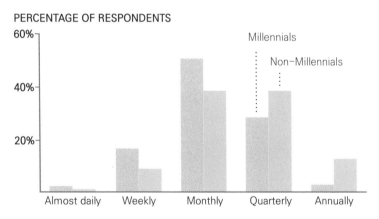

HOW OFTEN EMPLOYEES WANT FEEDBACK
FROM MANAGERS
Most millennials prefer monthly.

PERCENTAGE OF RESPONDENTS

SOURCE SAP   HBR.ORG

△ 출처: HBR

니얼 세대의 약 50%는 월 1회의 피드백을 원하며, 분기별 1회는 30%, 주간 1회는 17%, 매일 피드백을 원하는 비율도 1%에 달한다. 이는 밀레니얼 세대보다 성장과 자기 개발에 적극적인 Z세대가 개인 성장에 도움이 되는 피드백을 얼마나 원하고 있을지를 유추해 볼 수 있는 중요한 대목이다.

MZ 구성원이 원하는 코칭/피드백, 수행 노력도 60% Up되고!

팀 리더가 주목해 볼 연구 결과와 사례를 소개하고자 한다. 스탠포드 대학 앨버트 반두라Albert Bandura 교수의 연구에서 "구성원들은 목표만 주어졌을 때보다 피드백이 함께 제공되었을 때 수행 노력이 약 60% 증가한다"는 결과와 하버드 경영대학원 로버트 캐플런Robert Kaplan 교수

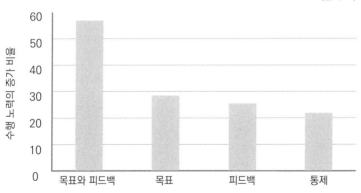

〈수행 노력의 증가(Increase in Effortful Performance) 효과〉

(단위:%)

△ 출처: 앨버트 반두라(A. Bandura), 다니엘 서보니(D. Cervone)(1993), 『목적 체계의 동기효과를 통제하는 자기평가와 자기효능감 메커니즘』 미국 성격 및 사회심리학지

의 "피드백을 받지 못하면 구성원은 무능해지고 리더는 독재자가 된다"는 주장이다. 이는 리더에게 받는 코칭/피드백을 단순히 구성원이 원하기 때문만이 아닌 실무 능력 향상에서의 필요성을 강조한 부분이라고 할 수 있을 것이다.

이러한 시대와 세대의 변화 흐름에 선행적으로 대응하기 위해 대표적인 글로벌 기업 NETFLIX와 Microsoft는 연중 지속적인 1on1 코칭과 피드백을 실시하고 있으며, 국내에서는 삼성전자, LG, 현대/기아차, 아모레퍼시픽 등 업종별 대표 기업에서도 코칭/피드백 문화를 정착시키기 위해 노력하고 있다. 다시 말해, 현재 조직 생산성의 중추가 되는 MZ세대 구성원들을 이해 한다면 코칭/피드백은 리더로서 갖추어야 될 필수 역량이자 역할이라고 할 수 있을 것이다.

〈기업별 코칭 리더십 교육 운영 사례〉

기업	코칭 리더십 교육 운영 사례 (연도)
삼성전자	임원 코칭을 통한 변화 시도(2022년)
LG	그룹 내 코칭 리더십 문화 확산을 위한 'LG Coach CoP' 운영(2018년)
현대/기아자동차	생산부문 코칭을 통한 리더 주도의 변화 조성(2022년)
아모레퍼시픽	전사 팀장 코치형 리더 교육 및 상황별 코칭 리더십 교육 운영(2022~2024년)
서울아산병원	코칭 커뮤니케이션 리더십 교육 운영(2022년)

2

코치형 리더로서의 사전 준비

첫 번째, 코칭 철학 공감

에노모토 히데타케의 저서 〈마법의 코칭, 2004〉에서 제시한 코칭 철학의 원문에 "(구성원)과 (리더)"를 대입해 보려한다.

• 모든 사람(구성원)은 스스로 성장할 수 있는 가능성과 잠재력을 가지고 있다.

• 모든 문제, 이슈에 대한 답은 그 사람(구성원) 내부에 있다.

• 해답을 찾기 위해서는 파트너(리더)가 필요하다.

리더들은 종종 코칭/피드백을 특정 상황에서 발현해야 하는 "기술"로만 생각하는 경향이 있다. 틀린 것은 아니지만 이럴 경우 리더는 소통 과정에서 무엇을, 어떻게 표현할지에 대해 집중하게 되고, 구성원의 말을 경청하지 못하게 된다. 결국 리더는 코칭/피드백 과정에서 자신의 말이 잘 전달 되었을 것이라 생각하지만, 구성원의 이해와 공감을 얻지 못한채 일방적인 소통으로 마무리 될 가능성이 높다.

리더의 진정한 코칭/피드백은 구성원의 가능성과 잠재력을 신뢰하고, 구성원 스스로 해답을 찾을 수 있다는 믿음에서 시작되며 이를 습관화 하려는 노력이 필요하다. 코칭 철학을 유념하는 것과 그렇지 않은 것에는 코칭 태도에서 큰 차이가 나타난다. 코칭 철학이 리더의 마음가짐에서 옅어지면 구성원의 이야기를 온전히 경청할 수 없고, 리더가 대화의 주인공처럼 행동하게 된다.

두 번째, 구성원에 대한 관심-관찰-기록

구성원에 대한 관심은 "구성원 업무와 관련된 관심에서 출발해 그들의 일상으로 확장되며 최종적으로 구성원의 성장으로 이어지는 것"이다.

현재 진행 중인 일에서 가장 도전적인 것이 무엇인지, 리더가 지원할 수 있는 것이 무엇인지에 대한 관심만으로도 효과적인 코칭과 피드백을 제공할 수 있는 기회를 얻을 수 있다. 관심에서 출발한 질문을 할 때, 신뢰에 기반한 관심인지 불신에 기반한 간섭인지의 뉘앙스를 구분하는 표정, 어조, 어감 등의 비언어적 요소를 고려하는 것도 중요하다. 비언어적 요소의 중요성에 대해서는 미국 캘리포니아대 명예교수이자 심리학자인 앨버트 메라비언Albert Mehrabian, 1939~이 발표한 "The Law of Mehrabian"을 참고하는 것도 도움이 될 것이다.

더불어 관찰과 기록은 필수적이다. 2014년 HBRHarvard Business Review에서는 리더의 관찰 역량의 중요성을 강조한 바 있다. 관찰에서 중요한 것은 관찰과 추론을 구분하는 것이다. 추론에는 리더의 판단, 평가 등의 주관이 개입되기 때문이다. 관찰 역량 강화를 위해 얀 칩체이스 Jan Chipchase의 〈관찰의 힘2019〉을 참고해 보는 것도 도움이 될 것이다.

기록의 중요성은 몇 번을 강조해도 지나침이 없다. 니체Friedrich Nietzsche의 "인간은 망각의 동물이다"라는 말과 독일의 심리학자 에빙 하우스Hermann Ebbinghaus의 망각 곡선Forgetting Curve 연구에 따르면 기 억은 1시간 후 44%, 1일 후 33%, 1주일 후에는 25% 이하 수준으로 유 지된다고 한다. 이렇듯 기록을 통해 관찰한 내용을 적시에 정리하는 것 은 매우 중요하다.

〈에빙하우스의 망각 곡선〉

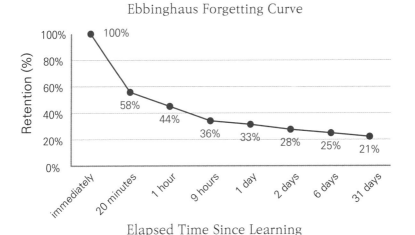

△ 출처: 나무위키

기록 없이 소실된 기억의 빈자리는 그 날의 기분과 감정이 채우게 되 며, 그 감정의 렌즈로 구성원을 바라보게 된다. 긍정적인 상황에서는 문제가 적겠지만, 개선적 피드백이 필요한 경우 구체적인 기록 없이 피드백이 진행되면 당시의 감정이 개입되어 상호 간의 이해와 의견차가 발생할 수 있다. 예를 들어, "앞으로 좀 더 적극적이었으면 좋겠다", "좀 더 창의성이 필요하다", "보고서가 좀 더 깔끔했으면 좋겠다" 등은 구체적인 기록이 없는 피드백의 대표적인 예이다.

구성원에게 코칭/피드백을 하기 위한 기록의 기준으로 ReSCURelevant, Specific, Complete, Usual를 제안한다. 여기서 강조하고 싶은 것은 "행동 기반 기록"이다. 기록의 목적은 행동의 지속적인 유지 또는 개선을 기대하기 위함이기 때문에 업무와 연관된 행동에 대해 구체적이고 종합적인 기록이 필요하다.

〈코칭/피드백 기록의 기준, 'ReSCU'〉

Relevant	Specific
① 업무 목표 및 행동 지표와 관련된 주요사항을 기록 ② 개인적인 의견은 배제하고 객관적으로 기술	⑥ 행동 지표를 보다 구체적으로 기술
Complete	**Usual**
③ 언제, 어디서, 어떤 행동을 했는지 등의 정보 포함 ④ 구성원의 행동뿐만 아니라 상대방의 행동이나 그로 인한 결과도 함께 기록(연속성 있는 관찰) ⑤ 나중에 다시 봐도 이해할 수 있도록 정확히 묘사	⑦ 관찰과 기록을 습관화(예: Monthly Report) ⑧ 잊기 전에 가능한 빨리 기록(망각 곡선 참고)

물론 리더들은 "나의 관찰/기록에 대하여 구성원들이 부담스럽게 생각하지 않을까?"라는 우려를 가질 수 있다. 하지만, 관찰 기반의 기록이 갖는 이점을 다음 두 가지 상황을 통해 설명해 보고자 한다.

- 상황 1: 모범이 될 행동과 긍정적인 성과를 낸 구성원에게 피드백 할 때
  - ▶ 해당 구성원은 기록에 근거한 긍정적 피드백을 받으면서 본인이 어떤 부분에서 잘했는지 구체적으로 알게 되고, 이를 근거로 다음 업무에서도 동일한 행동을 반복하려는 노력과 확장하려는 기회를 가질 수 있다.
- 상황 2: 업무 과정/결과에서 개선 및 보완이 필요한 구성원에게 피드백 할 때
  - ▶ 해당 구성원은 기록에 근거한 개선적 피드백을 받으면서 서로 다른 이해와 감정적 소모를 방지할 수 있다. 또한 구체적인 성장 지원적 코칭/피드백을 받는다면 그 상황을 부정적으로만 생각하지 않을 수 있다.

기업/조직에서 코치형 리더의 필요성과 사전 준비에 대해 정리해 보자면, "관심이 있으면 관찰하게 되고, 관찰하다 보면 통찰이 일어나게 된다"는 것을 강조하고 싶다. 구성원에 대한 진정성 있는 관심은 자연스럽게 관찰을 유도하고, 관찰된 기록들은 결국 성장 지원적 코칭/피드백에 대한 통찰로 이어질 것이다.

3

코치형 리더의
Wow_{What&How}_What

코칭/피드백의 실질적인 방법론인 "What"에 대해 다루고자 한다. 우선, ICF국제코칭연맹와 KCA한국코치협회는 아래와 같이 코칭을 정의했다.

〈코칭의 정의〉

ICF(국제코칭연맹)	KCA(한국코치협회)
고객의 개인적이며 직업적인 잠재성을 최대한 이끌어내도록(질문을 통해) 생각을 자극하며 창의적인 코치-고객 간의 협력관계를 가지는 것	개인과 조직의 잠재력을 극대화하여 최상의 가치를 실현할 수 있도록(질문을 통해) 돕는 수평적 파트너십

△ 출처: ICF & KCA 홈페이지

ICF와 KCA의 정의에는 공통점이 존재한다. 원문에 명시되어 있지는 않지만, 코칭은 "질문을 통해" 고객의 생각과 의욕, 잠재력을 자극하여 그들이 스스로 원하는 바를 실현할 수 있도록 돕는 과정임을 의미한다.

즉, 코치는 직접적인 답을 제시하기 보다는 고객이 스스로 해답을 찾는 것을 원칙으로 한다. 필자 역시 궁극적인 방향과 중장기적 관점에서는 이에 공감하지만, 우리가 일하는 조직에서는 기준을 좀 더 유연하게 바라볼 필요가 있다.

조직에서 정해진 기한 내에 약속한 성과를 내기 위해 노력하는 코칭 Coaching은 상황과 대상에 따라 티칭Teaching과의 적절한 조화가 필요하다. 따라서 본 장에서는 코칭과 티칭의 적절한 조화를 중심으로 내용을 이어나가겠다.

피드백의 4가지 유형

피드백이라는 단어를 듣는 순간 우리는 경험적으로 개선이나 보완이 필요한 의견과 지시를 받았던 기억을 떠올리게 된다. 따라서 피드백을 받는다는 것이 항상 즐겁고 유쾌한 일은 아니었을 것이다. 하지만 피드백은 개선적 피드백만 있는 것이 아니다. 아래 피드백의 유형을 4가지로 구분한 표를 활용해 소개하고자 한다.

〈피드백의 4가지 유형〉

△ 출처: 리처드 윌리엄스, 피드백 이야기(2007)

① 지지적 피드백

잘한 일에도 반드시 코칭/피드백이 필요하다. 조직에서 흔히 잘못 알고 있는 점은 잘한 일은 칭찬 정도로 넘어가고, 개선이 필요한 일에만 집중적으로 피드백을 주는 것이다. 잘한 일에 대한 지지적 피드백의 목적은 다음과 같다.

- 구성원이 무엇을 잘했는지 명확히 이해시키는 것
- 반복이 필요한 행동을 독려하는 것
- 해당 행동을 더 강화해주고 확장해주길 바란다는 점을 인지시키는 것

그 결과, 해당 피드백을 받은 구성원은 그 행동을 강화하고 확장하기 위해 노력할 것이며, 다른 구성원들도 리더가 생각하는 바람직한 행동을 인지하고 실행의 기준으로 삼을 것이다.

② 개선적 피드백

개선적 피드백은 사실Fact 기반의 주관이 배제된 피드백이며, 바뀌어야 할 행동에 집중해야 한다. 이미 벌어진 결과에 대한 피드백은 궁극적으로 구성원의 행동 변화를 유도하기 어렵다. 이는 리더가 줄 수 있는 지원적 피드백이 아닌 평가형 피드백이 되기 때문이다. 결과가 나오게 된 근본적인 원인, 즉 과정과 행동에 대한 피드백이 있어야만 다음에는 무엇을, 어떻게 개선할 것인가에 대한 생산적인 코칭/피드백이 진행될 수 있다.

③ 무의미한 피드백

리더들은 종종 "구성원에게 아무리 이야기해도 행동이 바뀌지 않는다"는 고충을 토로한다. 물론 구성원의 문제일 수도 있지만, 관점을 바꿔서 자신이 무의미한 피드백을 한 것은 아닌지 생각해 볼 필요가 있다. 무의미한 피드백이란 막연하거나 두루뭉술한 피드백으로, 받는 사람이 피드백의 의도와 목적을 파악할 수 없어서 행동 개선으로 이어지지 못하는 피드백을 의미한다. 예를 들면, 앞서 설명한 "좀 더 적극적인 태도로 업무에 임하길 바란다", "좀 더 창의적인 기획력을 강화하길 바란다" 등이 있을 수 있다.

④ 학대적 피드백

현대 사회에서 구성원에게 모멸감을 주기 위해 피드백을 하는 리더는 거의 없을 것이다없어져야 한다. 그러나 학대적 피드백은 처음부터 모멸감을 줄 목적으로 시작되는 것이 아니라, 개선적 피드백의 과정에서 감정과 주관이 다분히 개입되는 순간에 시작될 수 있다. 앞서 소개한 피드백 4가지 유형표에 개선적 피드백과 학대적 피드백의 라인에 걸쳐서 빨간색 마크를 표시한 이유는, 개선적 피드백과 학대적 피드백이 한 끝 차이일 수 있음을 강조하기 위함이다. 학대적 피드백을 지양하기 위해서는 필자가 제 2장에서 언급한 관찰/기록의 중요성과 아래에 설명할 코칭/피드백의 원칙 "F.I.T"를 반드시 기억해 주시길 바란다.

지금까지 4가지 피드백 유형에 대해 설명하였다. 결론적으로 구성원들에게 필요한 피드백 유형은 지지적 피드백과 개선적 피드백임을 기억해 주시길 바란다.

MZ 구성원을 위한 코칭/피드백 원칙 "F.I.T"

이번 장에서는 구성원에게 코칭/피드백을 제공할 때 활용할 수 있는 원칙 "F.I.T"를 소개하겠다. 이 원칙은 Fact, Influence, To-be를 의미하는데 개선적 피드백에서의 "F.I.T" 활용을 예를 들며 설명하겠다.

〈코치형 리더의 코칭/피드백 원칙: F.I.T〉

Fact	리더가 관찰한 상황과 구성원의 행동에 대해 평가, 판단을 제외한 사실을 최대한 구체적으로 공유
Influence	구성원의 행동 개선이 왜 필요하고, 조직/팀/리더에게 어떤 영향을 얼마나 미치고 있는지 공유
To-be	다음에는 무엇이/어떻게 개선이 되었으면 하는지를 지시/전달, 질문으로 어떤 도움이 필요한지에 대해 반드시 확인

① Fact

코칭/피드백을 제공할 때는 지금까지 관찰한 상황과 행동에 대해 사실 기반으로 최대한 구체적으로 공유해야 한다. 이때 중요한 것은 관찰한 행동에 대해 언급하면서 리더의 판단, 평가가 반영되어서는 안된다는 것과 해당 행동을 하게 된 정확한 상황과 이유를 확인하는 것이다.

② Influence

왜 그 행동의 개선이 필요한지, 그리고 그 행동이 누구에게 어떤 영향을 미치고 있는지를 공유해야 한다. 때로는 코칭/피드백을 받은 구성원이 "저는 괜찮은데요?" 또는 "저는 그 행동이 문제라고 생각하지 않아요"라고 답변할 수 있다. 그러나 팀을 관리하고 운영하는 리더 입장에서 그 행동이 다른 구성원에게 영향을 미친다면, 그것을 근거로 개선이 필요하다는 피드백을 제공해야 한다.

③ To-be

앞으로 어떻게 개선되었으면 좋겠는지를 지시하거나, 마지막으로 어떻게 도와주면 좋을지를 확인하는 것이다. 많은 리더가 Fact와 Influence 단계까지는 잘 수행하지만, 앞으로 어떤 목표를 세울지와 어떤 지원이 필요한지에 대한 논의를 구체적으로 하지 않는 경우가 있다. To-be를 이야기할 때는 합의된 개선 사항에 대해 어떤 도움이 필요한지 구체적으로 이야기하는 것이 중요하다.

지금까지 소개한 코칭/피드백 F.I.T 원칙에서 가장 중요한 점은 F.I.T 중 하나라도 빠뜨리면 효과가 미미할 수 있다는 것이다.

- Fact가 없는 코칭/피드백은 상황에 대한 서로 다른 이해와 해석이 발생하여 감정적이고 소모적인 시간이 될 수 있다.

- Influence가 없는 코칭/피드백은 개선의 명분과 당위성을 저하시킬 수 있다.
- To-be가 없는 코칭/피드백은 사실 관계에서 잘못만을 따진 뒤 대화를 종료한 것으로, 부정적인 감정만이 남는 면담으로 기억될 수 있다.

정리하자면 리더는 구성원에게 지지적 또는 개선적 코칭/피드백을 제공할 필요가 있으며, 앞으로의 면담에서는 코칭/피드백 원칙 "F.I.T"를 기반으로 소통할 것을 제안한다.

이번 코치형 리더 제 3장에서는 코칭/피드백의 "What"에 대해 설명하였다. 다음 제 4장에서는 리더가 구성원 별로 맞춤형 코칭/피드백을 어떻게 제공하는지 "How"에 대해 알아보고자 한다.

4

코치형 리더의
WowWhat&How _ How#1

[코칭/피드백 How#1] 이렇게 준비해 보세요!

1) 리더와 구성원 간에 "사전 미팅 일정 합의 및 아젠다 공유"

[일정 합의]

이상적으로 구성원의 과제 진행 주기에 맞춰 정기적인 미팅을 실시하는 것이 좋다. 최소한 미팅 2~3일 전에 일정을 조율하는 것이 권장된다. 구성원 입장에서도 미팅에 필요한 자료 및 의견을 정리할 시간이 필요하다. 당일 또는 전날에 미팅을 요청하는 경우, 해당 일에 진행해야 할 업무 스케줄을 갑작스럽게 조정하게 되어 미팅에 대한 준비 또는 집중도가 떨어질 수 있다.

[아젠다 공유]

당일 미팅의 목적과 논의할 아젠다를 사전에 공유하여 더욱 생산적인 미팅을 준비할 수 있다. 예를 들어, 이메일을 통해 "① 미팅의 목적, ②

과제별 진행 사항 확인, ③ 주요 과제 코칭/피드백, ④ 리더에게 바라는 사항을 듣는 자리이다" 정도를 사전 공유하면 구성원은 어떤 부분을 준비하고 지원 요청할지에 대해 생각해보는 기회를 가질 수 있다.

2) 구성원이 코칭/피드백에 온전히 집중하면서 방해받지 않을 "공간 준비와 자리 배치"

열린 공간에서 업무와 관련된 피드백을 진행하는 경우, 주변 소음과 시선 때문에 피드백을 받는 구성원이 집중하기 어려울 수 있다. 특히, 개선적 피드백을 함께 해야 하는 상황이라면 더욱 그렇다. 회의실에서 앉는 위치와 각도에 따른 심리적 상황도 고려해야 한다. 조직 심리학자인 샤론 리빙스턴은 회의 때 앉는 자리에 따라 갖는 심리적 유형이 다르다고 주장한다. 이를 참고하여 1on1 미팅에서의 심리를 그림으로 나타내면 다음과 같다.

- 정면 배치: 흔히 비즈니스 미팅에서 사용하는 자리 배치로, 서로의 입장이 다를 때 긴장감과 방어적인 태도를 유발한다. 이는 마음을 열고 소통할 1on1 미팅에서는 효과적이지 않을 수 있다. 심지어 상대방이 정면/대각선 자리에 앉는다면 그 미팅 자체가 불편한 것이며 사실상 대화할 생각이 없는 것일 수도 있다.
- 직각 90도 배치: 정면 배치와는 달리 시선의 자율성을 보장받으면서 물리적 거리감도 좁힐 수 있어 편안한 마음으로 대화를 나눌 수 있다.
- 옆 배치: 같은 방향을 바라보며 함께 문제를 해결해보자는 동료의 느낌을 줄 수 있어 개방적/협력적인 분위기의 대화를 유도할 수 있다.

1on1 미팅에서는 아래 그림 세 번째 또는 네 번째 자리 배치를 통해 구성원들과 물리적/심리적 거리감을 좁혀 소통해보는 것을 권장한다.

〈1on1 미팅 시 앉는 위치에 따른 상호 간의 심리〉

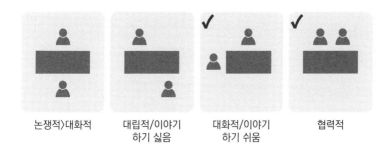

| 논쟁적>대화적 | 대립적/이야기
하기 싫음 | 대화적/이야기
하기 쉬움 | 협력적 |

3) 시나리오 기반의 코칭/피드백 준비

오랜 리더 경험을 가지고 있음에도 불구하고, 1on1 코칭/피드백 상황에서 예상치 못한 변수와 구성원의 반응으로 당황하는 리더들을 자주 만나게 된다. 따라서 코칭/피드백을 진행할 때 만반의 사전 준비가 필요하며, 이를 돕기 위한 시나리오 기반의 코칭/피드백 체크리스트 활용을 제안하고자 한다.

체크리스트를 통해 대략적인 흐름을 파악할 수 있으며, 주요 단계별로 강조하고 싶은 사항을 살펴보겠다.

〈시나리오 기반 코칭/피드백 체크리스트〉

진행단계	체크 리스트
1. 아이스브레이킹	가벼운 근황 및 요즘 트렌드 관련 Small Talk
2. 오프닝	면담의 목적과 중요성 확인
	면담 진행 방법에 대한 설명
3. 목표별 진행 상황 확인	목표 항목별로 빠짐없이 구성원으로부터 추진 과정 및 실적에 대해서 청취 + 과제 순서대로 듣는 것이 아니라, 핵심 과제부터 공유 유도 + 먼저 구성원이 이야기하도록 하고 개방된 자세로 경청
	질문 시 개방형 질문(예: 어떻게 생각해요?)과 폐쇄형 질문(예/아니요)의 균형 잡힌 활용
4. 피드백 내용 전달 및 공감대 형성	그동안 관찰한 Fact와 함께 평가자의 종합 의견 전달
	구체적인 사례와 함께 강점에 대한 의견 제공
	구체적인 사례와 함께 변화/개발 필요점에 대한 의견 제공
	피드백 내용에 대한 구성원 의견 확인 및 공감대 형성
5. 역량 개발 방향 코칭 및 논의	개발 필요점과 관련해 구성원이 노력해야 할 부분을 구체적으로 제안
	개발 필요점과 관련해 리더로서 개발 계획에 대해 지원할 수 있는 부분에 대한 논의
6. 향후 면담 계획 합의	향후 정기적인 면담 또는 이메일을 통해 성과 향상 정도를 측정 및 논의하는 방법 협의
7. 클로징	면담 내용 요약정리(구성원의 정리 내용 상호 확인)
	구성원이 수행하는 임무의 가치와 중요성을 전달한 후 격려하며 종료

- 오프닝

면담의 목적과 진행 방식에 대해 설명하여 상호 간의 이해 수준을 맞추어 진행해야 한다. 단순한 과제 점검이 아닌 과제 수행 상황에서 기록된 구성원의 강점을 인정하고, 보완점을 논의하며, 이를 개선하기 위한 역량 개발 계획과 지원 사항을 논의하고자 하는 의도를 공감하도록 유도한다.

- 목표별 진행 상황 확인

구성원에게 핵심 과제 순으로 공유를 요청하는 것이 좋다. 1on1 면담에서 다양한 이야기가 오고 가다 보면 시간 관리가 어려울 수 있다. 이러한 경우, 시간에 쫓겨 중요 사항을 확인하지 못하거나 해야 할 말을 다하지 못하고 면담을 마칠 수 있다. 따라서 과제의 우선순위를 결정하여 면담을 진행할 것을 권장한다.

- 역량 개발 방향 논의

구성원에게 "필요한 것이 있다면 언제든지 말해 주세요"와 같은 상투적인 멘트를 말하는 것이 아니다. 구성원의 업무 성과를 높이기 위해 필요한 역량 개발 계획을 리더와 구성원이 함께 논의하고 합의하는 것을 권장한다.

- 면담 종료

면담 종료 시에는 리더와 구성원 간에 공유한 내용 및 계획에 대해 구성원이 어떻게 이해했는지 듣는 것이 반드시 필요하다. 긴 시간 동안 면담을 진행하면서 상호 간에 이해가 다른 부분이 있는 경우, 시간은 시간대로 쓰고 추후에 오해가 생길 수 있다. 이를 방지하기 위해 구성원에게 오늘 면담 내용을 요약하는 기회를 제공하는 것이 매우 중요하다.

4) 즉시적/적시적 피드백의 구분 활용

팀 리더는 구성원에게 지지적 피드백과 개선적 피드백을 제공해야 하며 여기서 중요한 것은 "언제" 피드백을 하느냐이다. 특히 개선적 피드백의 경우 타이밍에 대한 고민이 많을 것이다. 이런 고민에 대한 가이드로 즉시卽時와 적시適時적 피드백을 설명 드리려 하며 내용은 다음과 같다.

〈지지적/개선적 피드백 가이드〉

구분	지지적 피드백	개선적 피드백
목적	지속적으로 유지되고 확장되었으면 하는 행동적 특징 강화	앞으로 변화되고 보완되었으면 하는 행동적 특징 개선
시점	즉시(어떤 일이 행하여지는 바로 그때)	적시(알맞은 때에)
방식	공개적	비공개적
TIP	적정 빈도로 공개적 피드백 제공	경향성이 확인될 때 피드백 제공

• 지지적 피드백

지지적 피드백의 경우, 팀을 이끄는 리더로서 지속적으로 유지되고 확산되었으면 하는 행동이 확인되면 그 즉시 공개적으로 피드백 하는 것을 권장한다. 즉시/공개적으로 피드백하는 이유는 팀 전체 구성원에게 해당 행동이 우리 팀에서 지지와 인정을 받는 업무 방식이라는 메시지를 주어 팀 전반에 확산되도록 하기 위해서이다. 단, 특정 구성원에게 집중된 지지적 피드백은 나머지 구성원에게 특정 구성원을 편애한다는 오해를 유발할 수 있으므로 공개적/비공개적 방식을 적정 빈도로 활용하는 것을 제안한다.

• 개선적 피드백

개선적 피드백의 경우, 보완이 요구되는 행동이 보이는 즉시 피드백 하는 것은 감정을 상하게 하고 오해를 유발 할 수 있다. 예를 들어, A구성원이 가족 병간호 이유로 어쩌다 1~2회 지각한 것에 대해 그 즉시 근태 문제로 피드백을 한다면 듣는 구성원 입장에서는 "내가 자주 지각한 것도 아니고, 지금 가족 병간호가 너무 힘들어 조금 늦은 건데… 내 사정도 몰라주시고…"라고 생각하며 개인의 잘못을 인정하기보다는 섭섭함과 불만을 토로할 수 있기 때문이다.

따라서 개선적 피드백은 구성원이 받아들일 수 있을 때 하는 것이 중요하다. 그렇다면 받아들일 수 있는 순간은 언제일까? 바로 해당 행동이 1~2회에 그치지 않고 지속적으로 반복되는 "경향성"을 보일 때이다. 이때 별도의 준비된 장소에서 1on1 피드백을 주는 것이 좋다. 경향성을 확인하기 위해서는 구성원의 성장을 지원하는 관점에서 지속적인 관찰 및 추론이 배제된 사실 기반의 기록이 필요함을 다시 한 번 강조드린다.

5) 코칭/피드백은 "상시 진행"할 때 더욱 효과적

먼저 여기서 논의하는 코칭/피드백은 업무 지시성의 평가, 판단이 포함된 피드백이 아니다. 업무 지시성 피드백은 구성원의 행동 변화나 역량 개발보다는 해당 과제의 진행에 초점을 맞추기 때문이다. 진정한 구성원 역량 개발을 통해 성과 도출을 위해서는 지속적으로 관찰되고 기록된 사실Fact 기반의 행동에 대해 지지하거나 변화를 요구하는 코칭/피드백을 제공해야 한다.

다시 본론으로 돌아가, 왜 상시적 코칭/피드백이 효과적인지에 대해 알아보겠다. 요즘 앱을 통해 대부분 활용하고 있는 커피 쿠폰 두 가지를 예로 들어보자. A쿠폰은 도장 10개를 찍으면 무료 음료 한 잔을 제공하는 형식이고, B쿠폰은 도장 12개 중 2개가 미리 찍혀 있어 10개를 찍으면 음료 한 잔이 무료인 형식이다. 두 쿠폰 중 어떤 쿠폰이 더 빨리 도장을 모두 채울 수 있을까?

〈목표 가속화 효과의 사례, '쿠폰에 도장 찍기'〉

해당 연구는 2006년 컬럼비아 대학의 란 키버즈Ran Kiverz 교수 연구진에 의해 진행되었으며, 결과는 B쿠폰이 A쿠폰보다 20% 빠른 속도로 도장을 모두 찍었다고 한다. 두 쿠폰 모두 10장을 찍어야 함에는 차이가 없지만, A쿠폰은 현재 진행률이 0%이고 B쿠폰은 16.7%이다. 이는 고객에게 심리적 착각을 일으켜 더 빨리 성취하도록 유도하는 것으로 심리학에서는 이것을 목표 가속화 효과Goal Gradient Effect라고 한다.

목표 가속화 효과를 우리 일터에 적용해 보자. 새해 목표를 세울 때 목표 달성을 향한 동기부여 수준은 연초에 높다가 중반으로 갈수록 떨어지고 연말 성과평가 시점이 가까워 질수록 U자형의 오름세를 보이는 흐름은 익숙할 것이다. 이 상황에서 과제 진행 상황을 주기적으로 중간 점검하면서 코칭/피드백을 진행하면 동기부여 수준을 지속적으로 높게 유지하는 긍정적 효과를 기대할 수 있다. 즉, 주기적인 코칭/피드백의 횟수가 커피 쿠폰에 미리 찍힌 스탬프 역할을 하여 목표 가속화 효과를 낼 수 있다는 것이다.

〈연간 목표 달성의 동기부여를 위한 상시적 코칭/피드백 효과〉

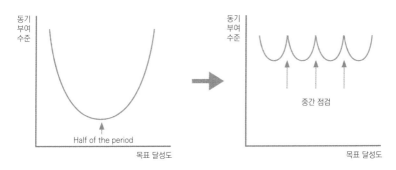

더불어 급변하는 현대 사회에서는 연초에 세운 목표가 연말까지 유지되기 어려운 상황도 발생할 수 있다. 이런 상황을 대비해 과제를 수행하는 과정에서 상시적으로 코칭/피드백을 제공하면 구성원의 역량 개발과 동기부여 수준을 높일 수 있으며, 평가의 객관성도 확보할 수 있을 것이다.

6) 성공적 미래를 위한 마법의 질문 "피드 포워드Feed Forward"

피드 포워드는 리더십과 인사 분야의 석학 마샬 골드스미스Marshall Goldsmith에 의해 고안된 방법으로, 코칭에서 피드백과 함께 쓰이지만 다른 면이 있는 스킬이다. 피드백이 과거에 일어난 일이나 이슈에 대해 리더가 구성원에게 주는 의견이라면, 피드 포워드는 앞으로 일어났으면 하는 바람직한 상황에 대해 리더가 구성원에게 주는 질문을 통하여 답을 구하는 스킬이다. 즉, 해답을 찾는 주체가 리더에서 구성원으로 이동하는 것이다.

리더의 질문을 받은 구성원이 스스로 고민해보는 과정을 통해 좀 더 주도적이면서 실행 가능성이 높은 안을 찾아가게 한다. 컬럼비아 대학의 연구 결과HBR, 2019에 따르면 피드백을 받는 사람은 그 피드백에 대해 약 30%만 수용 한다고 한다. 이는 개선적 피드백을 받는 순간 방어적 기재가 발동하게 되고, 피드백 내용 중 일부는 리더의 충고, 평가, 판단이 들어가므로 거부되거나 무시될 수 있기 때문이다. 따라서 구성원에게 개선적 코칭/피드백을 제공하는데 어려움을 느낀다면, 구성원의 개입을 유도함과 동시에 성공적 미래를 지향하는 피드 포워드 스킬을 사용해 볼 것을 추천한다. 아래에 피드 포워드를 활용한 예시 상황을 설정해 보았다.

[피드백 vs 피드 포워드 비교 예시]

(상황: A구성원이 담당 거래처의 목표 100% 달성이 어렵고, 90%까지만 가능하다고 팀 리더에게 보고한 상황)

- 팀 리더의 피드백: "거래처 목표 관리를 어떻게 한 거예요? 남은 10% 달성 계획을 이번달 전략 상품별로 구성해서 거래처에 다시 제안해보고 결과를 보고해주세요!"
- 팀 리더의 피드 포워드: "거래처 목표 100% 달성에 있어 현재 장애가 되는 요인이 무엇인가요? 그리고 어떤 노력과 지원이 필요한 상황인가요?"

이번 제 4장에서의 코칭/피드백 How#1의 내용을 정리하자면 아래와 같다.

첫 번째, 리더와 구성원 간에 "사전 합의된 미팅 일정 및 아젠다 공유"
두 번째, 리더와 구성원이 코칭/피드백에 온전히 집중할 수 있는 "공간 준비와 자리 배치"
세 번째, "시나리오 기반의 코칭/피드백" 진행
네 번째, "즉시적&적시적 코칭/피드백"의 구분 활용
다섯 번째, 코칭/피드백의 "상시 진행"
여섯 번째, 피드백과 "피드 포워드"의 균형감있는 활용

지금까지 코칭/피드백의 기본적인 How에 대해 설명하였다. 다음 제 5장 How#2에서는 리더가 구성원별로 맞춤형 코칭/피드백을 어떻게 제공하는지에 대해 알아보자.

5

코치형 리더의 Wow What&How
_ How#2 _ 상황별 리더십

필자는 올해 4살 된 딸 "소율"이가 있다. 하루가 다르게 커가는 소율이를 보면 기쁘기도 하지만 한편으로는 아쉽기도 하면서 "성장 단계에 맞춰 나는 아빠로서 어떤 역할을 해야 할 지, 상황별로 어떻게 적합한 훈육을 해야 할 지"에 대해 고민이 되는 요즘이다.

우리 일터에서도 이와 같은 상황이 발생할 수 있는데, 팀 리더분들께서도 함께 일하고 있는 구성원들이 성장하는 과정에서 어떤 역할과 지원을 해줄 수 있을지 고민하고 계실 것이라 생각한다.

그럴 때 참고해 볼만한 콘텐츠를 소개해 드리고자 한다. 바로 구성원의 "상황"에 따라 각기 다른 리더십을 발현해야 한다는 "상황별 리더십"Situational Leadership, SL II 모델이다('상황적 리더십', '상황 대응 리더십'이라고도 부르지만, 본 글에서는 '상황별 리더십'이라고 표기). 코치형 리더에 관한 마지막 제 5장에서는 상황별 리더십 모델II를 활용한 팀 리더의 코칭/피드백에 대해 알아보고자 한다.

1) 상황별 리더십의 이해

상황별 리더십Situational Leadership 모델의 창시자는 켄 블랜차드Ken Blanchard와 폴 허쉬Paul Hersey이며 켄 블랜차드가 SLⅡ 모델로 발전 시켜 왔다. 켄 블랜차드는 경영 관리와 리더십 분야의 권위자로서 CEO, 컨설턴트, 교수로 활동하고 있으며 우리에게는 〈칭찬은 고래도 춤추게 한다,

〈상황별 리더십 모델Ⅱ〉

리더십 유형

높은 지원 낮은 지시	높은 지시 높은 지원

❹

SUPPORTING COACHING

S3 S2

S4 ❷ S1

DELEGATING DIRECTING

❶ 지원적인 행동

낮은 지원 낮은 지시	높은 지시 낮은 지원

낮은 ——— 지시적인 행동 ——➤ 높은

❸

D4	D3	D2	D1
높은 역량 높은 의욕	보통 이상의 역량 일관성 없는 의욕	보통 이하의 역량 낮은 의욕	낮은 역량 높은 의욕

발달된 ◀——— 발달중인

△ 출처: 켄 블랜차드 코리아(www.kenblanchard.co.kr)

2014〉, 〈경호!, 2016〉, 〈리더십 수업, 2022〉의 작가로도 알려져 있다.

상황별 리더십 모델은 1969년 개발된 이후 30년 넘게 GE, 나이키, 노키아, 화이자 등 포춘 500대 기업 중 400개가 넘는 기업에서 관리자 의무 교육으로 실시된 이력이 있으며, 국내의 수많은 정부 기관과 대기업에서도 실시될 정도로 커다란 영향력을 발휘하고 있다.

상황별 리더십에서 강조하는 메시지는 다음과 같다. "There is no one best style leadership, it depends on" 이다. 그렇다면 가장 효과적인 리더십을 발현하기 위해 참고해야 할 사항은 무엇인지 아래 표를 통해 구체적으로 알아보자.

상황별 리더십은 리더의 지원적 행동과 지시적 행동(❶ X, Y축)을 기준으로 구성원의 상황에 맞춰 "리더십 스타일" 유형을 4개(❷ S1-S4)로 구분해 발현해야 한다고 강조한다. "리더십 스타일"이란 오랫동안 다른 사람에게 드러난 결과 또는 어쩌면 리더 본인도 모르게 다른 사람들이 인식하고 있는 행동 패턴을 의미한다. 4개의 리더십 스타일 유형은 아래표와 같이 정리할 수 있다.

〈리더십 스타일 유형〉

리더십 스타일 유형	유형 정의
S1. Directing(지시형)	구체적인 업무 지시와 수행 과정을 면밀히 관리함
S2. Coaching(코치형)	지속적 지시를 병행하고 결정 사항은 구성원에게 설명하여 제안함
S3. Supporting(지원형)	업무 달성을 지원하며 의사결정 책임은 구성원과 함께 나눔
S4. Delegating(위임형)	업무의 과정과 결과를 상당 부분 구성원에게 위임하고 공유 받음

△ 출처: 위키피디아(상황별 리더십 이론 II 정리)

그렇다면 "구성원의 상황에 맞춘다는 것"이 어떤 의미인가 하는 궁금증이 생길 수 있을 것이다. 상황별 리더십에서는 구성원의 상황을 Development라고 칭하고 있다. Development는 역량Competency과 의욕Commitment으로 구성되고, 그 수준 역시 4개 유형(❸ D1-D4)으로 분류한다. 더불어 4개 유형의 확인은 별도의 진단 문항을 통해 점검이 가능하다.

상황별 리더십 모델은 리더십 스타일과 구성원의 상황을 분류하여 그에 맞는 리더십 행동들을 구체적으로 제시해 준다는 점에서도 의미가 있다. 또한 구성원의 상황에 적합한 리더십 발현을 통해 구성원이 D1열정적 초심자에서 D4자주적 성취자로 점차 변화해 나갈 수 있다는 것을 알려 준다(상황별 리더십 모델 II 표의 ❹ 곡선 방향 참조).

〈구성원 상황 유형〉

구성원 상황 유형	체크 리스트
D1. 열정적 초심자	의욕은 높지만 업무 역량이 낮은 구성원
D2. 좌절한 학습자	의욕과 업무 역량이 모두 낮은 구성원
D3. 소극적 실행자	의욕은 낮지만 업무 역량이 높은 구성원
D4. 자주적 성취자	의욕과 업무 역량 모두 높은 구성원

△ 출처: 위키피디아(상황별 리더십 이론 II 정리)

2) 구성원 상황별 적합한 리더십 스타일 유형

앞서 상황별 리더십에서는 구성원의 상황에 맞춤화 된 리더십을 발현해야 한다고 설명했다. 이제 구성원의 4가지 상황에 맞춰 어떤 리더십 스타일 및 코칭/피드백 방식이 적합한지 소개하고자 한다.

〈구성원 상황 유형에 따른 코칭/피드백 방식〉

구성원 상황 유형	적합한 리더십 유형 및 코칭/피드백 방식
열정적 초심자	Directing(지시형) • 열정과 잠재력을 인정하며 목표, 우선순위를 리더가 결정 • 과제의 목표와 업무 방법을 설명해 주고 시범을 보임 • 성공적인 업무의 예시 제시 • 주기적 관찰을 통한 코칭/피드백 제공
좌절한 학습자	Coaching(코치형) • 구체적인 설명과 함께 방향을 제시 • 교육을 통한 성장 기회 및 작은 업무 달성 경험 제공 • 작은 실수는 덮어주면서 피드백으로 자신감을 고취 • 잦은 소통을 통해 리더가 지지함을 느끼도록 노력(정서적 안정감)
소극적 실행자	Supporting(지원형) • 업무 수행의 방해 요인과 고충을 제거하기 위해 지원 • 타부서와의 원활한 소통을 지원하는 가교 역할 수행 • 구성원이 의사결정을 주도할 수 있도록 의견을 구하며 참여 유도 • 구성원의 의견을 경청하여 판단과 결정을 지지

	Delegating(위임형)
자주적 성취자	• 과감한 도전을 지지하는 메시지 제공 • 구성원 스스로 결정하고 행동하도록 지원하며 결과를 평가 하게 함 • 의사결정권을 상당 부분 공유 • 다른 팀원들에게 노하우를 공유, 지도하는 기회 제공

△ 출처: 위키피디아(상황별 리더십 이론Ⅱ 정리)

표에서 설명한 것과 같이 구성원이 자주적 성취자로 성장할수록 리더십 유형이 "지시와 지도에서 지원과 지지로 변화"해 나감을 알 수 있다. 이를 통해 리더는 팀이 나아가야 할 방향을 고민하며 새로운 신성장 동력을 발굴하는 데 필요한 시간적/심리적 여유를 확보할 수 있을 것이다.

실제로 상황별 리더십의 효과를 검증한 국내 논문도 있다. 우리에게 잘 알려진 S社의 연구 결과에서는 상황별 리더십 교육의 효과로 4개 유형의 리더십 스타일이 구성원 상황에 맞춰 고르게 발현되는 과정을 통해 "구성원 업무의 신속한 진전과 함께 구성원들이 매우 적극적이고 호의적으로 반응했다"는 리더들의 후기도 있다오인경, 2006.

3) 상황별 리더십의 한계와 극복 방법

지금까지 상황별 리더십의 특징과 장점에 대해 설명하였다. 그러나 이를 실현하는 과정에서 현실적인 어려움이 발생하는 상황도 존재한다.

예를 들어, 상황별 리더십을 적용하려면 리더가 구성원의 상황을 이해하고 리더십 스타일을 맞춰가기 위해 많은 노력과 시간을 할애해야 한다. 따라서 단기간에 빠르게 성과를 내야 하는 일부 업무 환경예: 단기

TFT에서는 적용하기 어려울 수도 있다. 또한 구성원의 상황에 따라 리더십 스타일을 달리해야 하기 때문에 구성원 입장에서는 "우리 팀 리더는 일관성이 없다"고 느낄 수 있으며, 리더에게 무엇을 기대해야 하는지를 이해 못할 수도 있다.

이러한 혼란이나 오해를 방지하기 위해 팀 리더들은 상황별 리더십에 대한 내용을 구성원에게 사전 공유하는 것이 필요하다. 예를 들어, "구성원 A의 상황에 따라 나의 리더십을 유연하게 적용할 것이며, 올해 많은 업무 영역에서 지원형 또는 위임형으로 발전해 나아갈 수 있도록 함께 노력해 봅시다"라고 제안할 수 있다. 이를 통해 구성원들은 팀의 일원으로서 존중받고 있음을 느끼며 좀 더 주체적인 역할 수행을 할 수 있을 것이다. 나아가 리더십의 주체가 "리더"에서 "구성원"으로 확장되어 리더십의 부담을 팀 전체가 분담해가며 상호간의 이해를 통해 시너지를 강화할 수 있을 것이다.

상황별 리더십을 한 문장으로 정리하면, "리더가 구성원에게 무엇을 제공하는 것이 아니라, 구성원과 함께 무엇을 만들어 나가는 것"이다.

지금까지 시대와 세대의 변화 흐름속에서 코치형 리더의 필요성과 실전적 방법론인 What&How에 대해 알아보았다. 모든 기업/조직의 팀 리더들이 이번 글을 통해 구성원을 이해하고 함께 성장하는 기회를 가져보길 바란다.

고동록 대표

팀 기반 리더십 전환

1

개인 관점 리더십 역량과 한계

   기업교육 현장에서 다양한 형태로 리더를 양성하기 위한 학습이 이루어지고 있다. 이러한 다양한 형태로 리더를 양성하기 위한 교육은 기업마다 차이가 있지만 전체교육에서 30~50%의 비중을 차지하고 있다. 이와 같은 리더십 교육은 개인 중심으로 승진시기에 따른 계층과 직책에 따른 리더십 역량을 기반으로 구축된 리더십 학습체계에 따라 실시되고 있다. 그런데 많은 시간과 비용을 투입하여 리더십교육을 실시함에도 불구하고 학습효과는 기대에 미치지 못하고 있는 것이 현실이다. 이에 기존의 개인 중심의 리더십교육의 한계를 극복하고 팀내 협력과 업무성과를 제고하는 조직중심의 통합적 팀기반 리더십으로의 전환을 통해서 진정한 팀프러너십을 구축해야 하는 시점이다.

개인 관점 리더십역량

기업현장에서 리더십 교육은 조직목표달성을 위해서 리더가 구성원에게 영향력을 미치기 위한 직급/직책 중심의 개인 관점에 치중되어 있다. 주로 개인 행동변화를 유도하고, 경영상황을 파악하여 지속적인 변화와 혁신을 도모하기 위해 비전제시, 성과 관리, 동기 부여, 목표부여, 부하 육성, 대인관계, 커뮤니케이션, 코칭, 멘토링 등의 내용을 인지적인 방법으로 학습하고 있다. 이러한 개인 관점의 리더십 역량은 자기중심적 차원, 상호관계적 차원, 조직중심적 차원에서 다음과 같이 구분할 수 있다.

자기중심적 차원

자기중심적 차원의 리더십 역량은 리더 자신의 자기 관리 및 개발 능력에 초점을 맞춘다.

- 자기인식: 자신의 강점, 약점, 가치관 및 감정을 이해하고 이를 바탕으로 행동하는 능력.
- 자기규제: 스트레스 관리, 충동 제어, 감정 조절 등 자신의 행동과 감정을 적절히 관리할 수 있는 능력.
- 동기부여: 목표설정과 달성을 위한 내적 동기를 유지하고 지속적으로 성과를 내는 능력.
- 지속적 학습 및 성장: 새로운 지식과 기술을 배우고, 변화하는 환경에 적응하는 능력.

상호관계적 차원

상호관계적 차원의 리더십 역량은 리더와 다른 개인 또는 팀원들과의 관계 구축에 중점을 둔다.

- 의사소통: 명확하고 효과적으로 정보를 전달하고, 경청하는 능력.
- 갈등 해결: 갈등 상황을 효과적으로 관리하고, 조정할 수 있는 능력.
- 영향력: 다른 사람들을 설득하고, 자신의 관점이나 제안을 받아들이게 하는 능력.
- 팀워크 촉진: 협업을 장려하고, 팀 내 긍정적인 관계를 유지 및 발전시키는 능력.

조직적 차원

조직적 차원의 리더십 역량은 조직의 전체적인 성과와 발전을 위한 리더의 역할에 초점을 맞춘다.

- 비전 설정: 조직의 미래 방향과 목표를 명확하게 설정하고, 구성원들과 공유하는 능력.
- 전략적 사고: 조직의 장기적 성공을 위해 전략적으로 사고하고, 변화를 주도하는 능력.
- 변화 관리: 조직 내 필요한 변화를 효과적으로 관리하고, 조직 문화를 혁신하는 능력.
- 리소스 관리: 조직의 자원을 효율적으로 배분하고 최적화하는 능력.

개인 관점 리더십역량 육성의 한계

직책/직급 중심의 신임 및 향상 리더십교육 과정은 3~4년에 1회 정도로 단발적이고 외부 전문강사에 의해서 실시되어 현장 지향적이지 못하고 있다. 또한 직급/직책별 필요역량에 대한 학습 효과나 역량의 변화 추이를 시계열적으로 분석하지 않고 교육실시 자체에만 머무르고 있다. 이와 같은 기존의 개인 관점의 리더십 학습 프로그램은 학습 단위, 학습 진행, 학습 주기, 학습 장소, 역량 진단 주기 및 관리 등 학습의 제반 측면에서 여러가지 한계들을 가지고 있다. 조직은 팀제로 편제하여 업무를 현장에서 팀단위로 수행하고 리더십 역량개발과 육성은 리더 개인 중심의 관점에서 이루어지고 있어 개인 및 조직 성과를 동시에 효과적으로 향상시키지 못하고 있는 실정이다. 개인 관점의 리더십 개발은 실제 팀이나 조직에서의 업무 수행 관점에서 볼때 다음과 같은 여러 한계를 가질 수 있다.

• 팀워크 부족: 개인 관점의 리더십 개발은 리더 한 사람의 능력 강화에 집중되어 있기 때문에, 다양한 구성원들이 협력하여 문제를 해결하는 팀워크의 중요성을 간과할 수 있다. 실제 업무 환경에서는 각 구성원의 역량을 결합하여 시너지를 창출하는 것이 중요하므로, 리더만의 능력 강화는 팀 전체의 효과적인 협력에 한계를 가져올 수 있다.

• 공감 능력 부족: 개인의 리더십 능력 개발에 초점을 맞추면 리더는 자신의 성과와 개발에 집중할 수 있지만, 이는 때때로 팀 구성원들의 감정이나 의견에 충분히 공감하고 이를 반영하는 데 부족할 수 있다. 리더가 팀원들의 필요와 기대를 이해하지 못하면, 팀 내 갈등이 증가하고 업무 효율성이 저하

될 수 있다.

- 유연성 부족: 개인 관점의 리더십은 주로 특정 리더의 성향이나 스타일에 맞춰진 개발 프로그램을 통해 이루어진다. 이런 접근 방식은 다양한 상황이나 다른 팀 구성원들의 작업 스타일에 대응하기 어려울 수 있다. 유연하게 상황을 해석하고 다양한 접근을 시도하는 능력은 팀 기반의 리더십에서 매우 중요하다.

- 비전 공유의 어려움: 리더십이 개인에게 집중될 경우, 그 리더가 가지고 있는 비전이 팀 전체의 비전과 일치하지 않을 수 있다. 리더가 혼자서 설정한 목표와 방향성이 구성원들과 공유되지 않으면, 팀원들이 목표 달성을 위해 함께 노력하는 데 있어 동기 부여가 약해질 수 있다.

- 조직적응력 저하: 개인 중심으로 리더십을 개발하면 해당 리더는 자신의 역할과 책임에만 최적화되어 조직 전체와의 연계성이 떨어질 수 있다. 이는 조직의 다른 부분과의 통합적인 작업 수행이 필요할 때 조직적응력이 떨어지게 만들며, 이로 인해 전체 조직의 유연성과 발전 능력에 제약을 초래할 수 있다.

이와 같은 한계들을 인식하고, 리더십 개발을 개인뿐 아니라 팀과 조직의 맥락에서도 고려하는 방향으로 접근하는 것이 중요하다. 조직의 성공은 개인의 성과에만 의존하지 않으며, 효과적인 팀워크와 조직의 전체적인 조화가 필수적이다.

2
통합적 팀리더십
패러다임 전환과 역량체계 구축

통합적 팀기반리더십 패러다임 전환

개인 중심 리더십학습의 한계를 극복하고 경영활동의 프로세스와 연계한 효과적인 개인과 조직의 상호발전을 도모하기 위해서 리더십 학습에 대한 근본적인 접근이 필요하다. 인간관에 대한 근본적 정체성 확립을 통한 개인과 팀조직의 상호성장을 촉진해야한다. 학습의 본질에 입각한 교육을 통해 경영 성과 창출을 도모하는 리더십 패러다임으로 전환이 필요하다. 이와 더불어 4차 산업혁명의 시대적 흐름에 따른 조직 경쟁력을 제고하고, '통섭. 융합. 창의. 집단지능'의 가치를 구현하는 조직문화를 정착시킬 수 있도록 해야 한다. 핵심가치, 직무 전문성, 리더십을 통합적으로 일상 업무속에서 경영프로세스 과정으로 개인과 조직을 통합하는 팀기반 리더십 패러다임으로의 전환을 모색해야 한다.

이러한 팀기반리더십 패러다임으로의 전환을 위해서 우선 기존 주류의 철학 및 교육 심리학에서 전제하는 이성적이고 합리적인 인간에 대한 관점을 바꾸어야 한다. 인간이 마음Mind, 정서Emotion, 행동Behavior, 몸 Body, 뇌Brain가 상호 연계하는 본능-감정-이성의 차원에서 몸과 의식정보 과 에너지라는 통합체로서 전체론적Whole 존재라는 사실을 이해해야 한 다. 인간은 외부로부터 정보를 받아 스스로 생각하고 판단하여 행동한다. 또한 먹고 마시는 행위, 자고 깨는 행위, 호흡하고 체온을 유지하고 조절 하는 행위 등과 같은 기본적인 생명유지와시각과 청각을 중심으로 한 지 각, 감정, 기억력, 이해력, 사고력, 판단력, 의지력 그리고 행동을 모두 뇌 를 통해서 한다는 사실을 인식해야 한다. 그리고 인간은 언어를 구사하고 추상적인 사고를 하며, 어떤 사실이나 지식을 배워서 익히고 어떤 일에 대해 판단하고 계획을 하며 고도의 추리작업을 수행하면서 학습하게 된 다. 협력, 소속감, 사회성, 공감성, 이타성, 모방성, 관계성, 상호성, 문화

〈팀기반 리더십 패러다임 전환〉

구분	기존 패러다임	NEW 패러다임
인간관	합리적, 이성적, 이기적	퀀텀, 뇌기반(전체론적 인간)
학습방식	PULL Learning	PUSH Learning
Contents	NEEDS, WANTS	SEEDS
학습中心	개인	개인/팀(조직)
관리방식	Cross section(횡단면) Stock 단속적	Time Serial(시계열) Flow 연속적
학습정의	진단/공유	Learning-Change-Performance (LCP Process): 기억의 공고화-시냅스

의 존속과 유지 발전은 생물학적, 인지적, 정서적인 모든 측면에서 비합리적이고 감성적인 관계와 상호 작용하는 토대하에서 이성적이고 합리적 존재가 인간의 본질적인 속성이라는 것을 알아야 한다.

통합적 팀기반리더십 역량체계 구축

이와 같은 인간관과 학습에 대한 본질적인 이해를 바탕으로 일상 업무 속에서 개인과 팀이 리더십을 제대로 발휘하기 위해서는 무엇을 어떻게 할 것인가? 또한 인간의 본질적 속성과 학습 행위의 근본에 기초하여 학습 내용, 학습주기, 학습 방법을 어떻게 고려해야 하는가? 기업에서의 리더십을 경영활동 과정으로 이해하고 일상경영활동과 연계하여 학습을 어떻게 할 것인가? 이러한 리더십 학습에 대한 근본적인 질문을 바탕으로 팀리더십의 개념을 정의하고 기존의 나열식 직급별/직책별 역량모델을 투입-매개-결과라는 관점에서 역량을 구조화 해야한다. 이를 위해 기존의 역량요인들의 상관관계, 인과 관계에 대한 분석을 토대로 빅데이터 지표를 정의하고 통합적 팀리더십 역량 체계를 구축해야 한다. 그리고 학습 단위와 진단 주기, 학습 내용 개발, 강사 육성 등 학습 운영 전략 전반에 대한 통합적 팀기반리더십 모델을 구축한다. 팀리더십은 팀 단위 리더십 발휘를 통해 팀의 성과 및 팀 만족, 조직 경쟁력을 극대화시키는데 목적을 둔다. '영성· 소통· 실행' 역량을 균형 있게 향상시켜 팀원 간의 협력적 상호작용으로 팀의 목표를 달성하고 팀리더와 팀원 간 상호 성장과 발전을 함께 모색해 개인과 조직의 성장을 도모하는 통합적 리더십을 발휘하도록 해야한다. 이는 개인 구성원간의 경쟁과 팀 조직 간의 상호 비교 경쟁 보다는 팀조직의 공동의 목표를 달성하기 위해 협력하고 과거보다는 미래의 성장발전을 도모해 나가는 것을 근본 정신으로 하는 지속가능경영의 토대이다.

<팀기반 리더십 역량체계>

구분	팀 리더십 역량		정의
Inputs	Goal	목표수립	조직 성과 창출에 기여하는 팀의 구체적 목표
Mediators	Awakening 영성	목표인식 / 동기부여	팀원들에게 팀의 목표와 역할을 인식시키고 동기를 일깨우는 영성
	Communication 소통	존중 / 소통	팀원을 존중하며 다양한 방식으로 의견을 나누고 협의하는 소통
	Execution 실행	전문성 / 실행력	업무에 필요한 전문성을 갖추고 주도적으로 팀업무를 수행하는 실행력
Outcomes	Performance 성과	팀만족/성과	팀원들이 느끼는 팀에 대한 만족감과 팀이 조직 목표달성에 기여한 성과

통합적 팀기반리더십 역량체계에 따른 일상적인 리더십 학습은 팀리더십의 매개역량인 영성목표인식, 동기부여, 소통존중, 커뮤니케이션, 실행전문성, 실천을 통해서 궁극적으로 팀 만족/팀성과를 극대화하여 다음과 같은 기대효과를 가져온다. 첫째로 팀원들의 역할 수행 및 협업을 통한 시너지 효과를 체험하여 개인 및 팀의 효능감을 강화한다. 둘째로 팀 공동체 안

에서 목표를 달성해 가는 구체적인 방법을 경험함으로써 협력적인 상호 작용 및 신뢰를 형성한다. 셋째로 팀의 성과 달성 과정을 통해서 구성원의 만족감을 제고하고 동기를 부여하여 개인의 행복과 조직의 성장을 촉진해 나간다.

3

통합적 팀리더십 실행방안

통합형 팀 리더십 진단의 실제

팀리더십 역량 진단은 3개 역량군투입-매개-결과의 8개 세부 역량요소를

①투입요인: 목표수립 ②매개요인:영성목표인식/동기부여 – 커뮤니케이션존

중/소통 – 실행전문성/실행력 ③결과요인: 팀만족/팀성과를 7첨 척도로 팀리

더십 역량 진단를 실시한다.

팀리더십의 8개 세부 역량은 다음과 같이 구체적으로 정의된다.

① 목표수립은 팀이 조직에 기여하는 바를 분명히 알고, 구체적이고 현실적인

　목표를 수립한다.

② 목표인식은 팀의 존재 이유와 추구하는 가치가 무엇인지 알고 팀 미션을 달

　성하기 위한 역할을 이해한다.

③ 동기부여는 명확한 피드백을 바탕으로 상호 간의 기대를 인식하여 일의 의

　미 발견한다.

④ 존중은 팀원들의 특성을 파악하여 서로 배려하며 자신의 의사와 다른 의

견도 경청한다.

⑤ 소통은 팀내에서 자유롭게 협의하고 필요한 정보를 공유하며 서로의 입장을 고려한다.

⑥ 전문성은 자신의 기술, 지식 및 자원을 적극적으로 활용하여 업무 수행에 필요한 역량을 발휘한다.

⑦ 실행력은 주도적으로 업무를 수행하며 포기하지 않고 끝까지 목표를 달성한다.

⑧ 팀 만족과 팀성과는 팀의 업무와 팀 분위기에 만족하고 조직의 목표 달성에 대한 기여도를 증대한다.

한편 팀리더십 진단은 개인보다는 팀 전체를 대상으로 역량을 구조화하고 협업가치를 지향하며 인식과 행동의 상호작용을 통한 팀개발로 진

〈기존진단 모델과의 비교〉

기존 진단도구		팀리더십 진단
역량모델링(Individual model)	핵심요소	역량의 구조화(Whole model)
경쟁	가치	협업
High performer	기준	Team-Development
Between (타인과의 비교를 통한 상대적인 위치)	해석	Between 《 Within
개인 (I)	주어	팀 (TEAM)
행동지향적	특징	인식과 행동의 상호작용
1회용 진단결과와 교육 별개 교육 후 학습전이 미비	활용	시계열 관리 진단결과와 교육 연계 교육 후 학습전이 미비

단 결과를 토대로 데이터 기반의 학습전이를 극대화하는 점에서 기존 진단도구와 차별화 된다

〈팀리더십 진단구성〉

Input	Goal	목표수립	1. 우리 팀어 조작에 기여하는 바를 분명하게 한다.
			2. 우리 팀의 목표는 구체적이고 현실적이다.
Mediator	Awakening 영성	목표인식	3. 우리 팀이 추구하는 가치가 무엇인지 잘 안다.
			4. 우리 팀의 목표를 달성하기 위한 개개연목표가 명확하다.
			5. 우리 팀의 구성원들은 자신의 역할을 잘 이해하고 있다.
		동기부여	6. 우리 팀은 서로에게 기대하는 것이 무엇인지 분명하게 알려준다.
			7. 우리 팀은 피드백이 명확하게 이루어진다.
			8. 우리 팀은 자신의 일에서 의미를 찾도록 돕는다.
	Communication 소통	존중	9. 우리 팀은 자신과 의견이 다르더라도 상대방의 의견을 경청한다.
			10. 우리 팀은 구성원들의 특성을 파악하고 적절하게 대응한다.
			11. 우리 팀은 서로 배려하며 친밀하게 지낸다.
		소통	12. 우리 팀은 자유롭게 의견을 말하고 협의한다.
			13. 우리 팀은 필요한 정보를 언제든지 팀원들과 공유한다.
			14. 우리 팀은 서로의 입장을 고려해서 말한다.
	Execution 실행	전문성	15. 우리 팀의 구성원들은 적극적으로 자신의 기술이나 자식을 활용한다.
			16. 우리 팀은 목표를 달성하기 위해 시간과 자원을 적절히 활용한다.
			17. 우리팀의 구성원들은 업무수행에 필요한 역량을 충분히 가지고 있다.
		실행력	18. 우리 팀 구성원들은 주도적으로 업무를 수행한다.
			19. 우리 팀은 목표를 반드시 달성한다.
			20. 우리 팀은 어려움이 있더라도 포기하지 않고 끝까지 업무를 수행한다.
Output	Performance	팀만족	21. 우리 팀의 업무수행 활동에 만족한다.
			22. 우리의 조직분위기에 만족한다.
		팀성과	23. 우리 담은 담이 수립한 목표를 잘 달성한다.
			24. 우리 팀은 본부의 목표 달성에 높게 기여한다.

통합적 팀기반 리더십 상시학습 프로그램의 운영

팀기반 리더십 교육은 고성과 개인 리더의 특성과 조직 단위 팀리더십을 동시에 자체적으로 일상적인 업무수행 과정에서 상시적으로 이루어질 때 효과적이다. 실제적인 Workplace-Learning를 실행하는 것이다. 이를 위해 반드시 사전 진단을 통해서 개인과 조직의 리더십 역량의 변화추이에 대한 시계열 관리가 필요하다. 이러한 진단기반의 팀리더십 학습활동은 리더십 평가AC와 리더십개발DC를 위한 HR Analytics의 기반을 형성한다. 구글의 고성과리더의 특성을 분석한 산소프로젝트와 고성과 팀의 특성을 분석한 아리스토텔레스 프로젝트는 팀기반 리더십 학습에 대한 좋은 사례가 된다. 좋은 리더가 갖추어야 할 여덟 가지 조건으로 ① 좋은 코치되기 ②팀원에게 권한을 주고 잔소리 안 하기 ③부하의 성장과 행복에 관심두기 ④생산성과 결과 중시하기 ⑤팀원 말에 귀 기울이기 ⑥ 부하의 경력개발 돕기 ⑦뚜렷한 미래와 전략을 팀에 제시하기 ⑧팀을 도울 수 있는 잘하는 지식 익히기를 제시하고 있다. 고성과팀의 5가지 특성으로는 ①구성원들이 일의 중요성과 의미 이해하기 ②팀이 수행한 일의 기여 알기③팀의 목표와 개인의 역할 인식 ④구성원과 팀에 대한 상호 신뢰 ⑤팀의 심리적 안정감'을 강조하고 있다.

팀리더십 학습은 팀리더십 역량진단진단/피드백 - 학습 내재화사내강사 양성/상시학습 - 학습성과관리 극대화라는 3단계 주요 프로세스를 갖추고 있다.

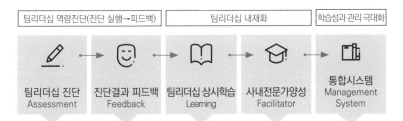

〈통합적 팀리더십 학습체계〉

| 팀리더십 역량진단(진단 실행→피드백) | 팀리더십 내재화 | 학습성과 관리 극대화 |

팀리더십 진단
Assessment

진단결과 피드백
Feedback

팀리더십 상시학습
Learning

사내전문가양성
Facilitator

통합시스템
Management
System

팀리더십 역량진단은 단발성 진단이 아닌 [사전/사후] 분석과 [분기별/연단위별] 등 주기적 진단 실행을 통해 시계열 분석으로 변화 추이를 살피는 것이다. 한편, 이러한 팀리더십역량 진단 결과를 토대로 조식 차원의 이슈/변화관리에 대한 Insight와 팀리더십의 현재 수준/핵심 요인과 개선 방향을 파악하여 팀리더십 향상을 위한 Intervention 실행 방안을 도출하게 한다. 이를 위해 팀 구성원 전체가 함께 자기팀의 팀리더십 진단결과를 확인하고 현재 팀의 경영활동과 연계하여 진단결과와 팀 현황을 파악하고 팀리더십 역량별 세부 개발계획과 실행 전략을 수립하는 피드백 워크샵을 실시한다. 팀리더십의 내재화 및 지속화를 위해 전사 팀장을 사내 FT로의 육성하는 전문가 양성과정을 실시하여 업무현장에서 일상적인 학습이 이루어지도록 한다. 팀리더십 상시학습은 팀장 대상 1:1 코칭 및 팀 대상 그룹 코칭 방식을 통해 심층적으로 실시한다.

팀 리더십 학습은 1) 진단 2) 진단 리뷰 3) 계획 수립 및 실행 4) 맞춤형 상시학습 5) 지속적인 모니터링의 지속적인 순환 사이클을 통해서 관리하게 된다. 팀리더십 진단 세팅 및 실행, 진단결과 Web-Report 및 DB

〈상시학습 주요 내용〉

Awakening 자각			Communication 소통			Execution 실행		
	핵심 내용	결과물		핵심 내용	결과물		핵심 내용	결과물
목표인식	팀 가치 인식	팀 사명선언서 (사명, 핵심가치)	**존중**	경청	경청의 원칙과 태도	**전문성**	필요 역량 보유	직무별 필요역량 및 Qualification
	명확한 개인 목표	명확한 개인 목표 (MBO)		특성 파악 및 대응	진단 및 구성원별 특징		지식/기술 활용	역량개발계획 (전문성 습득 방법)
	역할 이해	개인 직무기술서 및 R&R		배려 및 친밀	배려 원칙		시간/자원 활용	업무 계획서 및 Checklist
	핵심 내용	결과물		핵심 내용	결과물		핵심 내용	결과물
동기부여	일의 의미	나의 업무 가치 선언서	**소통**	필요한 정보 공유	정보 공유 방안	**실행력**	주도적 업무수행	자기주도적 행동 정의
	분명한 기대 전달	내가 기대하는 것 (팀장, 동료에게)		상대방 입장 고려	역지사지 방법 (나지사 기법)		업무 완수	내재적 동기 인식
	명확한 피드백	명확한 피드백 방법		자유로운 의견 교환	자유로운 의견 개진을 위한 팀Ground Rule		목표 반드시 달성	나의 과제 및 목표 목표별 데드라인

관리, 개발계획 및 Goal 작성/공유, 내재화 활동 소통/공유 등 전체 프로세스를 통합시스템으로 지원 관리하여 팀리더십 정착 및 확장을 도모하고 학습성과관리를 극대화 해나가도록 한다.

4

통합적 팀기반리더십의 지향점 : 팀프러너십의 구축

통합적 팀리더십은 현행 리더십/직무/경영활동이 분리되어 나타나는 제반 HR이슈를 상호 연계하는 통합적 접근을 시도하고, 전사 팀장을 사내강사 FT로 육성하여 현장에서 일과 학습을 병행하는 상시적 실천활동이다. 또한 팀리더십 진단 결과의 객관적 지표를 시계열로 관리하는 HR Analysis 확보하고 시스템System 활용을 통해 데이터 기반의 DX를학습자 중심의 통합적 관리 지원 체계를 지향하고 있다. 궁극적으로 통합적 팀기반 리더십은 비전 관리, 사람 관리, 일 관리, 프로세스 관리에 대한 변화 관리를 통해서 팀 만족과 성과를 극대화하는 일하는 방식의 변화와 조직문화를 혁신하는 팀프러너십을 지향하고 있다.

팀프러너십Teampreneurship은 팀Team과 기업가정신Entrepreneurship의 결합으로, 팀이 공동의 목표를 달성하기 위해 혁신적이고 창의적인 방법으로 문제를 해결하고 기회를 모색하는 과정이다. 이는 단순한 협업을 넘어

〈통합적 팀리더십 지향점〉

구분	체제			활동 영역	리더상
비전 (방향)	팀 비전 역할 (비전관리)			• 팀 사명선언서 수립과 실천	• 스토리 있는 리더 • 연결성의 리더 • 전문성으로 가치를 주는 리더 • 족적을 남기는 리더 • 허용하는 리더
변화요인 (학습내용)	구성원관리 사람관리	업무관리 일 관리	시스템 프로세스 프로세스 관리	• 팀리더십(ACE): 영성, 소통, 실행 • 일하는 방식(WSI) : 회의, 문서작성, 업무지시·수행, 보고·결재, 협업 • 핵심가치: 팀효과성 제고 • 팀장의 기본 역할: 성희롱예방, 보안, 안전, 근태, 평가, 부하육성	
성과 (학습결과)	팀만족·팀성과 (성과관리)			• 팀리더십 지수 향상 • 핵심가치 내재화 • 일하는 방식 변화	

서는 개념으로, 팀 내 모든 구성원이 창의적이고 자율적으로 행동하며, 리더십을 공유하고 공동의 성과를 위해 협력하는 것을 의미한다. 팀프러너십은 현대 조직에서 팀의 성과를 극대화하고 혁신을 촉진하는 중요한 개념으로 자리 잡고 있으며, 이를 통해 팀은 복잡한 문제를 효과적으로 해결하고 지속 가능한 성과를 창출할 수 있게 된다.

팀프러너십은 다음과 같은 구성요소를 가지고 있다.

• 공동목표 설정: 팀프러너십의 핵심은 명확하고 공유된 목표를 설정하며, 모든 팀원들이 동일 목표를 이해하고 이를 달성하기 위해 협력한다.

• 공유된 리더십: 전통적인 위계적 리더십 대신, 상황에 따라 다양한 팀원들이 리더 역할을 수행할 수 있으며, 각자의 전문성과 강점을 최대한 활용하는 데 중점을 둔다.

- 자율성: 팀원들이 자율적으로 문제를 해결하고 결정을 내릴 수 있는 권한을 가지고 창의적인 사고와 혁신적인 해결책을 촉진한다.
- 협력과 신뢰: 팀원 간의 신뢰와 협력을 바탕으로 서로의 능력과 의견을 존중하고, 개방적인 소통을 통해 더 나은 결과를 도출한다.
- 창의성과 혁신: 문제 해결과 기회 모색 과정에서 창의적인 아이디어와 혁신적인 접근 방식으로 팀의 역량을 극대화하고 경쟁력을 높이는 데 기여한다.
- 적응력: 변화하는 환경에 유연하게 대응할 수 있는 능력을 바탕으로 팀원들은 끊임없이 학습하고 발전하며, 새로운 상황에 빠르게 적응할 수 있어야 한다.
- 성공과 실패의 공유: 성공뿐만 아니라 실패도 공동의 경험으로 받아들이고, 실패에서 교훈을 얻고, 이를 바탕으로 더욱 발전하는 과정을 중요시한다.
- 지속적인 피드백: 팀원 간의 지속적인 피드백을 통해 개선점을 찾아내고, 성과를 향상시키기 위한 노력을 지속하며 팀 전체의 성장과 발전에 기여한다.

통합적 팀기반리더십은 자율성과 책임감 부여, 혁신 촉진, 유연한 조직 구조, 지속적인 학습과 성장을 위해 각각의 조직이 자신만의 독특한 방식으로 팀프러너십을 구현하고자 하는 지향점을 가지고 있다.

나가며

'팀장 레볼루션: 이전의 팀장이 사라진다'는 생성형 AI시대, 팀장의 생존 전략이자 차원이 다른 수준의 성과 창출의 기회를 포착하고 실행할 수 있는 가이드를 제시했다. New 팀장의 사고 전환과 이에 따른 전략과 행동이 어떻게 변화해야 할지에 대한 해법을 담았다.

생성형 AI시대, New 팀장의 등장은 조직의 새로운 성과 창출의 기회를 만들어가는 핵심이다. 생성형 AI시대는 팀 관리와 리더십 방식을 크게 변화시키고 있다. 과거의 팀장은 주로 관리에 집중했다. 그러나 이제 팀장은 데이터와 AI를 활용하여 전략적 사고와 혁신을 주도해야 한다. 이 책은 이러한 변화를 효과적으로 이끌 수 있는 팀장의 역량을 탐구하고, 그 실질적인 적용 방법을 제시한다.

비즈니스 환경은 빠르게 변화하고 있다. 기술 발전 속도는 상상을 초월하며, AI는 그 중심에 있다. 이러한 변화는 새로운 도전과 기회를 동시에 제공한다. 팀장은 이를 활용하여 조직의 성과를 극대화해야 한다. AI 기술을 통해 더 빠르고 정확한 의사 결정을 내릴 수 있으며, 이를 통해 경쟁에서 앞서 나갈 수 있다.

New 팀장의 역할을 다시 한번 강조해 본다.

첫째, 데이터 기반 의사 결정의 중요성이다. 데이터는 현대 비즈니스의 핵심 자원이다. 팀장은 데이터를 효과적으로 수집하고 분석하는 능력을 갖춰야 한다. 데이터의 정확성과 신뢰성을 바탕으로 팀장은 중요한 비즈니스 결정을 내릴 수 있으며, 이는 곧 조직의 성과로 직결된다. AI와 데이터 분석을 통해 팀장은 고객의 요구를 더 깊이 이해하고, 시장 변화를 예측하며, 운영의 효율성을 극대화할 수 있다. 예를 들어, 고객의 구매 패턴을 분석하여 맞춤형 마케팅 전략을 수립하거나, 시장 트렌드를 예측하여 선제적인 조치를 취할 수 있다. 데이터 기반 의사 결정은 조직의 성과 창출에 필수적이며, 이를 통해 조직은 더 나은 성과를 창출하고, 경쟁력을 유지할 수 있다.

둘째, 전략적 사고와 혁신이다. 팀장은 AI와 데이터를 활용하여 전략적 사고와 혁신을 주도해야 한다. 더 빠르고 정확한 의사 결정을 내림으로써 경쟁에서 앞서 나갈 수 있다. 데이터 기반의 예측 모델을 통해 시장의 수요 변화를 미리 파악하고, 이에 맞는 전략을 수립함으로써 경쟁력을 확보할 수 있다. 과거의 관리 중심 역할에서 벗어나, 전략적 사고와 혁신을 강조하는 리더십이 요구되며, 이를 통해 조직은 지속적인 성장을 이룰 수 있다.

셋째, 포용적 리더십이다. 팀장은 팀원의 성장을 도모하고, 다양한 배경과 경험을 가진 사람들을 포용하는 리더십을 발휘해야 한다. 이는 각기 다른 시각과 아이디어를 통합하여 더욱 창의적이고 혁신적인 해결책을 도출하는 데 중요한 역할을 한다. AI는 개인 맞춤형 코칭과 피드백을 제공하여 팀원의 역량을 극대화하는 데 기여한다. 예를 들어, AI 기반의 성과 평가 시스템을 통해 개별 팀원의 강점과 약점을 파악하고, 이에 맞는 교육과 발전 기회를 제공할 수 있다. 다양한 아이디어와 관점을 통합하여 창의적이고 혁신적인 팀 문화를 조성하는 것이 중요하며, 이는 팀원 개개인의 성장과 팀 전체의 성과를 향상시키는 데 기여한다.

넷째, 지속적인 학습과 적응이다. 팀장은 끊임없이 학습하고 변화에 적응해야 한다. 빠르게 변화하는 기술 환경 속에서 새로운 기술과 트렌드를 습득하고, 이를 팀과 조직에 적용하는 능력이 필요하다. 팀원들에게 지속적인 학습과 성장을 장려하는 환경을 제공해야 하며, 이를 통해 팀 전체의 역량을 강화할 수 있다. 예를 들어, 새로운 소프트웨어 도입이나 최신 기술 트렌드에 대한 지속적인 학습을 통해 팀의 생산성을 높일 수 있다.

다섯째, 변화 관리와 전략적 유연성이다. 팀장은 변화 관리와 전략적 유연성을 통해 조직이 변화에 신속하게 대응할 수 있도록 이끌어야 한다. 변화하는 시장 환경 속에서 조직의 방향성을 조정하고, 변화에 빠르게 적응하는 능력이 중요하다. 새로운 시장 진입이나 기술 도입 시 발생하는 변화를 효과적으로 관리하고, 팀을 이끌어가는 능력이 필요하다.

New 팀장은 데이터 기반 의사 결정, 전략적 사고와 혁신, 포용적 리더십, 지속적인 학습과 적응, 변화 관리와 전략적 유연성 등 다섯 가지 핵심 역할을 수행을 통해 지속적인 성과의 기회를 만들어 가야 한다. 이를 통해 팀과 조직의 효율성을 높이고, 지속적인 성장을 도모할 수 기회를 만들어 갈 필요가 있다. AI와 데이터 분석은 이러한 역할을 수행하는 데 중요한 도구로 작용하며, 이를 통해 팀장은 더욱 효과적이고 전략적으로 조직을 이끌 수 있을 것이다.

ERiC Story 김기진